权威·前沿·原创

皮书系列为
"十二五""十三五"国家重点图书出版规划项目

智库成果出版与传播平台

北京市哲学社会科学研究基地智库报告系列丛书

北京产业蓝皮书
BLUE BOOK OF BEIJING INDUSTRY

北京产业发展报告（2020）

ANNUAL REPORT ON DEVELOPMENT OF BEIJING INDUSTRY (2020)

刘 燕 李孟刚 贾晓俊 等 / 著

社会科学文献出版社
SOCIAL SCIENCES ACADEMIC PRESS (CHINA)

图书在版编目(CIP)数据

北京产业发展报告.2020/刘燕等著.--北京:社会科学文献出版社,2021.4
(北京产业蓝皮书)
ISBN 978-7-5201-8220-1

Ⅰ.①北… Ⅱ.①刘… Ⅲ.①产业发展-研究报告-北京-2020-2021 Ⅳ.①F269.271

中国版本图书馆CIP数据核字(2021)第064247号

北京产业蓝皮书
北京产业发展报告(2020)

著　　者 / 刘　燕　李孟刚　贾晓俊　等

出 版 人 / 王利民
组稿编辑 / 周　丽
责任编辑 / 张丽丽
文稿编辑 / 李惠惠　单远举

出　　版 / 社会科学文献出版社·城市和绿色发展分社(010)59367143
　　　　　 地址:北京市北三环中路甲29号院华龙大厦　邮编:100029
　　　　　 网址:www.ssap.com.cn

发　　行 / 市场营销中心(010)59367081　59367083
印　　装 / 天津千鹤文化传播有限公司

规　　格 / 开　本:787mm×1092mm　1/16
　　　　　 印　张:15.25　字　数:224千字

版　　次 / 2021年4月第1版　2021年4月第1次印刷
书　　号 / ISBN 978-7-5201-8220-1
定　　价 / 128.00元

本书如有印装质量问题,请与读者服务中心(010-59367028)联系

▲ 版权所有 翻印必究

为贯彻落实中共中央和北京市委关于繁荣发展哲学社会科学的指示精神，北京市社科规划办和北京市教委自2004年以来，依托首都高校、科研机构的优势学科和研究特色，建设了一批北京市哲学社会科学研究基地。研究基地在优化整合社科资源、资政育人、体制创新、服务首都改革发展等方面发挥了重要作用，为首都新型智库建设进行了积极探索，做出了突出贡献。

围绕新时期首都改革发展的重点热点难点问题，北京市社科联、北京市社科规划办、北京市教委与社会科学文献出版社联合推出"北京市哲学社会科学研究基地智库报告系列丛书"，旨在推动研究基地成果深度转化，打造首都新型智库拳头产品。

本书为北京市社会科学基金基地项目"北京产业安全与发展研究报告"(19JDYJA013)的最终成果

北京产业蓝皮书课题组

组　　　长　李孟刚
副 组 长　贾晓俊
课题组成员　（按姓氏笔画排序）
　　　　　　吕　烜　刘　伟　刘　燕　李孟刚　李竞成
　　　　　　吴昊天　吴荣正　张　娜　陈杨龙　陈怡宁
　　　　　　赵雪纯　贾晓俊　梅新艺　曹馨蓓

主要编撰者简介

刘　燕　教授，北京交通大学研究生工作部部长、研究生院副院长。在《北京交通大学学报》（社会科学版）等期刊发表学术论文20余篇，主持及参与多项与产业安全及发展相关的项目。特别是"北京产业安全与发展研究报告（2020年）"已获得北京市社会科学基金年度报告建设项目资助，为北京产业安全与发展研究基地年度报告项目的高质量研究的持续推进奠定了基础。

李孟刚　教授，博士生导师，北京交通大学国家经济安全研究院院长，国家经济安全预警工程北京实验室主任，北京市哲学社会科学"北京产业安全与发展研究基地"负责人。2009年入选教育部"新世纪优秀人才计划"。共主持各类课题60多项，其中国家级重大及重点项目2项，省部级项目12项。多次获得高等学校科学研究优秀成果奖和北京市哲学社会科学优秀成果奖等科研奖项。撰写的调研报告或内参多次获国家领导人批示。著有《产业安全理论研究》《国家粮食安全保障体系研究》等。

贾晓俊　副教授，北京交通大学国家经济安全研究院副院长，北京产业安全与发展研究基地副主任。主持各类科研项目7项，其中国家级项目1项、省部级项目2项。在《经济研究》、《财贸经济》、《经济学动态》、《财政研究》、《税务研究》及《人民日报》（理论版）等权威报刊发表学术论文30余篇；出版2部专著。有2项研究成果分别获省部级社会科学研究优秀成果二等奖和三等奖。

摘 要

2020年是"十三五"收官之年，北京市"十三五"规划的主要目标任务已经完成，并在全国范围内引领全面建成小康社会。北京经济总体水平进一步提高，产业结构进一步优化，"高精尖"制造业和文旅服务业优势进一步发挥，区域金融稳健发展。

本书立足梳理北京产业发展全貌，跟进北京产业调整动态，为充分发挥北京既有产业优势、补足产业短板提供多方面的研究支持。本书通过全景式回顾2020年北京产业结构变化探寻北京产业结构调整进程，并采用指数分析法对北京制造业、"高精尖"产业、文化产业等进行定量分析，从定量角度评估北京相关产业的发展阶段、突出优势、相对弱点，同时以专题形式对北京多个产业进行案例或实证分析，为北京文创产业、文化旅游产业、金融业发展提供了有针对性的建议。

北京是文化中心、国际交往中心，基于这两个中心，北京的文化产业、文创产业、文旅产业发展具有不可替代、不可复制的优势。本书中的多篇报告对此进行了分析，也印证了北京文化服务业对北京经济发展的拉动作用。但与此同时，北京文化服务业的发展在较大程度上依赖财政投入，与其他国际文化中心相比，显得竞争力不足，因此本书建议加快北京文化领域的消费升级，加强科技成果在北京文化领域的转化运用，运用科技手段展现北京历史悠久的特色文化等。

北京是全国科技创新中心，这意味着北京的产业发展应集中于高质量、高科技、高创新领域，本书从北京制造业价值链攀升、"高精尖"产业创新

发展维度进行了实证研究，结果显示北京制造业价值链攀升效率从2013年开始显著提升，这充分彰显了北京科技创新中心的定位。本书研究发现北京海淀区、昌平区在科创板IPO公司数量上排名靠前，表明这些年北京产业结构调整获得了资本市场认可；未来应该继续加强"高精尖"产业发展，以扎实的高科技产业发展带动全国相关领域攻克"卡脖子"难题。

关键词： 产业发展　产业安全　产业结构　指数评价　北京

目 录

Ⅰ 总报告

B.1 北京产业结构调整与未来产业发展趋势分析 …………… / 001
    一 北京市产业结构变化情况 ……………………………… / 002
    二 产业结构调整对北京经济发展的影响 ………………… / 011
    三 北京重点产业发展情况 ………………………………… / 017
    四 北京产业结构调整亟待解决的问题 …………………… / 032
    五 促进北京市产业结构逐步完善的政策建议 …………… / 034

Ⅱ 指数篇

B.2 北京制造业价值链攀升效率指数研究 …………………… / 037
B.3 北京"高精尖"产业创新发展指数研究 ………………… / 050
B.4 北京文化产业安全指数研究 ……………………………… / 061

Ⅲ 专题篇

B.5 北京文创产业发展及其对北京经济增长贡献分析 ……… / 075

B.6 区域协同视角下北京文化与旅游产业融合发展研究 …………… / 107
B.7 北京"高精尖"产业发展状况分析 ………………………………… / 130
B.8 北京文化和旅游产业发展分析 …………………………………… / 151
B.9 京津冀区域性金融风险研究 ……………………………………… / 170

Ⅳ 附录

B.10 2015年以来北京产业政策梳理 ………………………………… / 199
B.11 2015年以来北京产业腾退与产业转移政策梳理 ……………… / 206
B.12 北京"高精尖"产业政策梳理 …………………………………… / 208
B.13 北京促进服务业扩大开放政策梳理 …………………………… / 212

Abstract ……………………………………………………………………… / 215
Contents ……………………………………………………………………… / 217

总 报 告
General Report

B.1
北京产业结构调整与未来产业发展趋势分析

刘 燕 李孟刚 陈杨龙 李竞成 刘 伟*

摘 要： 北京市从2015年开始着力于调整和优化产业结构，出台了一系列政策措施，根据推进供给侧结构性改革、加快经济转型升级的要求，对部分资源消耗大、生产成本高的产业进行了"腾换"，同时引入相对优势显著、发展潜力巨大的产业，逐步形成高质量、高创新、高潜力的产业集群。本报告首先回顾了近年来北京市产业布局和结构调整的进程，其次研究了产业结构调整对于北京经济的影响以及北京产业结构的变化轨迹，最后以十大"高精尖"产业为切入点，详细阐述了

---

* 刘燕，北京交通大学教授，研究方向为文化安全；李孟刚，北京交通大学经济管理学院教授，博士生导师，研究方向为国家经济安全、产业安全；陈杨龙，北京交通大学经济管理学院博士后，研究方向为金融安全；李竞成，北京交通大学经济管理学院博士研究生，研究方向为产业安全；刘伟，北京交通大学经济管理学院硕士研究生，研究方向为产业安全。

北京产业结构调整对产业安全和产业升级的影响。总体来看，北京的"腾笼换鸟"政策取得了较好成效，以十大"高精尖"产业为代表的价值链高阶产业在产业调整后均迎来了较快的发展，并且产业安全压力骤减。

关键词： 产业结构　产业升级　"高精尖"产业　北京

一　北京市产业结构变化情况

（一）北京市产业发展概况

根据北京市统计局数据，2019年，北京市实现地区生产总值（GDP）35371.28亿元人民币，其中第一产业增加值113.69亿元，占比0.32%；第二产业增加值5715.06亿元，占比16.16%；第三产业增加值29542.53亿元，占比83.52%。2019年，北京市呈现"三、二、一"的产业布局（见图1）。

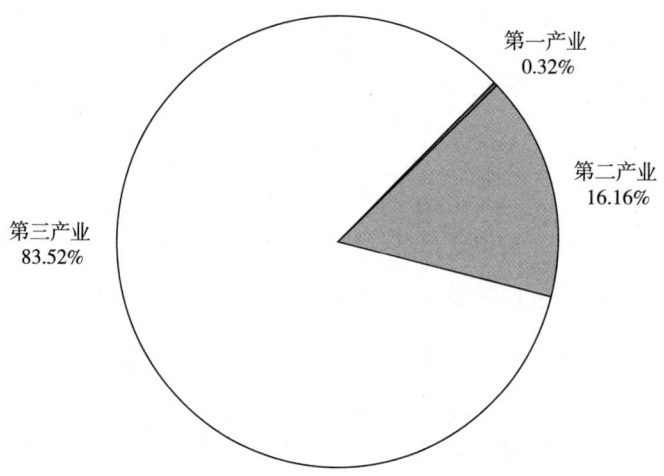

图1　2019年北京市三次产业结构

北京产业结构调整与未来产业发展趋势分析

在第三产业增加值构成中，金融业、批发和零售业与房地产业占比较高。2019年，北京市金融业增加值6544.77亿元，占比为22.15%；批发和零售业增加值2856.89亿元，占比为9.67%；房地产业增加值2620.79亿元，占比为8.87%；交通运输、仓储及邮电通信业增加值1025.33亿元，占比为3.47%；住宿和餐饮业增加值540.36亿元，占比为1.83%；其他服务业增加值合计为15954.39亿元，占比为54.00%（见图2）。

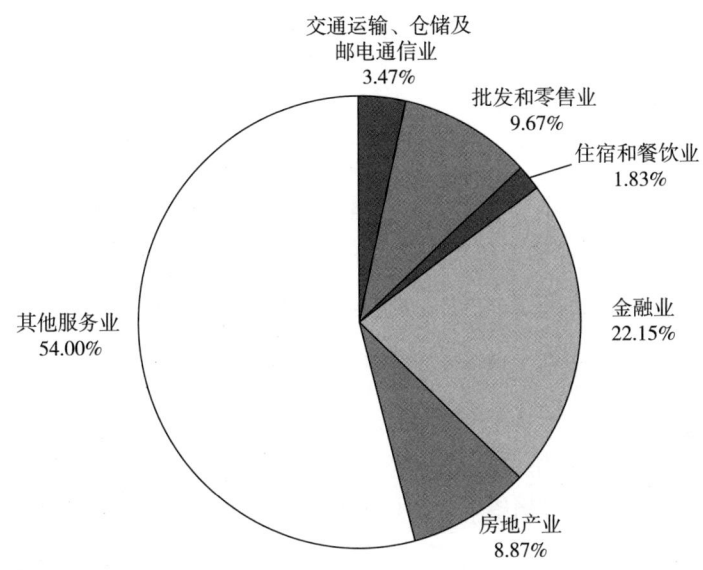

图2　2019年北京市第三产业增加值构成

（二）1980~2019年北京市产业结构调整情况

1980~1993年，北京为"二、三、一"产业布局，1994年转为"三、二、一"产业布局并保持至2019年，这期间各个产业所占比重有所变化：1980~1990年第一产业占比有小幅度的上升，但始终低于10%，1990年以后呈现下降的趋势，自1990年的8.76%下降为2019年的0.32%；第二产业所占比重虽然在某些年份有所回升，但总体呈现下降趋势，占比由1980年的68.88%下降为2019年的16.16%；第三产业所占

003

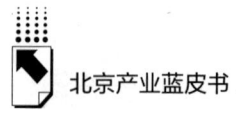

比重总体上呈现增长的态势，占比自1980年的26.76%增至2019年的83.52%（见表1）。

表1 1980~2019年北京市三次产业增加值占GDP比重变化

单位：%

年份	第一产业占比	第二产业占比	第三产业占比
1980	4.36	68.88	26.76
1990	8.76	52.39	38.85
2000	2.51	32.68	64.81
2010	0.88	24.01	75.11
2019	0.32	16.16	83.52

1980~2019年，北京市第一产业增加值增速由1980年的9.30%，下降至2000年的3.10%，直到近年来的负增长，北京市第一产业增加值增速总体处于下降趋势；第二产业虽然在1981年、1990年和2008年增速波动较大甚至有增速下滑情况，总体处于波动下降的趋势，增长速度逐渐变缓，由2010年的13.70%下降为2019年的4.50%；第三产业自1980年以来一直处于较快的增长速度，但2010年以来增速逐渐变缓，从2010年的9.30%下降为2019年的6.40%，但第三产业增加值上涨趋势依旧明显（见表2、图3）。

表2 1980~2019年北京市三次产业增加值增速变化

单位：%

年份	第一产业增速	第二产业增速	第三产业增速
1980	9.30	10.10	18.50
1990	3.30	1.10	13.30
2000	3.10	11.40	12.90
2010	-1.60	13.70	9.30
2019	-2.50	4.50	6.40

北京市产业结构以第三产业为主，2005~2018年第三产业各细分行业增加值在第三产业中占比均有不同变化：金融业整体保持增长趋势，在第三产业中占比由2005年的17.31%上升为2018年的21.63%，在第三

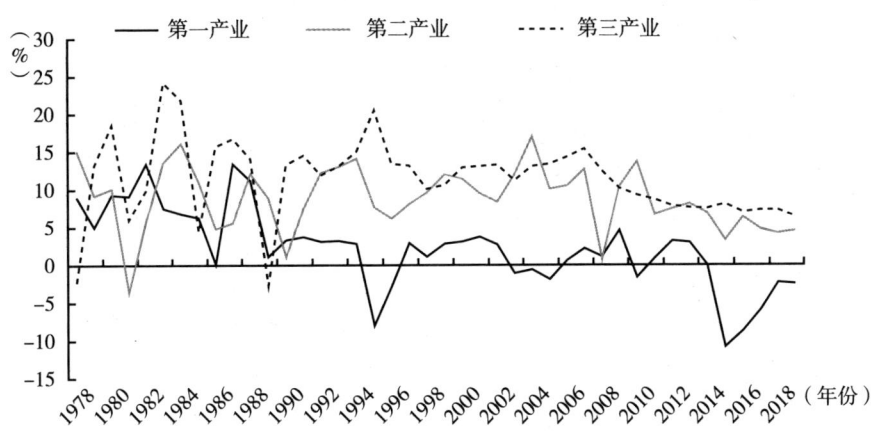

图 3　1978~2018 年北京市三次产业增加值增速变化

产业中占主导地位；批发与零售业在第三产业中占比呈波动下降的趋势，由 2005 年的 14.51% 下降为 2018 年的 10.27%；房地产业在第三产业中占比在 2005 年为 10.17%，2018 年占比有了小幅下降，为 9.02%；信息传输、计算机服务和软件业在第三产业中始终占一定比重，2005 年占比为 12.02%，2018 年占比小幅上升为 14.03%；科学研究、技术服务与地质勘查业占比增幅较大，从 2005 年的 7.04% 上升为 2018 年的 11.72%（见表 3）。

北京市第三产业中各细分行业增加值的增长速度也有不同。2005~2018 年，北京市第三产业增加值增长了 4.67 倍，其中增长最快的是科学研究、技术服务与地质勘查业，该行业增加值增长了 8.43 倍；其次是金融业，增长了 6.08 倍；再次是信息传输、计算机服务和软件业，增长了 5.62 倍。从 2018 年增速看，排名前五位的行业分别为信息传输、计算机服务和软件业，科学研究、技术服务与地质勘查业，卫生、社会保障和社会福利业，金融业，交通运输、仓储和邮政业（见表 4、表 5）。

表3 2005~2018年北京市第三产业各细分行业增加值占比

单位：%

年份	交通运输、仓储和邮政业	信息传输、计算机服务和软件业	批发与零售业	住宿和餐饮业	金融业	房地产业	租赁与商务服务业	科学研究、技术服务与地质勘查业	水利、环境和公共设施管理业	居民服务和其他服务业	教育	卫生、社会保障和社会福利业	文化、体育与娱乐业	公共管理与社会组织
2005	8.31	12.02	14.51	3.76	17.31	10.17	7.14	7.04	0.83	1.74	6.49	2.39	3.53	4.72
2006	7.80	11.66	14.94	3.74	16.83	11.28	6.90	6.84	0.74	1.72	6.30	2.29	0	4.59
2007	6.88	11.40	15.18	3.39	18.00	11.35	7.59	7.37	0.70	1.43	5.65	2.12	2.83	4.08
2008	5.96	11.66	17.03	3.28	18.14	10.08	8.19	7.90	0.77	1.10	5.50	2.10	3.51	3.84
2009	6.06	12.07	16.61	2.86	17.47	11.57	8.89	8.65	0.60	0.90	4.42	2.09	2.74	4.02
2010	6.72	11.72	17.81	2.99	17.58	9.49	9.10	8.61	0.68	0.77	4.49	2.20	2.87	4.47
2011	6.54	12.07	17.31	2.82	17.92	8.69	9.18	9.14	0.70	0.91	4.70	2.41	2.69	4.04
2012	5.97	11.78	16.31	2.73	18.56	9.10	9.59	9.07	0.68	0.88	4.78	2.53	2.81	4.13
2013	5.68	11.40	15.25	2.44	19.18	8.73	10.01	9.41	0.74	0.87	4.94	2.71	2.90	3.89
2014	5.70	12.40	14.50	2.19	20.19	7.99	10.23	10.00	0.82	0.98	5.17	2.82	2.83	3.47
2015	5.37	12.94	12.83	2.17	21.42	7.85	9.64	9.93	0.98	0.63	5.27	3.15	2.88	4.01
2016	5.15	13.10	11.52	1.94	20.74	8.12	8.91	10.09	0.98	0.78	5.29	3.09	2.83	3.95
2017	5.35	14.04	11.02	1.83	20.63	7.83	8.71	12.67	1.07	0.76	5.91	3.08	2.65	3.97
2018	3.69	14.03	10.27	1.87	21.63	9.02	7.33	11.72	0.85	0.67	5.21	2.76	2.35	3.46

表4 2005~2018年北京市第三产业及其细分行业增加值增速变化

单位：%

年份	第三产业	交通运输、仓储和邮政业	信息传输、计算机服务和软件业	批发与零售业	住宿和餐饮业	金融业	房地产业	租赁与商务服务业	科学研究、技术服务与地质勘查业	水利、环境和公共设施管理业	居民服务和其他服务业	教育	卫生、社会保障和社会福利业	文化、体育与娱乐业	公共管理与社会组织
2005	13.4	8.5	23.1	11.6	9.5	15.1	2.0	19.4	17.9	14.3	4.8	10.1	11.8	18.6	12.1
2006	14.3	10.6	14.3	12.6	18.6	13.6	15.2	13.7	15.4	7.2	16.1	15.4	14.2	0	15.4
2007	15.4	9.7	18.6	14.9	9.2	22.3	-1.8	31.7	23.1	7.5	8.1	12.5	10.8	5.9	7.9
2008	12.5	4.1	16.8	24.9	-2.0	7.8	-5.2	23.9	23.1	28.3	-3.9	12.1	13.6	29.4	9.6
2009	10.2	0	14.5	12.5	2.3	13.5	6.9	11.5	16.4	-2.6	15.4	4.6	6.1	6.1	3.4
2010	9.3	10.7	16.5	20.9	3.1	8.6	-21.5	14.4	7.8	3.0	6.3	3.3	5.6	12.9	9.1
2011	8.7	8.0	22.9	8.9	2.3	4.4	-3.2	18.2	10.4	5.5	12.3	3.5	7.8	6.0	1.8
2012	7.9	4.9	6.2	5.9	-0.3	14.4	13.7	7.2	5.8	3.9	2.0	4.5	7.6	6.0	3.4
2013	7.6	7.0	7.2	6.6	-3.2	11.0	3.4	9.5	11.2	5.2	3.0	6.9	11.5	6.1	2.4
2014	7.5	6.8	11.7	5.5	-0.2	12.3	-2.2	5.8	11.1	11.4	13.2	9.7	10.7	1.9	-2.6
2015	8.1	4.0	12.0	-1.2	0.3	18.1	4.2	-1.7	14.1	13.3	2.0	11.8	13.7	3.5	8.6
2016	7.0	6.6	11.3	2.0	0.9	9.3	5.5	1.6	10.2	8.7	9.1	9.1	7.1	7.8	7.2
2017	7.3	12.1	12.6	6.7	2.3	7.0	-1.6	3.2	10.7	12.1	2.8	8.3	7.4	2.5	6.9
2018	7.3	7.0	19.0	0.6	1.6	7.2	-0.4	1.9	10.4	3.7	4.1	6.7	8.7	5.7	5.8

007

表5　2005～2018年北京市第三产业及其细分行业增加值增长情况

项目	第三产业	交通运输、仓储和邮政业	信息传输、计算机服务和软件业	批发与零售业	住宿和餐饮业	金融业	房地产业	租赁与商务服务业	科学研究、技术服务与地质勘查业	水利、环境和公共设施管理业	居民服务和其他服务业	教育	卫生、社会保障和社会福利业	文化、体育与娱乐业	公共管理与社会组织
2005～2018年增长（倍）	4.67	1.52	5.62	3.01	1.83	6.08	4.03	4.81	8.43	4.87	1.17	3.54	5.54	2.77	3.16
2018年增加值（亿元）	27508	1015	3859	2824	515	5951	2481	2016	3223	235	183	1432	760	645	952
2018年占第三产业增加值比重（%）	—	3.69	14.03	10.27	1.87	21.63	9.02	7.33	11.72	0.85	0.67	5.21	2.76	2.35	3.46
2018年增速（%）	7.3	7.0	19	0.6	1.6	7.2	-0.4	1.9	10.4	3.7	4.1	6.7	8.7	5.7	5.8

（三）2015年以来北京产业结构变化轨迹

京津冀协同发展是国家战略，疏解北京的非首都功能是落实京津冀协同发展战略的重点工作，为此北京市于2015年8月公布了《北京市新增产业的禁止和限制目录（2015年版）》，该文件对北京市的禁限新增产业提出了更高要求，并采用"禁、关、控、转、调"五种方式针对不同产业的发展阶段、供需矛盾、就业税收影响等，多渠道疏解非首都功能。曾经北京工业的象征——首钢迁至唐山曹妃甸，北京现代第四工厂在河北沧州投产，大红门等批发市场陆续迁出。对高能耗、高水耗、有污染的项目，北京则就地淘汰，2015年，北京工业企业关停了326家，商品批发市场拆并、疏解了97家①。2015年，全市生产载货汽车42.1万辆，下降17.8%；生产手机9540.8万部，下降47.2%；生产微型计算机885.6万部，下降12.8%。这与北京现代汽车在外地建厂、原先的手机代工厂搬迁或关闭等有关。可以看出，产业结构的调整在短期内使北京的工业增长速度有所放缓（见图4）。

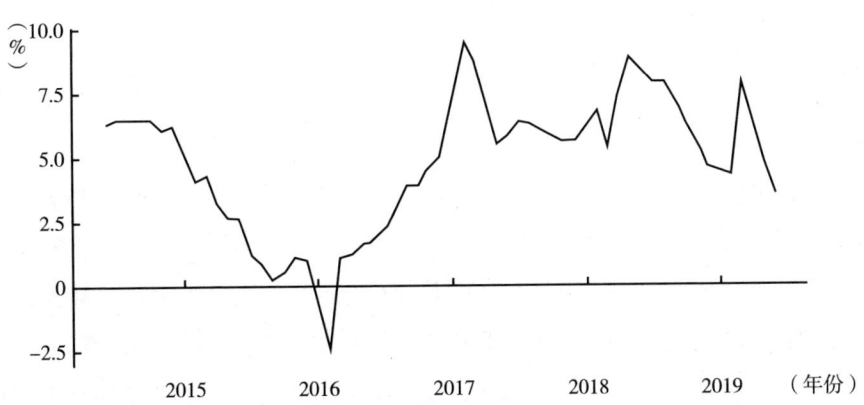

图4　2015~2019年北京工业产值增长率

资料来源：2016~2020年《北京统计年鉴》。

---

① 《北京晒2015成绩单：传统产业减速》，21经济网，2016年1月22日，http://www.21jingji.com/2016/1-22/3MMDA2NTFfMTM4Njc3Mg.html。

北京市以新产业、新业态、新商业模式为代表的新经济快速发展，2018年实现增加值9085.6亿元，按现价计算，增长9.8%，占全市GDP的比重为32.4%，比2016年提高0.2个百分点。产业结构方面，高端产业在全市经济中的占比不断提高，对经济的支撑作用日益增强，产业发展基础更加稳固。其中，高技术产业增加值占全市GDP的比重为22.8%，比2016年提高0.1个百分点；战略性新兴产业增加值占16.2%，比2016年提高0.2个百分点；信息产业增加值占15.0%，比2016年提高0.2个百分点[1]。

2016年以来，北京市先后印发《关于财政支持疏解非首都功能构建高精尖经济结构的意见》《北京市人民政府关于组织开展"疏解整治促提升"专项行动（2017—2020年）的实施意见》，以专项行动、专项意见落实疏解北京非首都功能的任务，首先将显著不符合北京四个战略定位的行业进行了疏解，为促进文化产业和科技创新产业发展提供了宝贵的地域和资源。以2018年为例，该年北京科技服务业实现增加值3223.9亿元，同比增长10%，高于当年北京所有产业增加值增速；同期中关村示范区企业总收入更是超过5万亿元，是2012年的2.4倍。以金融业、信息业、科技服务业为代表的高端产业实现的增加值占北京GDP的比重超过80%。北京是全国文化中心，2018年文化创意产业总收入增长9.4%，占GDP的比重居全国各省（区、市）首位[2]。北京市在疏解产业、转移产业的同时，积极培育符合自身战略定位的产业。北京市于2016年设立了"高精尖"产业发展基金，仅用短短两年时间，截至2018年共支持64个"高精尖"项目，涉及总投资金额达680亿元[3]，投资项目领域包括自主可控信息系统、云计算与大数据、新一代健康诊疗、工艺美术等，迅速而高效地推动了北京战略性新兴产

---

[1]《北京经济从重量到重质常住人口首现负增长》，新华网，2018年2月24日，http://www.xinhuanet.com/finance/2018-02/24/c_129815691.htm。

[2]《北京市服务业占GDP比重超八成》，人民网，2018年12月29日，http://finance.people.com.cn/n1/2018/1229/c1004-30494537.html。

[3]《新中国成立70年北京经济发展情况》，北京市统计局网站，2019年8月19日，http://tjj.beijing.gov.cn/tjsj_31433/sjjd_31444/202002/t20200216_1639682.html。

业发展和传统产业转型升级。

北京此轮产业调整和升级,着力点是扶持"高精尖"企业,即研发投入高、产出效率高、技术水平高、成长速度快的企业。"高精尖"企业的首要特征就是创新能力突出,集中体现在研发强度上。以百度为例,2017年其研发支出占企业总营业收入的比重达到15.2%,并且依靠持续的高强度投入,百度在人工智能领域已经形成了先发优势,在一些关键技术上取得了突破性进展,具有极大的发展潜力。"高精尖"企业的内涵还有"产出效率高",具体而言就是人均产出、地均产值高。从区域上看,亦庄地区的全员劳动生产率达到了42万元/人,是北京市平均水平的两倍;从企业上看,以小米的线下实体店小米之家为例,店面坪效达到27万元/($m^2 \cdot a$),位居世界第二。"高精尖"企业的含义还有技术水平高,产业竞争的本质是科技水平、创新能力的竞争,具有行业顶尖的核心技术是世界一流科技企业的立身之本。以京东方为例,其累计可使用专利数量在2019年已经达到5.5万件,独有的超硬屏技术成为世界三大显示屏技术标准之一。"高精尖"企业还有一层"成长速度快"的内涵,滴滴出行、美团、今日头条已经成为北京产业创新的新名片。在新模式、新业态的切入点下,一些企业打破传统企业的成长路径,快速发展壮大,成为独角兽企业。

二 产业结构调整对北京经济发展的影响

(一)北京经济总量和发展水平显著提升,人均GDP大幅提高

"十三五"以来,北京市围绕《北京市国民经济和社会发展第十三个五年规划纲要》(以下简称《北京市"十三五"规划纲要》)、《北京城市总体规划(2016年—2035年)》,积极进行经济结构调整,推进京津冀协同发展,统筹推进经济社会发展各项工作;在"十三五"收官之时,北京基本实现和完成了《北京市"十三五"规划纲要》提出的主要目标和任

务，而且很多方面好于预期。

"十三五"规划实施以来，北京市扎实推进地区重点产业投资与建设，经济增速一直保持着较快势头，经济总量和发展质量进一步提升。从北京市经济总量绝对值看，2019年实现GDP 35371.28亿元，同比增长6.8%，北京市GDP自1980年以来一直保持在北京、上海、广州、深圳四个城市的第二位（见图5和表6）。2010~2019年北京市GDP增长速度基本保持在10%上下波动，与上海的GDP增速差距不大；除个别年份，深圳GDP增速基本保持在第一位；广州近几年GDP增速出现下滑，在四大城市中唯一跌下5%（见图6和表7）。

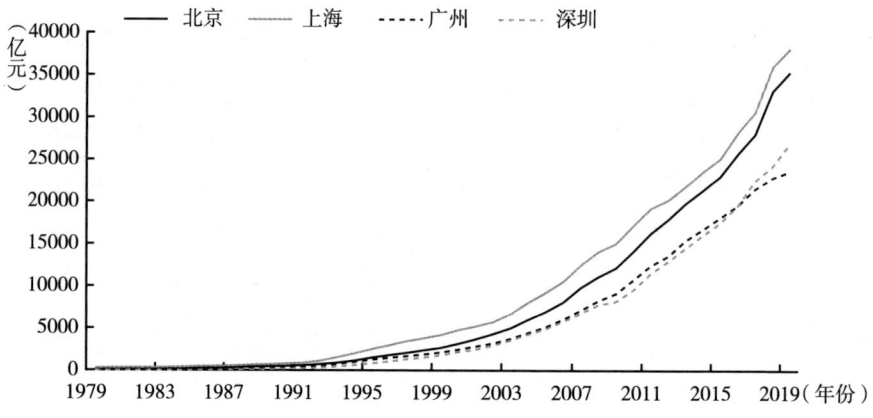

图5 1980~2019年北京、上海、广州、深圳GDP变化

表6 1980~2019年北京、上海、广州、深圳GDP

单位：亿元

年份	北京	上海	广州	深圳
1980	139.10	311.80	57.50	2.70
1990	500.80	781.60	319.50	171.60
2000	3161.60	4771.10	2492.70	2187.40
2010	14113.50	17165.90	10748.20	9581.50
2019	35371.28	38155.30	23628.50	26927.10

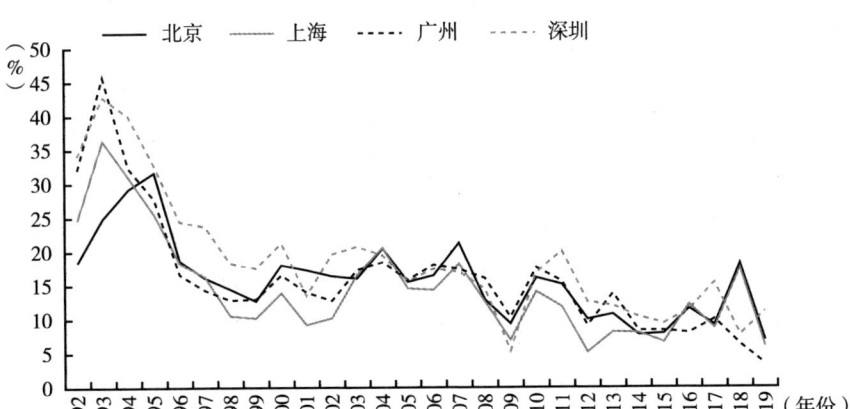

图6 1992~2019年北京、上海、广州、深圳GDP增速变化

表7 1980~2019年北京、上海、广州、深圳GDP增速

单位：%

年份	北京	上海	广州	深圳
1980	15.80	8.90	18.00	37.80
1990	9.80	12.20	11.00	48.40
2000	18.00	13.90	16.50	21.30
2010	16.10	14.10	17.60	16.80
2019	6.80	6.00	3.40	11.20

1980~2019年，北京、上海、广州、深圳四个城市人均GDP整体上稳步增长，各城市因为发展起点、产业结构不一，其人均GDP呈现不同排名变化。20世纪80年代初期，上海人均GDP在四个城市中排名第一，北京人均GDP位列第二；20世纪80年代后期，深圳特区体现了制度优势，一跃成为人均GDP第一并持续至今，上海人均GDP位列第二，北京人均GDP位列第三；进入20世纪90年代，北京人均GDP被广州超过，位列四个城市中最末。由此可见，在出口导向型的经济转型中，广州、深圳的后发优势显著超越了北京、上海这类工业积淀深厚的城市。北京人均GDP位列四个城市最末这一格局直至2012年开始有所改观，2012年北京人均GDP超越上海，排名第三，随后在2019年进一步超越广州，位列第

二（见图7）。

虽然北京人均GDP看似在一线城市中排名较为落后，但是北京是四个城市中面积最大、人口老龄化较高、资源与制度约束最多的城市，因此能够与其他一线城市尤其是上海齐头并进已经实属不易。在近40年的发展中，北京人均GDP从相当于上海的57%逐步提升并达到了104%，超越上海，体现了北京从2012年以来的质变；北京人均GDP占深圳人均GDP的比重，也从1990年的低谷53%提升至2019年的81%（见表8），可见北京产业结构逐步改造升级跟上了时代步伐。从人均GDP的发展历程可见北京的产业结构调整是长期正确合理且卓有成效的。

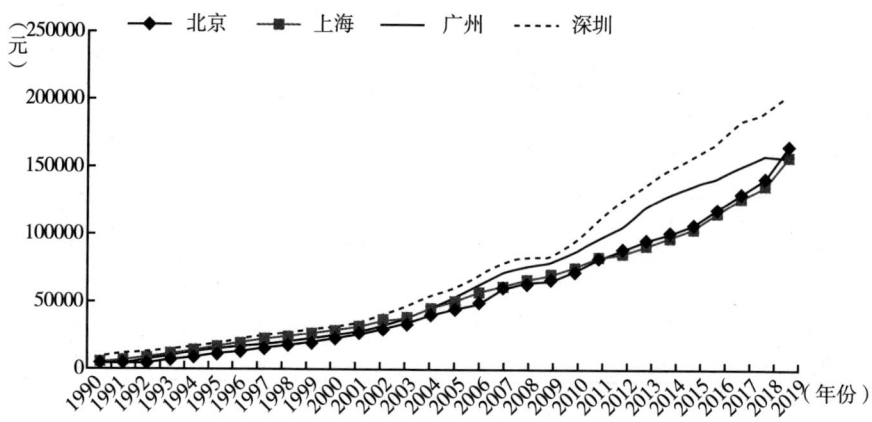

图7　1990~2019年北京、上海、广州、深圳人均GDP变化

表8　1980~2019年北京、上海、广州、深圳人均GDP

单位：元，%

年份	北京	上海	广州	深圳	北京/上海	北京/深圳
1980	1544	2725	1160	837	57	184
1990	4635	5911	5418	8724	78	53
2000	24122	29671	25626	32800	81	74
2010	73856	76074	87458	94296	97	78
2019	164220	157279	156427	203489	104	81

（二）产业结构调整使第三产业经济增长拉动作用更加凸显

近几年，北京市经济发展的一个特点是做大做强第三产业，经济增长动力和方式显著转变，第二产业比重逐年递减，第三产业比重不断攀升。2019年，北京市GDP中第二产业占比为16.16%，远低于上海（26.99%）、广州（27.31%）和深圳（38.98%），从横向比较角度反映了北京第二产业对北京经济增长的拉动作用远不如其他一线城市，说明全市GDP的增长对第二产业的依赖度很小；北京市第三产业不管是从绝对规模还是从产业占比看，都比其他三个城市高，说明北京市比较依赖第三产业的发展来带动经济，而第二产业不强，实体经济的支撑不足（见表9、表10）。其背后原因在于北京具有显著的资源和制度约束，北京西部、北部山多不利于发展工业，因此北京发展第三产业也是必然选择。

表9　2019年北京、上海、广州、深圳三次产业产值规模

单位：亿元

产业	北京	上海	广州	深圳
第一产业	113.69	103.88	251.37	25.20
第二产业	5715.06	10299.16	6454.00	10495.84
第三产业	29542.53	27752.28	16923.22	16406.06

表10　2019年北京、上海、广州、深圳三次产业占GDP比重

单位：%

产业	北京	上海	广州	深圳
第一产业	0.32	0.27	1.06	0.09
第二产业	16.16	26.99	27.31	38.98
第三产业	83.52	72.74	71.62	60.93

（三）产业结构调整使北京新科技布局效果显现

从全国股权融资金额看，北京市占较大优势。2019年6月以来，全国开启新一轮的IPO热潮，先有2019年7月上海证券交易所科创板迎来第一

批 IPO 企业，后有 2020 年 7 月深圳证券交易所实行创业板注册制，其间香港交易所也承接了大量内地企业赴港上市。2019 年 6 月至 2020 年 10 月，上海、深圳、香港三地 IPO 统计发现，来自北京市的公司数量为 88 家，这 88 家 IPO 企业合计市值达到 31081.75 亿元，北京成为全国仅次于杭州的新增市值最高和国家促进直接融资的最大受益城市（见表 11）。

表 11　2019 年 6 月至 2020 年 10 月全国部分城市上市公司情况

单位：亿元，家

城市	公司市值	公司数量
北京市	31081.75	88
上海市	23481.84	70
深圳市	10331.56	51
杭州市	77384.63	31
苏州市	2949.91	30
广州市	2178.15	28
无锡市	2279.44	13
成都市	970.86	12
宁波市	610.12	12
南京市	898.31	11
东莞市	583.10	11
合肥市	642.22	10
济南市	1857.03	8
天津市	1745.84	8

注：数据截至 2020 年 11 月 3 日。

从北京各区 IPO 公司数量和市值看，海淀区以新增 25 家拔得头筹，充分体现了以中关村科技园为核心的海淀创新动力，这 25 家公司市值达到 7853.93 亿元，在全国排名较为靠前；朝阳区、昌平区、东城区、丰台区分别有 16 家、10 家、8 家、7 家新增上市公司，充分显示了北京产业结构布局已经悄然生变（见表 12）。尤其值得一提的是，昌平区以生命科技园为核心，在这一年多时间有多家医药生物企业先后上市，彰显了产业布局的集中优势。

北京产业结构调整与未来产业发展趋势分析

表12 2019年6月至2020年10月全国典型地区IPO上市公司情况

单位：亿元，家

地区	公司市值	公司数量
北京市海淀区	7853.93	25
广东省深圳市南山区	3987.72	21
北京市朝阳区	2195.79	16
上海市浦东新区	8673.01	15
广东省深圳市福田区	2005.49	12
上海市闵行区	3153.12	11
江苏省苏州市苏州工业园区	1160.80	11
北京市昌平区	1899.96	10
广东省广州市天河区	897.71	9
北京市东城区	681.97	8
中国（上海）自由贸易试验区	1682.63	7
北京市丰台区	1125.56	7
浙江省杭州市余杭区	60679.58	6
浙江省杭州市滨江区	6798.56	6
浙江省杭州市西湖区	4724.01	6

注：数据截至2020年11月3日。

三 北京重点产业发展情况

未来北京市应当形成"10+3"的产业布局和发展模式，即以十个"高精尖"产业为发展重点（见图8），依靠土地、人才、财政三个方向的政策工具进行引导，形成政策体系，使新兴产业项目统筹落地更加快速，推进产业结构进一步升级。

在这一阶段的产业结构调整中，北京总体定位是全国科技创新中心。通过产业结构调整，北京希望到2020年，"高精尖"制造业达到9690亿元的产值，"高精尖"服务业达到30130亿元的产值。同时，"高精尖"产业和传统产业比重要从2016年的4:6转变为6:4[①]。为了达到产业结构调整的预

---

① 《官方解读北京十大高精尖产业布局重点》，前瞻产业研究院网站，2018年7月9日，https://f.qianzhan.com/chanyeguihua/detail/180719-003cac6c.html。

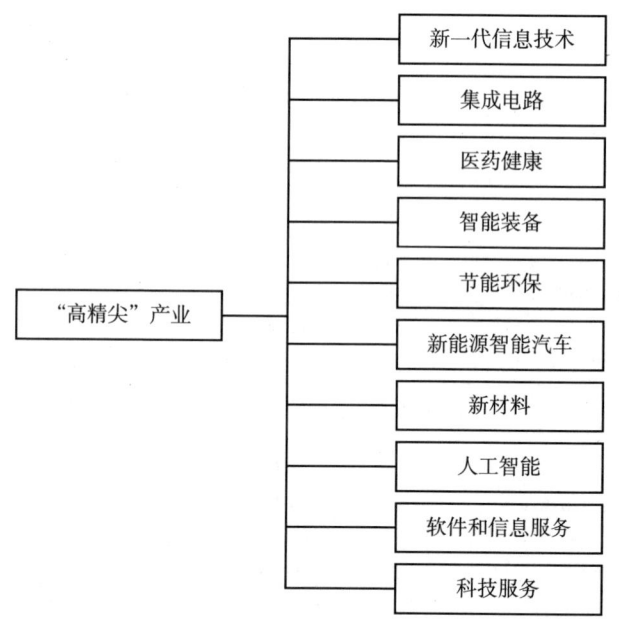

图8　北京市十大"高精尖"产业

期效果，北京市将重点园区作为产业结构调整的集聚区，根据《北京市人民政府关于加快科技创新构建高精尖经济结构用地政策的意见（试行）》，未来将把"产业用地、专地专用"作为监管审查的重点，以确保产业升级和产业调整的有效落实。

在北京市十大"高精尖"产业中，占据产业重心地位的是人工智能和集成电路产业，因为北京市的人工智能产业目前具备先发优势，有望在全球实现领跑，而集成电路产业在北京的发展正处在积蓄发展动能以及从跟跑向领跑过渡的阶段；十大产业中的支柱性产业是软件和信息服务业；医药健康产业和新能源智能汽车产业具有广阔的发展前景；智能装备产业、新材料产业、科技服务业属于需要进行产业结构调整的范畴；新一代信息技术产业和节能环保产业是第二产业和第三产业融合的领域。可见，十大"高精尖"产业的内涵和发展侧重点有较大不同，本部分将具体考察各"高精尖"产业发展的调整和布局情况。

（一）集成电路产业

北京市是中国集成电路产业的先发地，曾经长期处于中国集成电路产业的第一位，有辉煌的历史，但是2010年以后，北京市集成电路产业规模逐渐被上海和深圳超过，丧失了全国领先的地位，集成电路产业出现了增长乏力的现象。2010年以来，北京集成电路产业规模占全国比重徘徊在17.3%~21.5%，没有大的突破[①]。2014年6月24日正式发布的《国家集成电路产业发展推进纲要》明确提出设立国家产业投资基金，并支持设立地方性集成电路产业投资基金，鼓励社会各类风险投资和股权投资基金进入集成电路领域。2016年，北京市政府集成电路产业投资基金规模在全国各省（市）中名列前茅（见图9）。在平台建设方面，北京要建设世界一流的国家级集成电路创新平台；在核心技术突破方面，北京要每年滚动支持3~5家骨干设计企业在创新技术领域增加研发投入，鼓励企业积极参与国家科技计划和重大项目，鼓励骨干企业建设海外研发基地，与海外企业或研发机构开展多层次合作，建立集成电路设计产业服务体系，完善中关村集成电路设计园等公共服务平台功能。

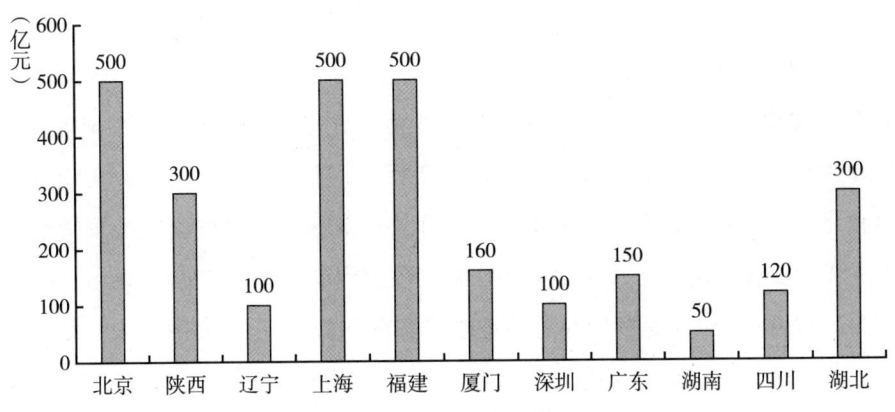

图9　2016年地方政府集成电路产业基金规模

[①] 《魏少军：北京集成电"芯动"更要"行动"》，摩尔芯闻网站，2019年9月11日，http://news.moore.ren/industry/162569.htm。

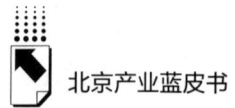

2018年，北京市集成电路产业销售额达到550亿元，时隔五年，再次超过上海位列全国第二，但与深圳集成电路产业销售额相比，差距在拉大。北京共有33家集成电路企业销售额过亿元，占全国过亿元企业数量的15.9%，33家企业的销售额总和达到520.2亿元，占北京集成电路产业销售总额的94.6%，说明北京市集成电路产业的集中度较高。北京集成电路企业的主要产品为智能卡芯片、消费类电子、存储器、图像传感器和通信产品，形成了以比特大陆、豪威科技为代表的集成电路龙头企业。

（二）新一代信息技术产业

北京市计划从6个领域进行梯次布局，以实现新一代信息技术产业和其他行业的深度融合。集成电路、大数据、云计算等行业具有产业基础优势，应当集中力量继续扩大产业规模和提高全国市场占有率，创造更多利税。在人工智能方向，新一代信息技术的加持使北京市人工智能产业得以强化技术研发和产业化衔接，继续保持全球领跑的地位。网络安全方向和第五代移动通信技术（5G）方向是新一代信息技术应用的"重头戏"，应当继续夯实基础，提升核心技术研发实力，并且为国家战略安全、网络安全提供有效支撑。

2020年6月10日，北京市发布了《北京市加快新型基础设施建设行动方案（2020—2022年）》。截至2020年6月，北京市5G基站新增6609个，累计达到2.4万个，计划年底前新增1.3万个，累计超过3万个，实现五环内和北京城市副中心室外连续覆盖，五环外重点区域、典型应用场景精准覆盖；5G正式商用以来，北京市的5G用户数达到312.77万户。北京市已建设的5G基站中有91%是利用原有站址改造实现的。5G正式商用以来，北京移动、北京联通、北京电信等三家通信运营企业累计与工业制造、交通物流、文化商贸、教育医疗等有关垂直行业合作项目超过1000个[①]。

---

① 《北京累计建设5G基站超2万个》，中华人民共和国中央人民政府网站，2020年6月11日，http://www.gov.cn/xinwen/2020-06/11/content_5518757.htm。

2018年以来,北京市经济和信息化局持续推进"一五五一"工程,加大应用场景建设力度。在智慧交通领域,持续推进亦庄智能汽车与智慧交通创新示范区建设,推动2022年北京冬奥会5G智能交通应用示范;在智慧医疗领域,开展5G院前急救、远程会诊、远程手术等示范项目;在工业互联网领域,推进京津冀制造业升级,实施5G智能化改造等示范应用;在智慧城市领域,推进空气监测、智慧消防等城市物联应用示范;在超高清视频领域,推进"5G+8K"内容生产、场景布局、生态培育等,持续刷新内容供给,丰富应用场景,带动市场需求。

(三)医药健康产业

2014年,北京市政府发布实施《北京技术创新行动计划(2014—2017年)》,"生物医药产业跨越发展"专项是该行动计划确定的12个重大专项之一,该专项部署了两项重点任务,即"实现支柱产业跨越式发展""完善创新驱动政策体系"。北京市政府于2010年启动北京生物医药产业跨越发展工程(G20工程)。"G20工程"寓意是聚焦和服务龙头企业的发展,并发挥其带动作用,推动北京生物医药产业实现全面跨越创新发展。"G20工程"历经两期,已形成一系列成果。北京医药产业主营业务收入在"十二五"末期达到1300亿元,年均增长16%,成为北京新增的千亿元级产业。北京医药工业利润总额保持全国前五位,销售利润率始终排名全国第一位,医药工业增加值上升至全市第二位。生物医药产业形成了以化学制药、中药制药、生物制药、医疗器械为主导的发展格局,营业收入和利润均占医药制造业的93%。北京在干细胞与组织工程、结构生物学、生物3D打印等前沿领域取得了突破性进展,北京医药制造业销售利润率连续10年在全国主要医药发达省市中保持第一位。此外,北京初步形成了"一南一北、各具特色"的生物医药产业空间布局,"南"包括以亦庄和大兴生物医药基地为核心的高端产业基地,"北"包括以中关村生命科学园为核心的研发创新中心。2019年,北京生物医药产业已形成生命科学与健康医学前沿技术、生物医药产业、临床医学研究"三位一体"的整体布局。同时,一些前沿技术研究成果转移转化成产品和服务，可以为北京生物医药产业未来发展储备更强势能。2014~2019年，北京获得国家创新医疗器械特别审批的品种共42个，数量居全国之首。2018~2019年，北京市申报和获批生产的1类新药有3个，数量居全国第二位[①]。

2017年，北京生物医药产业产值突破1000亿元，增速达18%，是当年北京增速最快的产业。2019年北京生物医药产业的总体架构如图10所示。

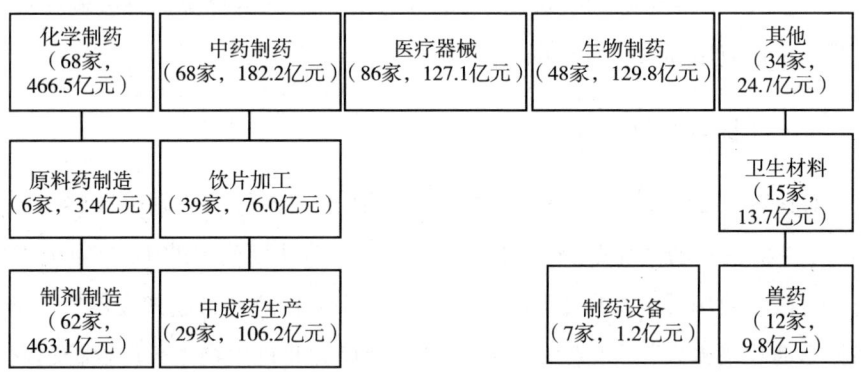

图10　2019年北京市生物医药产业总体架构

资料来源：北京市经济和信息化局。

（四）智能装备产业

智能装备产业发展水平是衡量国家现代化程度和综合国力的重要标志，我国目前的智能装备产业存在大而不强、自主创新能力较弱、基础制造水平落后、产业链高端缺位、产业规模小、产业体系不健全等问题。在智能装备领域，我国80%的集成电路芯片制造装备、40%的大型石化装备和70%的汽车制造关键设备都依赖进口。在"中国制造2025"战略规划中，发展智能装备产业是核心任务。

---

① 《北京医药健康产业亿元品种过百　形成"一北一南"聚集区》，新华网，2019年11月5日，http://www.xinhuanet.com/tech/2019-11/05/c_1125194540.htm。

北京作为全国科技创新中心，在机器人产业发展方面具有得天独厚的优势，发明专利拥有量在全国排名第二位。北京高度重视机器人产业发展，相继出台了《北京市加快科技创新发展智能装备产业的指导意见》《北京市机器人产业创新发展行动方案（2019—2022年）》等，为机器人产业发展营造了良好氛围，使北京机器人产业发展特色突出[①]。亦庄核心区内的亦创智能机器人创新园（亦创园）成立于2015年7月，园区一期占地面积16万平方米，京沪高速穿区而过，紧邻亦庄城铁线，陆运、航空、海运均十分便利，具有明显的地理区位优势。亦创园是国内首家汇集了技术创新研发、产业联盟、专利池、要素平台、基金、基地"六位一体"创新链的智能机器人产业创新平台。该园区有两大发展目标：一是成为中国机器人发展风向标，成为具有全球影响力的高端、高效、高辐射力的智能机器人创新中心；二是成为制造业转型升级的示范，工业存量土地利用的示范以及国家绿色低碳发展园区示范。

截至2018年，北京机器人企业数量超400家，其中生产制造企业50余家，全产业收入达到100亿元。北京聚集了包括清华大学、北京航空航天大学、北京科技大学、中国科学院自动化研究所等在内的23家机器人领域重点科研院所。中国最知名的十大机器人研究机构，有一半在北京。北京市具有机器人专利开发能力的研究机构约566所[②]。2015年后，北京机器人产业综合实力显著增强，不仅在机器人工程技术实验、验证平台等公共技术服务能力方面具有较强实力，拥有国家级机器人检验检测公共服务平台、国家机器人质量监督检验中心等服务机构，还在机器人整机和系统集成、机器人核心产品和关键基础零部件方面均有布局。在智能制造装备方面，我国是世界第一大工业机器人进口国，市场进口份额全球最高。北京在人机交互、工业设计方面积累了一定技术优势，但在减速器、控制器等关键材料和关键控制领域，还有很大的提升空间。

---

① 《北京将打造机器人产业高地》，"金融界"百家号，2019年8月22日，https://baijiahao.baidu.com/s?id=1642497734262325020&wfr=spider&for=pc。
② 中国电子学会：《中国机器人产业发展报告（2017年）》，2017年8月。

接下来,北京将对高档数控机床、智能机器人、增材制造装备、智能传感与控制装备、智能检测与装配设备、智能物流与仓储、智能制造系统集成7个细分领域进行重点投入,还将发展高档数控机床和五轴加工中心、复杂结构件数控加工中心等(见表13)。

表13 北京市智能设备重点发展方向

高档数控机床	发展高档数控机床和五轴加工中心、复杂结构件数控加工中心; 面向航空航天、汽车等领域发展数控机床智能化技术,支持智能机床研发和产业化应用; 加快机床关键零部件研发
智能机器人	发展智能工业机器人,推进人机协作机器人等新一代工业机器人的研制和产业化; 支持医疗机器人规模化应用,推动服务机器人产业化应用
增材制造装备	提升工艺技术水平,发展关键核心部件; 发展激光束高效选区熔化等金属增材制造装备
智能传感与控制装备	发展高性能光纤传感器等工业用高端传感器; 发展面向复杂工况的工业过程在线分析检测仪器; 发展DCS、PLC、SCADA等控制系统和智能伺服系统等传动装置
智能检测与装配设备	发展面向航空航天、轨道交通、汽车制造等行业的数字化非接触精密测量、在线无损检测等智能检测装备; 研发高效、高可靠、可视化柔性、装配质量可控的装配设备
智能物流与仓储	发展高速智能输送与分拣成套装备、智能多层穿梭车自动化立体仓库等装备; 推进智能物流与仓储装备自动控制技术
智能制造系统集成	发展面向电子、汽车制造等行业应用的智能制造成套设备; 发展新一代集成电路芯片和高性能动力电池封装全自动生产设备

(五)节能环保产业

在节能环保产业方面,北京着力于扩大节能环保市场需求。第一,鼓励用能单位加快开展节能技术改造,推动先进节能技术的集成优化运用;推进水气土领域环境治理、危险废物处置等重大环保工程的建设;鼓励既有建筑进行绿色改造;结合北京城市副中心、大兴国际机场、2022年冬奥会和冬残奥会场馆建设,促进节能环保技术、产品和服务示范应用。第二,倡导节约、绿色、低碳消费理念，引导消费者购买绿色节能产品，激发绿色消费试产潜力和活力，综合利用各种宣传形式进行知识普及，深入开展节能减排行动。第三，进一步完善绿色技术产品的推广机制，全面推行绿色办公，完善政府优先采购和强制采购制度，扩大政府采购节能环保产品范围，到2020年实现政府绿色采购比例达到90%以上。

经过多年的发展，北京节能环保产业呈现以节能环保关键技术和产品研发为支撑，以节能环保工程集成服务为主的综合性新兴产业。北京已经成为我国节能环保产业资源的主要集聚地之一，产业创新资源丰富，科技创新能力突出。在蓄热式高效燃烧、高压变频、水处理及雨洪综合利用、脱硫脱硝等领域技术水平处于国内领先地位，拥有北控水务、首创股份、环卫集团等大型企业集团，同时涌现一批具有自主知识产权的创新型企业，如碧水源、神雾集团、雪迪龙、桑德集团、高能环境等。2018年，北京市出台《北京市加快科技创新发展节能环保产业的指导意见》。根据该意见，北京将发展节能环保产业，其中大气污染防治领域重点发展烟气多污染物协同处理技术、选择性还原等脱硫脱氮关键技术、$PM_{2.5}$和臭氧主要前体物联合脱除技术等。到2020年，北京将培育10家营业收入超过百亿元、具有国际竞争力的节能环保龙头企业，培育100家左右营业收入超过十亿元、在国内细分市场领先的节能环保骨干企业。

北京市环境保护与节能环保产业发展高度协调。根据《北京市2019年清洁生产促进工作要点》要求，2019年全市共有74家单位通过清洁生产审核评估，超额完成折子工程①确定的60家审核任务，实现年节能9.7万吨标准煤，节水223.8万吨，减排氮氧化物506.9吨，减排挥发性有机物（VOCs）507.3吨。截至2019年，720万元清洁生产审核评估补助资金完成拨付717.3万元[②]。

---

① 折子工程是由北京市主管副市长分工负责，相关委、办、局及承办单位协调配合的重要工程项目，它要求做到任务、时限、责任明确具体到位，确保落实。
② 参见北京节能环保中心网站，https://www.bjbeec.cn/。

（六）软件和信息服务业

截至2017年，北京市软件和信息服务业占北京GDP的比重已超10%，成为北京重要的支柱产业。2011~2016年，北京市软件和信息服务业年均增速达到15.5%，2016年北京市软件和信息服务业增加值在全市地区生产总值中所占比重超过了10%①。2016年，北京软件全行业实现营业收入7287.6亿元，同比增长10.2%。北京软件业产业集中度持续提升，2015年营收百亿元以上企业有8家，包括百度、360、华为、微软、神州数码等；软件上市企业数量近150家，总市值近2万亿元。软件产业布局不断优化，以海淀区、朝阳区、通州区为软件产业主发展带，实现与其他区多点位协同发展。城六区营业收入占全市的比重为94.0%，其中海淀仍为产业主要聚集区，朝阳、顺义等区产业贡献增加。2019年，行业从业人员数量达89.9万人，占第三产业从业人员比重为14.6%，领军人物成为行业创新创业的核心力量。行业城镇单位在岗职工平均薪酬达23.6万元/年，仅次于金融业；互联网和相关服务业增速最快，电信、广播电视和卫星传输服务业平均薪酬最高。行业法人单位平均工资突破20万元大关，是全市平均水平的1.5倍②。

2019年，北京软件和信息服务业实现营业收入13464.2亿元，占全国的23.0%，其中互联网信息服务业贡献超四成，成为产业发展主力军。全行业实现增加值4783.9亿元，占全市GDP比重为13.5%，在全市经济中的支柱地位进一步巩固。发展质量与效益稳步提升，全行业人均营业收入近150万元，规模以上企业平均营业收入达到3.8亿元。产业开放力度增大，自主创新活跃，具有国际竞争优势的产业生态体系加速形成。2019年，北京拥有软件和信息服务业业务收入百亿元以上企业18家，在2019年度的中国互联网企业百强、中国软件业务收入前百家企业、中国软件和信息技术服务综合竞争力百强等

---

① 《北京软件业成为"硬支柱"》，新华网，2017年7月1日，http：//www.xinhuanet.com/tech/2017-07/01/c_1121246951.htm。
② 《〈2020北京软件和信息服务业发展报告〉重磅发布》，新浪科技网站，2020年7月29日，https：//tech.sina.com.cn/roll/2020-07-29/doc-iivhvpwx8111340.shtml。

北京产业结构调整与未来产业发展趋势分析

企业榜单中,北京市入选企业数量超三成,均居全国首位。

与此同时,北京软件和信息服务业在京津冀、长三角、粤港澳大湾区等国家重大战略区域持续布局,实现产业协同、技术协同、资本协同。

(七)新能源智能汽车产业

目前,北京市纯电动汽车已进入市场化阶段,产品结构优化升级,建成相对完整的产业链条。截至2020年3月,北京市累计推广纯电动汽车31.95万辆,其中公共领域6.77万辆,私人领域25.18万辆。

北京市新能源智能汽车产业快速发展,纯电动汽车已进入市场化阶段,建成相对完整的产业链条,覆盖整车、关键零部件、充电基础设施、平台服务等多个环节。近年来,北京市全面提升新能源智能汽车核心竞争力。北京市纯电动乘用车车企包括北京新能源汽车股份有限公司、北京奔驰汽车有限公司、北京现代汽车有限公司、重庆长安汽车股份有限公司北京长安汽车公司、北京车和家信息技术有限公司。其中,北京新能源汽车股份有限公司为新能源整车龙头企业,不断丰富电动化与智能网联化深度融合的新能源汽车产品,提升高端产品销量占比,向上发展取得较大突破。目前,北京市新能源智能汽车市场已形成内生动力,快速增长的消费需求为整车及上、下游零部件企业的生产提供了较大上升空间。此外,科研平台充分发挥创新引领作用,有效整合行业优势资源,搭建技术交流合作和产业融合发展平台,加强对技术人才的培养。北京市目前共有19家与新能源智能汽车相关的国家级创新平台,其中以新能源智能汽车业务为核心的有8家,包括汽车安全与节能国家重点实验室、电动车辆国家工程实验室、国家新能源汽车技术创新中心、国家智能网联汽车创新中心、国家动力电池创新中心等。

北京市还构建了良好的智能网联创新生态,在科技创新、规划政策、测试验证、示范应用等方面具有优势,在国内率先搭建自动驾驶政策体系,自动驾驶道路测试领跑全国。一是北京市交通委员会、北京市公安局公安交通管理局、北京市经济和信息化局联合颁布《北京市关于加快推进自动驾驶车辆道路测试有关工作的指导意见(试行)》等一系列标准规范。二是持续

优化测试条件，截至2019年，北京市累计开放151条共503.68公里的测试道路，为13家企业77辆车发放285张测试牌照，路测里程达104万公里。在测试技术水平、开放道路长度、服务企业数量、发放牌照数量、道路测试里程、标准完善程度等方面均为国内领先。三是北京经济技术开发区实现40平方公里区域和322公里的道路开放，启动全国首个车联网与自动驾驶地图应用试点；顺义区规划200公里的智能网联汽车创新示范区，打造了北小营智能网联汽车小镇。

（八）新材料产业

与新能源智能汽车产业类似，新材料产业也是北京的潜力产业，这个产业的科技创新重点聚集在中关村科学城、怀柔科学城和未来科学城；产业承载主要聚集在顺义区、房山区、北京经济技术开发区。北京是全国重要的新材料产业集聚区之一，研发实力雄厚，创新能力居全国之首。在2016年北京市鼓励发展的"高精尖"产品目录中，石墨烯、碳纳米管、生物医用材料、超导材料等前沿材料都被囊括。北京新材料产业发展各具形态，在特种金属功能材料、先进高分子材料、新型无机非金属材料、高性能复合材料领域发展优势明显，有雄厚的科技创新实力，产业基础好，产品竞争力强，在纳米材料、生物材料等前沿材料领域居于全国领先地位。北京新材料产业已初步形成以中关村科学城为材料创新高地、以石化新材料基地和永丰新材料基地为核心的产业集群。2018年，北京市制定《北京市加快科技创新发展新材料产业的指导意见》，计划形成创新驱动、高端发展的新材料产业布局，坚持绿色、节能、高效的发展理念，着力发展产业链高端环节和价值链高附加值环节，不断提升产业的市场竞争力。

2009年，北京市成立新材料基地，其是北京市和中国石化进行战略合作的重要载体。2012年，基地核心区被划进中关村国家自主创新示范区范围，享受示范区一系列优惠政策。截至2019年，新材料基地已经累计入驻项目66个，总投资超过223亿元，合计建成投产重点项目56个，完成投资超过149亿元。2018年，新材料基地实现规模以上工业总产值692亿元，全年增长12.7%，其中新材料产业产值超过260亿元。

以石墨烯材料为例，目前北京石墨烯研究综合实力在全国首屈一指，院所数量及研究人员数量占全国半数以上，拥有20多个包含院士在内的带头人和研发团队。2007~2015年，北京在石墨烯领域申请专利数达到1187项，单位GDP产出的专利申请量位列全国第一，在一些领域实现国际领跑。在石墨烯产业化领域也涌现一批典型企业：中国航发航材院已落地产业公司11家，2016年石墨烯科研成果转化收益达到4亿元，累计达到7亿元，石墨烯铝合金导线和石墨烯电子封装材料获得工信部认可，进入工信部首批次重点示范项目；京东方在研发石墨烯光电器件方面取得阶段性成果；爱家科技发明的三维体系石墨烯材料在远红外线转化功率上比传统碳系材料提高30%；名朔科技的石墨烯新型散热材料已在通州区示范应用。

（九）人工智能产业

北京人工智能产业定位是到2020年初步成为具有全球影响力的人工智能创新中心。在产业引导方面，北京鼓励国外人工智能企业和科研机构在京设立基础研究院和研发中心，支持建立一批专业化、开放化的人工智能新型研发机构，建立跨区域人工智能创新资源服务平台等。

北京已形成人工智能优势产业集群，具备相对完善的产业链条。从类型来看，北京的人工智能企业覆盖了软件技术研发、通用平台支持、核心算法、硬件制造、终端产业应用各个产业链环节，形成了人工智能优势产业集群，代表性企业包括百度、寒武纪、地平线、第四范式、旷视、商汤、字节跳动等。北京市人工智能产业布局见表14。

表14　北京市人工智能产业布局

中关村科学城	怀柔科学城	经济技术开发区	中关村国家自主创新示范区	未来科学城
支持中关村科学城开展人工智能前沿技术研究和重大科技任务攻关	支持怀柔科学城开展人工智能相关领域的基础理论研究和跨学科探索性研究	支持经济技术开发区系统推进智能驾驶等重点领域的发展	依托中关村国家自主创新示范区组织开展人工智能创新实验，形成具有国际竞争力的人工智能产业集群	支持未来科学城加快布局人工智能创新应用试点示范

截至2019年3月，全国人工智能企业有4084家，北京市人工智能相关企业数量达1084家，占全国人工智能企业总量的26.5%；其中北京市人工智能相关软件企业收入规模约1122亿元，同比增长46.1%。北京市人工智能企业在2015年和2016年迎来两次创立热潮，其中2015年有89家新创企业入局人工智能领域，2016年这一数字是88家（见图11）；北京市人工智能相关企业的融资规模也逐年上升，从2014年的54.28亿元上升到2018年的849.57亿元（见图12）。

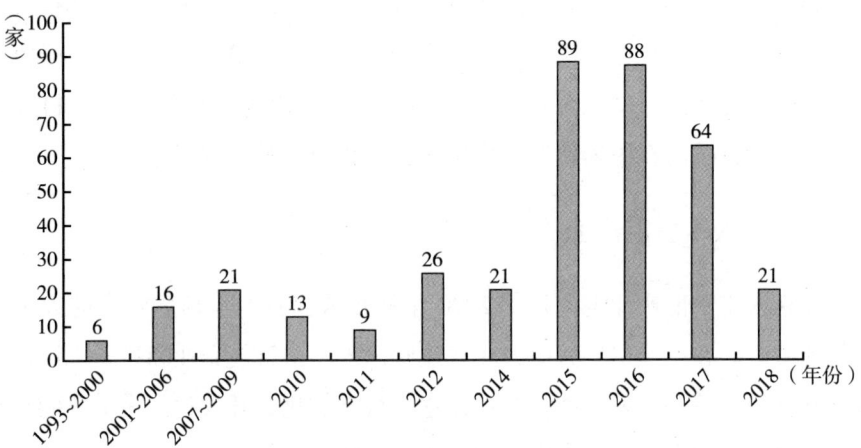

图11　1993~2018年北京市新成立人工智能相关企业数

资料来源：Wind数据库。

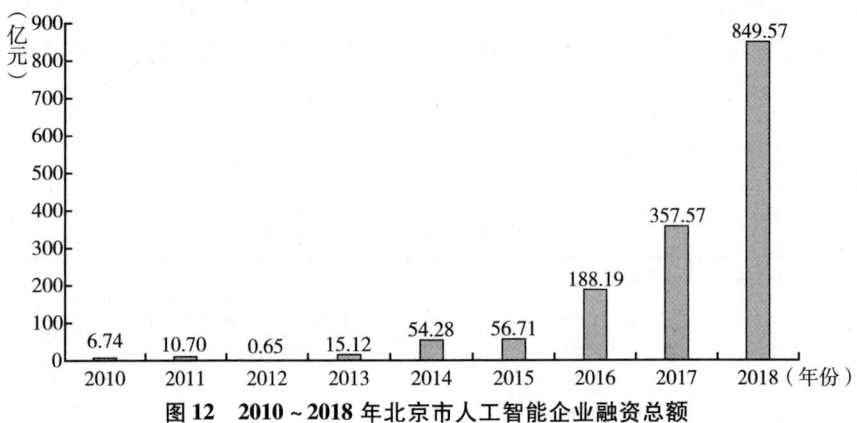

图12　2010~2018年北京市人工智能企业融资总额

资料来源：Wind数据库。

北京产业结构调整与未来产业发展趋势分析

截至2019年,北京市人工智能企业主要集中于海淀区,数量占比达62.44%,海淀区又以中关村为核心,聚集了众多优质人工智能企业;第二大人工智能企业聚集地为朝阳区,数量占比达25.79%。海淀区和朝阳区的人工智能企业数量合计占比超过88%。昌平区、东城区和大兴区有少量人工智能企业,其余区域的人工智能企业相对较少。相比2018年,2019年海淀区人工智能企业数量占比由60.96%提高到了62.44%,朝阳区由28.53%下降到25.79%,可以看出海淀区对人工智能企业具有持续的吸引力。以中关村地区为代表,北京是我国创新创业最活跃的地区。北京集中了我国50%以上的投资机构,早期投资案例占全国40%以上,拥有大量的创业人才。据初步统计,北京投资过人工智能企业的投资机构超过200家,创新工场、英诺天使基金、联想之星、明势资本、真格基金、华创资本等是其中的代表性机构。资本环境的活跃对人工智能的产业培育以及技术进步有较大的推动作用。

(十)科技服务业

科技服务业作为一种新生产业,主要包含专业的研发设计、咨询认证、中介服务以及科技成果转化等内容。

随着社会经济水平的不断提高,科技服务业在推动经济发展方式转变、缓解就业压力、加速社会发展等方面发挥着至关重要的作用。它能够推动产业结构升级,是现代服务业的核心内容。在全球经济一体化及创新驱动型经济发展模式的大背景下,科技服务业正在成为我国建设创新型国家的强劲动力。伴随着创新驱动战略的实施,科技服务业越来越与地区发达程度息息相关。2014年10月,国务院发布《关于加快科技服务业发展的若干意见》,首次对科技服务业发展做出统一部署,为科技服务业的发展指明了方向。随着国家对科技服务业重视程度的不断提高,北京于2017年发布《北京市加快科技创新发展科技服务业的指导意见》,旨在充分释放首都科技服务资源潜力,进一步提高市场化程度,形成定位清晰、布局合理、协同发展的科技服务业发展格局。2016年,北京市科技服务业产值就已达1.15万亿元,主要集中在9个领域(见图13)。

图13　北京市科技服务业的主要领域

以知识产权服务业为例，北京是全国知识产权服务机构最集中的地区。2015年，全国首家知识产权服务业协会在北京成立，知识产权服务业作为现代服务业的组成部分，已成为首都创新体系建设和创新驱动实现的重要力量。在一系列政策扶持下，北京的创新活力逐渐超过上海。

北京接下来的工作重点是通过强化"硬科技"创业孵化服务，引导机构专业化发展，促进创新创业服务生态升级；鼓励创业孵化机构开展国际合作，推动创业孵化服务与实体经济紧密结合，为首都经济发展培育新增长点。

四　北京产业结构调整亟待解决的问题

（一）高端产业仍有待挖掘发展

"十三五"以来，北京逐步疏解非首都功能，积极在国家级和市级科技产业园区集中培育孵化高科技企业，并取得了显著成效，数家来自海淀中关村科技产业园、昌平区科技园的企业首批登录科创板。当前海淀区、昌平区等地集中了一批科技创新企业，但是相较于北京汇集的全国一流科技和教育资源而言，北京高端制造业尤其是高技术制造业和战略性新兴产业仍有很大的发展空间。全国科技创新中心是以习近平同志为核心的党中央给北京市明确的四个中心定位之一，而要彰显全国科技创新中心地位，必须以高技术制造业和战略性新兴产业的深入发展为支撑，充分发挥先进产业的引导性和前瞻性。

（二）区域科技创新产业集群有待培育

尽管北京市拥有一流的科研院校、科技企业，并在互联网、生物医药、轨道交通等领域诞生了全国性和世界性的领导企业，科技创新产业形成了一定的产业规模，但在区域科技创新产业集群方面有待进一步培育与加强。当前全国科技创新与高端制造产业链发展较好的区域有长三角地区、珠三角地区，当地都形成了规模庞大、优质高效的创新链、产业链和功能链，科技创新对企业的促进作用以及对区域经济增长的带动作用非常显著。但以北京为中心的京津冀地区的区域科技创新产业集群潜力仍有待深挖，三地目前并无统一协调的产业布局，在快速发展的现代服务业、高端制造业等"高精尖"产业链整合和配合方面还比较欠缺，北京暂未能充分发挥以科技创新带动区域制造业兴盛的作用。

（三）资源刚性约束越发突出

"十三五"期间，北京根据《北京市"十三五"规划纲要》《北京城市总体规划（2016年—2035年）》的规划与要求，严禁新增禁止和限制目录中的企业，严控新增不符合首都功能定位的产业，有序疏解非首都功能，积极调整经济结构和空间结构，探索一种人口经济密集地区优化开发的模式。北京市作为全国特大型城市，资源刚性约束较强，人口膨胀、能源消耗高、地下水超采、环境污染问题较为突出、交通拥堵，这些都是北京面临的重要且紧迫的问题，需要积极应对，寻找新的发展模式与新的激励方案，走出一条内涵集约发展的新路子。

五 促进北京市产业结构逐步完善的政策建议

（一）加快北京市金融服务业调整升级，提高金融业对经济增长的贡献

服务业是北京市经济发展的第一大支柱，服务业的发展潜力、发展格局、发展质量决定了北京市产业结构与布局的发展效果与质量。北京市深化服务业的发展，应充分发挥北京市服务业的特殊性，并参考国际首都或特大城市的服务业发展规律与经验进行规划。北京市进行服务业升级，应该加强以国际金融为特色的金融服务业。北京是我国金融管理的中心城市，在金融基础设施、金融法律制度体系、金融专业人才储备、涉外金融经验与资源、涉外金融机构布局等方面具有显著优势，对内应充分抓住北京市作为国际交往中心的定位，对外应充分抓住国际金融业向亚太地区转移的有利机遇，发挥作为我国对外金融服务业窗口的作用，在国际金融制度、国际金融清算、国际金融科技，以及外汇、股票、债券等方面深化国际合作，建设具有国际影响力的金融中心城市。

北京市应该协调推动金融业服务实体产业，以多种渠道了解实体经济融资难、融资贵的瓶颈，并借助北京市作为科技创新中心的优势从技术层面解决企业融资问题。同时可以出台相关政策，激励实体企业充分利用金融工具做大业务、降低成本、整合资源，进而多角度提升企业利润率。在移动互联网普及率不断提升的背景下，北京市应不断提升金融行业与实体产业的信息传递效率，以及金融资源对于不同实体产业的定价效率，确保北京市金融行业发展能够真正地促进经济增长。

（二）将北京文化推向世界舞台

北京市是我国的首都，蕴含了数千年的文化积淀。北京市也是我国政治中心、文化中心、国际交往中心、科技创新中心，这四大定位都指向了北京的特殊历史、地理、政治背景以及独特的北京文化。推进北京市产业结构调整升级，在服务业领域应该积极发扬北京文化，将北京文化进一步推向世界。2008年北京奥运会吸引外国友人进入中国，来到北京感受北京文化，当前北京文化需要更加主动地走向世界、拥抱世界，可以推出反映北京生活的高质量外文报刊，翻译一批高质量经典北京小说，推广一批蕴含北京文化的动漫影视与IP产品。

（三）打造高新技术产业集群

2018年以来，美国从半导体、航空航天、信息技术等多方面对我国相关企业进行限制与制裁，严格约束美国企业向被列入美国出口管制清单的中国企业出口设备与技术，开启一轮轮的技术封锁。事实上，当前世界各国的竞争，主要体现为高技术、战略性新兴产业发展的竞争。面对美国不断加强技术管控，意图通过技术封锁限制中国发展的状况，中国必须尽快推动高新技术、战略性新技术的研发，通过产业升级和产业集群推动技术迭代。北京市作为我国科技创新中心，应该主动迎难而上，充分挖掘科研能力，在新能源、新材料、信息网络、生物医药、低碳技术等领域加大投入、着力推进，打造一批具有国际经济科技竞争力的高新技术产业集群。

（四）优化产业空间布局

在《北京城市总体规划（2016年—2035年）》要求下，北京市经济发展应着眼于不断优化城市发展空间战略和区域功能配置，将产业发展与区域定位相结合，突出"一核一主一副、两轴多点一区"的城市空间结构；改变单中心集聚的发展模式，不断提升六大高端产业功能区辐射力，在强化东西城区高质量承载首都功能核心区的定位下，进一步疏解朝阳区、海淀区、丰台区、石景山区的非首都功能，以科学技术、文化教育、创新创业等为替代产业；同时在海淀平原地区、昌平南部、怀柔等地积极打造研发服务、高技术产业群，在大兴、亦庄等地建设先进制造和战略性新兴产业带，逐步形

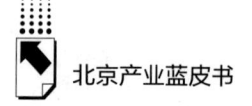

成相互支撑、差异化经营的开放式产业发展空间布局,形成"北京创造""北京服务"品牌。

参考文献

［1］蔡昉、王德文、曲玥:《中国产业升级的大国雁阵模型分析》,《经济研究》2009年第9期。
［2］黄茂兴、李军军:《技术选择、产业结构升级与经济增长》,《经济研究》2009年第7期。
［3］张其仔:《比较优势的演化与中国产业升级路径的选择》,《中国工业经济》2008年第9期。
［4］何德旭、姚战琪:《中国产业结构调整的效应、优化升级目标和政策措施》,《中国工业经济》2008年第5期。

指 数 篇

Index Evaluation

B.2
北京制造业价值链攀升效率指数研究

李孟刚 吕烜[*]

摘 要: 本报告以价值链攀升内涵及机理为基准,通过构建TCI(价值链攀升指数)来测度北京市2005~2016年22个制造业价值链攀升的状况。研究发现,以电气、通用设备、专用设备、仪器仪表制造等产业为代表的资本密集型、技术密集型制造业增长较快,且在2013年后,绝大部分制造业出现了明显的技术附加值爬升。这一发现证明北京市制造业的价值链攀升成果显著,相关的产业政策"落地有声"。对其他地区而言,北京市的成功具有借鉴意义,在北京模式的基础上,因地制宜地开展符合各地实际情况的产业升级和调整工作,有助于全国范围内的制造业升级和价值链攀升。

---

[*] 李孟刚,北京交通大学经济管理学院教授、博士生导师,研究方向为国家经济安全、产业安全;吕烜,北京交通大学经济管理学院在读博士研究生,研究方向为产业安全。

关键词： 制造业 价值链 产业升级 北京市

2014年以来，北京市开始有序疏解非首都功能，其中一项重要工作内容就是对北京现有部分产业的腾退及相关产业的转移。北京市制造业起步较早、基础雄厚，集中全力突破价值链中低端的限制，向更高的价值链环节进军，不仅对于北京市，而且对于全国其他省市来说，都具有重要的意义。本报告主要通过对效率指数进行测量的方式，定量考察北京市产业腾退及产业转移对北京市制造业价值链攀升效率方面产生的影响。

一 价值链攀升的内涵及机理

价值链攀升的出发点是"价值链功能的升级"，从这个角度出发，价值链攀升的主要方向是由生产、加工环节向研发、品牌营销等高端环节进化和攀升，这也是由企业升级带动产业升级转型的动态过程的体现，"微笑曲线"可以直观地反映这一过程（见图1）。

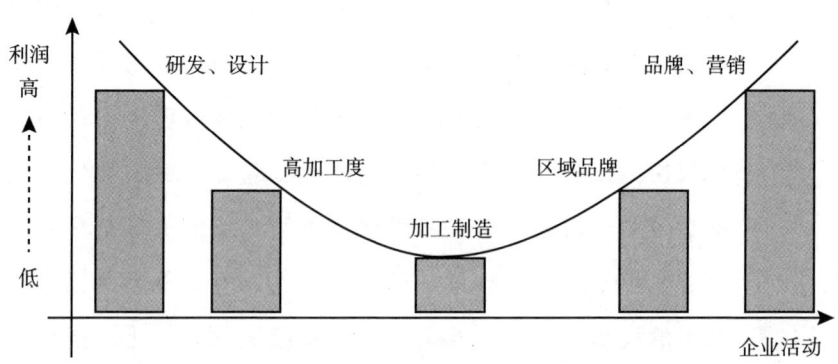

图1 价值链攀升"微笑曲线"

功能升级是企业价值攀升的主要内涵（见图2）。除此之外，部分企业在拥有一定综合实力的前提下，可以进一步推动其价值链向链条升级的方向转变。这一转变过程体现在传统低阶产业纵向地向高阶产业转移，以获得更高的价值。如钢材生产可以向钢材加工和装备制造等产业方向进行升级和延展，这一升级的实质是实现产业一体化和多元化发展，以获取更大的附加价值。从上述论述来看，价值链攀升的主体有两个：微观层面是企业，宏观层面是产业。这一过程是动态发展的，既然价值链攀升是一个动态过程，那么就需要考察这一渐进过程的进度和效率，以此来判断当前的产业政策能否助推当地的产业发展和升级。

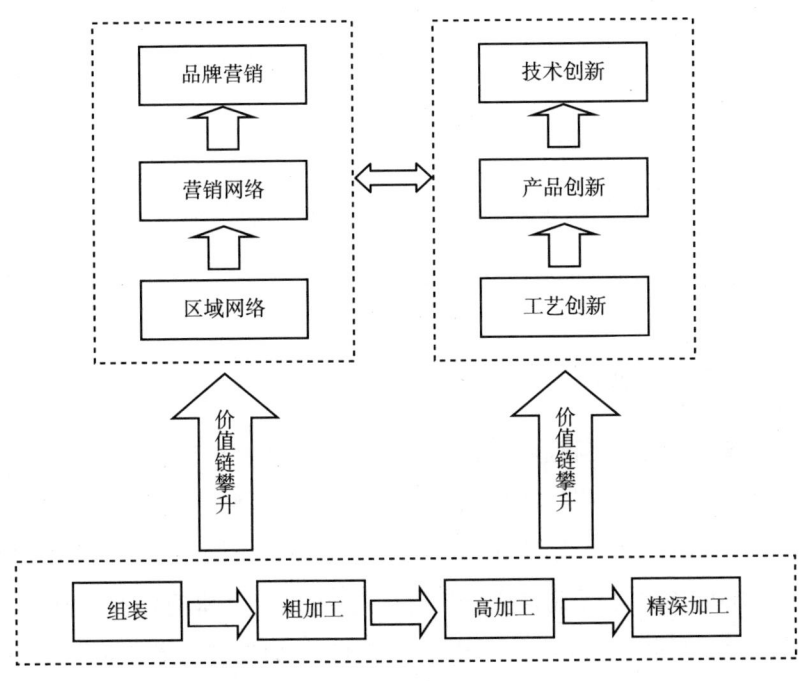

图2 价值链攀升示意

二 北京制造业价值链攀升效率评价体系及实证分析

本报告基于价值链概念和微笑曲线理论，构建两级指标体系，并对各指标赋予明确定义，来衡量北京市制造业的价值链攀升效率（见表1）。

表1 价值链攀升评价指标体系

一级指标	二级指标	指标定义
加工、制造盈利能力	总资产	资产总计
	劳动力	全部从业人员年平均人数
	企业规模	工业总产值/企业单位数
	生产能力	工业总产值
	出口交货率	出口交货值/工业总产值
研发、设计盈利能力	新产品产值率	新产品产值/工业总产值
	全员劳动生产率	工业增加值/全部从业人员年平均人数
	总资产贡献率	总资产贡献率
	无形资产比率	无形资产比率
品牌、营销盈利能力	产销率	产品销售率
	销售利润率	利润总额/工业销售产值
	流动资产周转次数	流动资产周转次数
	销售利税率	销售利税率

（一）数据的选取及指标无量纲化处理

本报告选取北京市制造业代码为二位数的行业，对其价值链攀升状况进行测度，基于数据的可获得性和便于比较的考虑，剔除了烟草、化学纤维等行业，从而确定了22个制造业代码为二位数的行业作为分析对象[①]。数据来源于2006~2017年《北京统计年鉴》中规模以上工业行业相关数据。

根据测度要求，采用指数化处理方法对指标数据进行无量纲化处理，具体计算公式如下：

$$Z_i = \frac{x_i - x_{min}}{x_{max} - x_{min}} \tag{1}$$

公式（1）中，Z_i为指标X_i的标准分数，x_i为某项指标的值，x_{max}、x_{min}分别代表该项指标的最大值和最小值。

---

① 北京市塑料行业和橡胶行业从2012年开始统计为一个行业。

（二）指标压缩和权重确定

基于无量纲化的处理结果，对相应的二级指标进行数据压缩。在制造业行业价值链位置的测度和评价中，指标权重非常关键。出于确保客观性的考虑，采用主成分分析法以确定各项二级指标的权重。指标数据因子分析适宜性检验结果见表2，可以看出，通过球形检验，达到充分显著性水平，代表初始指标间存在共同因子，可以采用主成分分析法。

表2　KMO 检验与 Bartlett's 球形检验

KMO 检验值		0.5862
Bartlett's 球形检验	卡方值	2109
	自由度	78
	显著性	0.000

利用 Stata16.0 软件首先对表1中各指标数据进行主成分分析，并对关键结果进行解释。根据表3，6个主成分因子累计方差贡献率已达83.5%，接近85%。83.5%的累计方差贡献率支持这6个因子包括了价值链攀升评价13个指标的绝大多数信息的假设，因此后续采用这6个因子来反映北京市制造业价值链的攀升情况。

因子载荷矩阵是各个原始变量的因子表达式的系数，表示提取的公因子对原始变量的影响程度。由表4的因子载荷矩阵可知，这6个主成分因子可以很好地反映相关指标，其中因子1主要反映总资产、劳动力、生产能力等指标的变动情况，因子2主要反映总资产贡献率和流动资产周转次数等指标的变动情况，其余因子以此类推。

表3　累计方差贡献率

因子	特征值	方差贡献率	累计方差贡献率
1	3.42	0.266	0.266
2	2.44	0.188	0.455
3	1.82	0.140	0.595

续表

因子	特征值	方差贡献率	累计方差贡献率
4	1.29	0.100	0.694
5	0.95	0.074	0.768
6	0.87	0.068	0.835
7	0.75	0.058	0.894
8	0.64	0.049	0.943
9	0.33	0.026	0.968
10	0.19	0.015	0.984
11	0.1	0.008	0.992
12	0.06	0.005	0.997
13	0.04	0.003	1.000

二级指标的权重计算基于因子载荷及各因子的旋转方差贡献率，在二级指标的基础上，得到加工、制造盈利能力，研发、设计盈利能力，以及品牌、营销盈利能力这三个一级指标的无量纲标准化分值。

表4 因子载荷矩阵

变量	因子1	因子2	因子3	因子4	因子5	因子6
总资产	0.476	-0.165	0.113	-0.156	-0.054	0.185
劳动力	0.435	-0.217	0.130	0.025	-0.241	0.245
企业规模	0.352	0.381	-0.209	0.005	0.058	-0.222
生产能力	0.505	-0.068	0.031	-0.027	-0.156	0.214
出口交货率	0.102	-0.233	-0.057	0.552	0.449	0.104
新产品产值率	0.325	-0.046	0.048	0.335	0.421	-0.336
全员劳动生产率	0.29	0.248	0.089	-0.307	-0.110	-0.347
无形资产比率	0.089	-0.031	0.082	-0.599	0.646	-0.093
总资产贡献率	0.046	0.540	0.251	0.197	0.081	0.163
产销率	-0.010	0.192	-0.327	-0.128	0.254	0.621
销售利润率	-0.021	0.005	0.596	0.116	-0.043	-0.151
销售利税率	-0.084	0.351	0.511	0.024	0.122	0.333
流动资产周转次数	0.142	0.455	-0.345	0.189	-0.126	-0.108

（三）测度模型构建及实证分析

1. 测度模型构建

这里假设制造业行业是希克斯中性技术，将 $C-D$ 生产函数拓展为：

$$P = f(a1, a2, a3) \qquad (2)$$

公式（2）中，P 为制造业某行业利润指标，$a1$、$a2$、$a3$ 分别对应行业的加工、制造盈利能力，研发、设计盈利能力，品牌、营销盈利能力。在利润指标方面，本报告涵盖了行业利润额，也包括了该行业的税收贡献能力。基于此，本报告采用利润与税收之和占工业总产值的比重来反映公式（2）中的 P 值。

把公式（2）转换为对数形式，可以得到：

$$\ln P = \alpha \ln a_1 + \beta \ln a_2 + \gamma \ln a_3 + h + \varepsilon \qquad (3)$$

公式（3）中，α、β、γ 分别为制造业某行业加工、制造，研发、设计，品牌、营销的产出弹性，分别代表制造业某行业价值链中加工、制造，研发、设计，品牌、营销三大环节对该行业利润的贡献程度。弹性是一个相对量：弹性越大，说明这一环节对行业利润的贡献程度越大；弹性越小，则说明这一环节的投入并不经济，无法带来明显的行业利润上升；如果弹性为负值，则说明这一环节甚至会减少行业利润。其中 h 为常数项，ε 为随机误差项。

把 2006~2016 年的相关指标和数据代入公式（3）进行运算，得到价值链各环节对北京制造业行业利润的产出弹性。从表 5 可以看出，以往对劳动力要求较高的制造业，其加工、制造的产出弹性反而不是最高的，这说明北京市的相关制造业已经开始摆脱"劳动密集"型的生产模式。以食品制造业为例，其在研发、设计和品牌、营销的产出弹性上表现更显著。此外，北京市有色金属冶炼及压延加工业、电气机械及器材制造业、通用设备制造业、医药制造业、仪器仪表及文化办公用机械制造业、交通运输设备制造业等都展现出研发、设计和品牌、营销的产出

弹性大于加工、制造的产出弹性,说明 2006～2016 年,北京市制造业已经在产业价值链攀升上取得了较大的进步。

表5 价值链各环节对北京制造业行业利润的产出弹性

行业	加工、制造	研发、设计	品牌、营销
饮料制造业	-0.1	0.04	-0.0003
黑色金属冶炼及压延加工业	0.03	0.007	0.001
通信设备、计算机及其他电子设备制造业	-0.05	-0.09	-0.01
化学原料及化学制品制造业	0.0453	-0.042	0.03
有色金属冶炼及压延加工业	-0.05	0.60	0.071
文教体育用品制造业	0.114	0.39	0.10
电气机械及器材制造业	-0.02	0.49	0.13
食品制造业	0.02	0.12	0.0342
家具制造业	-0.008	0.02	-0.0363
通用设备制造业	-0.02	0.11	0.022
医药制造业	-0.004	0.1	0.0009
仪器仪表及文化办公用机械制造业	0.0004	0.85	0.01
农副食品加工业	-0.03	0.14	-0.06
石油加工、炼焦及核燃料加工业	-0.114	0.18	0.26
造纸业	0.005	-0.01	0.02
印刷和记录媒介复制业	-0.0306	0.00002	0.01
橡胶塑料制品业	-0.0215	0.26	0.38
专用设备制造业	0.024	0.08	0.02
交通运输设备制造业	-0.06	0.16	0.025
纺织业	-0.01	-0.04	0.02

2. 北京制造业价值链攀升技术水平测算

考虑到科技创新带来的生产力进步会对制造业的价值链攀升起到助推作用,本报告将对北京制造业产品贸易的技术附加值及制造业总体技术水平进行测度,以更好地反映北京制造业价值链攀升现状及水平。

制造业行业的技术附加值指数(Technology Content Index,TCI)为:

$$TCI_{hy} = \frac{TC_{hy}}{\sum_{h=1}^{n} TC} \tag{4}$$

公式（4）中，TCI_{hy}为制造业行业h在第y年的技术附加值指数，n代表制造业的行业个数。行业h在第y年的技术结构附加值由TC_{hy}表示，其计算公式为：

$$TC_{hy} = \sum_{s=1}^{n} \frac{E_{shy}}{\sum_{s}^{n} E_{shy}} G_{sy} \tag{5}$$

公式（5）中，E_{shy}和G_{sy}分别代表s省（区、市）在第y年里制造业行业h的出口额和按购买力平价计算的人均GDP①。在公式（5）的基础上，可以通过技术附加值指数对相应省（区、市）（北京）的制造业附加值攀升情况进行测度。需要注意的是，该项指标可以测度北京制造业各行业价值链攀升中的技术水平，但无法准确测度北京市制造业整体的价值链攀升技术水平。针对这一缺陷，本报告采用技术高度指数来测度和衡量北京制造业价值链攀升的整体技术水平，其测度模型为：

$$RTC_{sy} = 1 - \frac{\sum_{h=1}^{n} E_{shy} / \sum_{h=1}^{n-1} E_{shy}}{n} \tag{6}$$

公式（6）中，RTC_{sy}是s省（区、市）y行业的制造业价值链攀升的技术高度指数，其余参数含义同公式（5）。需要注意的是，RTC_{sy}取值区间为[0，1]，取值越大，代表当地制造业价值链攀升的技术水平越高，攀升效率越高，反之则代表当地制造业价值链攀升的技术水平越低，攀升效率越低。

将北京市相关数据带入公式（4）和公式（5）进行计算，可以得到表6所示结果。

---

① 已利用物价指数消除物价的影响。

表6 2005～2016年北京制造业价值链攀升的TCI指数

年份	饮料制造业	黑色金属冶炼及压延加工业	通信设备、计算机及其他电子设备制造业	化学原料及化学制品制造业	有色金属冶炼及压延加工业	文教体育用品制造业	电气机械及器材制造业	食品制造业	家具制造业	通用设备制造业
2005	0.001	0.013	0.550	0.013	0.011	0.004	0.013	0.011	0.001	0.019
2006	0.002	0.027	0.610	0.010	0.013	0.005	0.022	0.009	0.003	0.022
2007	0.000	0.009	0.610	0.010	0.006	0.005	0.030	0.011	0.006	0.026
2008	0.001	0.007	0.718	0.011	0.010	0.007	0.029	0.008	0.003	0.053
2009	0.001	0.036	0.771	0.013	0.029	0.004	0.030	0.016	0.006	0.036
2010	0.001	0.007	0.503	0.009	0.005	0.005	0.033	0.008	0.006	0.040
2011	0.001	0.015	0.744	0.009	0.025	0.005	0.032	0.007	0.004	0.041
2012	0.002	0.012	0.750	0.008	0.007	0.006	0.038	0.006	0.005	0.035
2013	0.001	0.007	0.761	0.010	0.007	0.002	0.037	0.014	0.003	0.089
2014	0.001	0.028	0.777	0.006	0.014	0.006	0.038	0.006	0.005	0.081
2015	0.001	0.025	0.761	0.008	0.008	0.004	0.037	0.007	0.005	0.081
2016	0.001	0.012	0.780	0.009	0.039	0.004	0.043	0.015	0.007	0.086

年份	医药制造业	仪器仪表及文化办公用机械制造业	农副食品加工业	石油加工、炼焦及核燃料加工业	造纸业	印刷和记录媒介复制业	橡胶塑料制品业	专用设备制造业	交通运输设备制造业	纺织业
2005	0.004	0.011	0.009	0.005	0.001	0.010	0.042	0.022	0.003	—
2006	0.007	0.015	0.007	0.010	0.003	0.001	0.011	0.049	0.039	0.002
2007	0.004	0.016	0.004	0.007	0.004	0.001	0.011	0.056	0.046	0.014
2008	0.005	0.018	0.005	0.010	0.003	0.001	0.009	0.057	0.035	0.012
2009	0.004	0.014	0.004	0.007	0.002	0.001	0.009	0.042	0.028	0.014
2010	0.007	0.014	0.005	0.008	0.001	0.000	0.008	0.035	0.035	0.003
2011	0.006	0.018	0.003	0.033	0.001	0.001	0.012	0.042	0.030	0.017
2012	0.008	0.015	0.004	0.012	0.005	0.001	0.011	0.035	0.047	0.015
2013	0.010	0.016	0.012	0.010	0.001	0.001	0.009	0.034	0.027	0.017
2014	0.008	0.019	0.013	0.010	0.003	0.001	0.016	0.045	0.024	0.004
2015	0.008	0.016	0.006	0.009	0.008	0.001	0.018	0.055	0.038	0.002
2016	0.010	0.020	0.004	0.005	0.005	0.001	0.007	0.070	0.037	0.018

从表6可以看出，北京市TCI指数最高的制造业门类是通信设备、计算机及其他电子设备制造业，这与传统认知相符合，该产业的TCI指数在

2016 年为 0.780。

从 TCI 指数增长势头来看，以电气机械及器材制造业、通用设备制造业、专用设备制造业、仪器仪表及文化办公用机械制造业等为代表的资本密集型、技术密集型产业增长较快。其中最为明显的是电气机械及器材制造业和通用设备制造业（见图 3）。

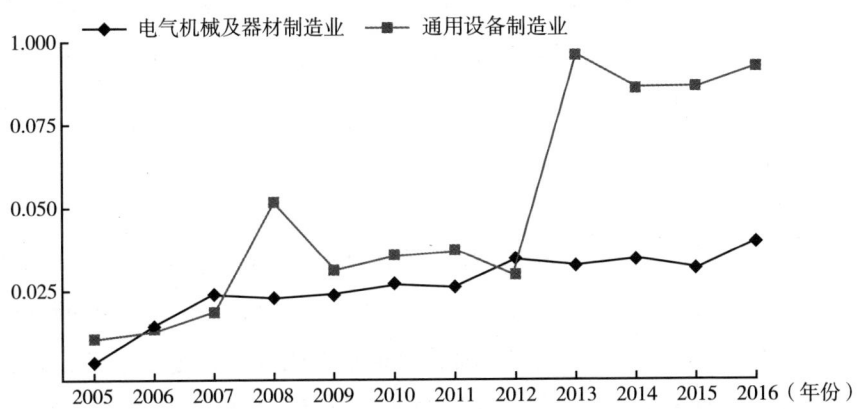

图 3　2005~2016 年北京市通用设备制造业和电气机械及器材制造业 TCI 指数变动

从时间维度来考察，从 2013 年开始，绝大部分制造业有了明显的技术附加值爬升，这与十八大后北京市淘汰落后产能、扶持新兴产业的一系列政策的出台和落地有着密切关系。

本报告从制造业整体上考察了北京市近年来产业价值链攀升的 TCI 指数，结果表明，北京市在通信设备、计算机及其他电子设备制造业，专用设备制造业和通用设备制造业等产业上的攀升效率出色。这说明北京市产业"腾笼换鸟"有了初步成效，高附加值产业迎来了一次发展小高潮。

三　进一步提升北京制造业技术效率的政策建议

当前我国制造业面临价值链攀升的多重机遇。国际环境方面，我国制造业最先从新冠肺炎疫情冲击中恢复生产能力，已成为制造业生产重心。国内

环境方面,当前我国有扩大内需、新旧动能转换等一系列的利好政策。北京市应当抓住机遇,采取有针对性的措施,推动制造业向价值链高端有序攀升。

首先,要加大技术创新力度。制造业的创新关键点是推动科学技术的自主创新。当前北京市的研发投入强度虽然在全国范围内领跑,但是与世界其他发达国家的城市相比,仍然存在较大的提升空间。此外,也应当关注研发经费投入的管理方式,使相关制造业企业成为价值创新的主体,并与传统的引进国外先进技术消化吸收这类方式有机结合,通过创新提高盈利能力,依靠高回报反哺创新科研活动,使北京制造业企业步入价值链攀升的良性循环。

其次,要积极利用京津冀协同的区位优势。在京津冀协同发展背景下,北京应当结合其他国际性大都市制造业转型升级的经验,在做好空间疏解的前提下,统筹考虑天津和河北的产业发展需求,使自身制造业在进行价值链攀升的同时,有序转移一批存量企业,改造升级相应的优势企业,在"腾笼换鸟"的同时,着力于转换产业发展动力。

最后,北京市应当在当前产业政策的基础上,探索加快发展生产性服务业。北京市当前的有色和黑色金属冶炼及压延加工业,石油加工、炼焦及核燃料加工业等行业价值链攀升速度较慢或陷入停滞,这说明北京市当前原材料加工业衰退趋势明显;家具制造业、农副食品加工业等行业的价值链攀升速度也较慢,这说明轻工制造业也开始呈现衰退趋势。目前在学界,生产性服务业能够降低制造业的交易成本已然成为共识。北京上述产业正处于退出阶段,此时应当着力于激发生产性服务业的活力。

参考文献

[1] 刘维林:《产品架构与功能架构的双重嵌入——本土制造业突破 GVC 低端锁定的攀升途径》,《中国工业经济》2012 年第 1 期。

［2］戴翔：《制造业服务化与价值链攀升：来自中国经验证据》，《西安交通大学学报》（社会科学版）2020年第5期。

［3］陈秀英：《制造业投入服务化对制造业价值链攀升影响的实证研究》，《经济问题探索》2016年第7期。

［4］刘斌、魏倩、吕越、祝坤福：《制造业服务化与价值链升级》，《经济研究》2016年第3期。

［5］李强、郑江淮：《基于产品内分工的我国制造业价值链攀升：理论假设与实证分析》，《财贸经济》2013年第9期。

［6］白清：《生产性服务业促进制造业升级的机制分析——基于全球价值链视角》，《财经问题研究》2015年第4期。

B.3
北京"高精尖"产业创新发展指数研究

贾晓俊 李竞成*

摘 要： "高精尖"产业是我国摆脱粗加工生产方式的重要载体，对于当前北京市实现经济发展方式转变有重要意义。在界定北京市"高精尖"产业内涵的前提下，本报告以"高精尖"产业的创新发展水平为切入点，设计相应的指数，并与全国对应的指标得分进行对比，力求全面、客观地反映当前北京相关产业创新发展水平。实证结果表明，2014~2018年北京市的"高精尖"产业创新能力和发展潜力持续高于全国水平，其背后原因主要是北京市的科创投入一直保持在全国水平之上，但是北京市在"大学科技园"等指标上的得分落后于全国水平。针对这些问题，本报告提出巩固北京全国教育中心的地位、加快改善创新发展环境等政策建议。

关键词： "高精尖"产业 创新发展指数 科创投入 北京市

发展"高精尖"产业可以提高我国国际竞争力，树立更好的国际形象，提升经济领域的话语权，从这些角度出发，发展"高精尖"产业已经成为保障国民经济安全和推动经济稳定发展的重要支柱。相应的，要培育好、建设好相关产业，必须塑造良好的创新发展模式和培育一定的创新发展能力。

---

* 贾晓俊，北京交通大学经济管理学院副教授，研究方向为财政与金融；李竞成，北京交通大学经济管理学院在读博士研究生，研究方向为产业安全。

北京"高精尖"产业创新发展指数研究

北京作为中国高技术产业发展的重要引领区,对构建"高精尖"产业结构有更高要求。

一 "高精尖"产业界定

本报告中"高精尖"产业的定义为高技术产业或者战略性新兴产业。我国对高技术产业的定义并非一成不变,在不同的经济发展阶段,高技术产业的定义也不尽相同。2017年,国家统计局颁布《高技术产业(制造业)分类(2017)》(国统字〔2017〕200号),此文件依据《国民经济行业分类》(GB/T 4754—2017),对《高技术产业(制造业)分类2013》进行了行业结构的对应调整和行业编码的对应转换。本报告的高技术产业将按照更新后的认定标准对相关产业进行界定。对于战略性新兴产业,2017年底,北京印发了《关于加快科技创新构建高精尖经济结构系列文件的通知》,围绕高质量发展要求,选取新一代信息技术、集成电路、医药健康、智能装备、节能环保、新能源智能汽车、新材料、人工智能、软件和信息服务、科技服务共10个产业作为重点发展的"高精尖"产业,为全市产业发展绘就"路线图"。依据各产业特点,10个"高精尖"产业中,新一代信息技术、节能环保、新能源智能汽车、新材料4个行业为战略性新兴产业[1];其余6个行业为高技术产业[2],高技术产业中的集成电路、医药健康、智能装备和

---

[1] 战略性新兴产业是以重大技术突破和重大发展需求为基础,对经济社会全局和长远发展具有重大引领带动作用,知识技术密集、物质资源消耗少、成长潜力大、综合效益好的产业,包括新一代信息技术产业、高端装备制造产业、新材料产业、生物产业、新能源汽车产业、新能源产业、节能环保产业、数字创意产业、相关服务业等九大领域。

[2] 高技术产业主要是指与高技术产品相关联的各种活动的集合。高技术产业标准是国家统计局在《国民经济行业分类》(GB/T 4754—2011)的基础上,根据高技术产业的特性,结合我国的实际情况制定的。北京市从2013年开始执行国家高技术产业统计标准。高技术产业包括高技术制造业和高技术服务业。

人工智能4个行业为高技术制造业①，软件和信息服务与科技服务两个行业为高技术服务业。按照北京市的相关定义，本报告选择新一代信息技术、节能环保、新能源智能汽车、新材料等作为战略性新兴产业。由于全国范围内的统计口径和北京市内的统计口径存在一定差异，为避免重复核算，在数据统计过程中，既是高技术产业又是战略性新兴产业的产业，其相关数据仅被记录一次。

二 "高精尖"产业创新发展能力评价指标体系及实证分析

本报告产业创新发展能力评价指标的构建主要从三个方面进行考察：产业环境、产业投入和产业产出。产业环境主要描述当前我国高新技术企业和战略新兴企业经营、创新的环境氛围；产业投入和产业产出是从产业投入和产出的效益角度进行创新发展成果的度量。

本报告的指标以下述四项原则为基准，结合我国高技术产业和战略性新兴产业的产业特点和发展特征进行设计，权重的分配方法为等权重法。

第一，科学性与可行性相结合原则。"高精尖"产业发展指标的选取必须保证数据选择的科学性和数据的可获得性。

第二，系统性与层次性相结合原则。由于产业自身的差异及指标本身的层次性，需要运用层次分析法将评价指标体系分解为若干个不同层次，依次设立一级、二级、三级指标等，以便更为清晰地反映影响产业安全的因素。

第三，定量分析和定性分析相结合原则。需要明确的是，对"高精尖"产业创新发展指标的选取必须是定量分析和定性分析相结合，以定量分析为主。能够定量分析的就可以根据相关数据资料进行统计分析；难以量化的指标，则需要通过定性分析加以说明。

---

① 按照《高技术产业（制造业）分类（2017）》，高技术制造业是指国民经济行业中R&D投入强度相对高的制造业行业，包括医药制造，航空、航天器及设备制造，电子及通信设备制造，计算机及办公设备制造，医疗仪器设备及仪器仪表制造，信息化学品制造等六大类。

第四，系统性与独立性相结合原则。指标的选取不但要能够比较全面地反映被评价对象的基本状态，而且指标之间应当尽量保持独立，指标体系比较简单明了，避免重复计算。

在实际计算中，考虑到"高精尖"产业的特点，本报告侧重于纵向比较，以某一历史年份的指标值为基期，然后再将比较年份的指标值与基期年份的指标值进行比较，得出"高精尖"产业的定量数据，相关权重以等权重法确定。

（一）"高精尖"产业创新发展能力评价指标体系构建

1. 产业环境指标构建

首先选取高新技术企业的数量作为产业环境指标，因为高新技术企业均经科技部认定，可以有效体现出当前的整体创新氛围和质量。在欧美发达国家，商业孵化器的运作已经有较长历史，且运行模式已经完善和成熟，Dropbox等成功创新公司均由孵化器孵化产生，因此与孵化器相关的指标可以反映当前的创新发展环境。学术会议是开展学术交流、促进科研发展和科学技术进步的重要平台，因此国际学术性会议的数量可以有效反映一个地区的学术创新动能和开放程度，本报告将国际学术性会议的数量作为描述产业创新发展的环境指标之一。

2. 产业投入指标构建

政府财政的支出是当前高校和科研院所研究创新的主要经济来源，因此必须将公共财政支出中涉及科学技术的金额纳入指标构建。"高精尖"产业研发人员折合全时当量反映了行业的研发创新密度，战略性新兴产业和高技术产业均是知识密集型产业，因此研发人员折合全时当量能很好地反映相关产业的投入规模。大学科技园是当前产学研结合的重要载体，在投入指标中加入大学科技园的固定资产和生产设备金额是比较符合我国当前实际情况的。

3. 产业产出指标构建

产出指标方面，当期技术转让合同金额反映了一段时间内技术转让市场

的活力，可以有效反映出当前我国技术进步的情况。当前我国的主板股票市场对新上市公司有诸多规定和要求，其中对公司盈利能力的要求可以作为考察相关企业业绩的一个窗口，换言之，绝大多数能够在主板上市的"高精尖"产业企业有较为优秀的盈利能力和财务状况，从这个角度出发，本报告将"在主板成功上市的'高精尖'产业企业数量"作为产业产出的考察指标之一。如前文所述，孵化器在帮助创业公司获得融资和提升创新能力方面的重要性越发凸显，那么从孵化成功的企业数量出发，便可以对当前该地区的创新和发展前景做出一个初步预估。在专利方面，专利法规定，可以获得专利保护的发明创造有三种，包括发明、实用新型和外观设计，其中发明专利是含金量最高的一类专利，是当前创新创意能力的较好体现。产业增加值能够从整体上展示某个产业的发展状况，部分夕阳产业虽然有较大的产业规模，但是每年的产业增加值较低，甚至部分产业出现了负增长，因此产业增加值可以客观地展示相关产业的发展趋势和未来前景。

（二）评价模型选择

本报告所采用的指标体系中有一级指标3项，分别是产业环境指标、产业投入指标和产业产出指标；二级指标12项，分别是当前经科技部认定的高新技术企业数量、国家级创业孵化器数量、创业孵化器创新创业导师数量、当年举办的国际学术性会议数量、当期公共财政支出中涉及科学技术的支出金额、"高精尖"产业研发人员折合全时当量（人/年）、大学科技园固定资产和生产设备金额、当期技术转让合同金额、在主板上市的"高精尖"产业企业数量、创业孵化器成功孵化的企业数量、当期获批的发明专利数量、"高精尖"产业增加值（见表1）。

通过建立合适的综合评价数学模型将多个评价指标合成为一个整体的综合评价指标，即得到相应的综合评价结果。

首先，设评价指标集有 n 个评价指标（一般来说，这 n 个指标是相关的，不是独立的），评价指标用 x 表示，且每个指标有 m 期观测值，这样 n 个指标、m 期观测值可以表示为（1）式向量形式：

$$XX^{(i)} = (x_{i1}, x_{i2}, \cdots, x_{i3})^T, (i = 1, 2, 3, \cdots, n) \quad (1)$$

n 个指标的权重向量 W 可以表示为（2）式：

$$W = (w_1, w_2, \cdots, w_3)^T \quad (2)$$

其次对原始数据用标准化方法进行处理，然后运用处理后的数据，应用（1）式和（2）式即可建立如（3）式的线性综合评价模型：

$$Index = y_1 w_1 + y_2 w_2 + \cdots + y_n w_n \quad (3)$$

（3）式中 $Index$ 为综合评价值，w 为权数，y 为指标标准化值。

本报告采用 Z-score 标准化方法对数据进行标准化处理，计算公式为：

$$X = \frac{x - \mu}{\delta} \quad (4)$$

其中，μ 为所有样本数据的均值，δ 为所有样本数据的标准差。

本报告数据源自《中国统计年鉴》《北京统计年鉴》《中国火炬统计年鉴》《中国工业统计年鉴》和 Wind 数据库，涵盖时间为 2014~2018 年。

表1 "高精尖"产业创新发展指标体系构建及指标赋权情况

一级指标	一级指标权重	二级指标	二级指标权重
产业环境	0.33	经科技部认定的高新技术企业数量	0.25
		国家级创业孵化器数量	0.25
		创业孵化器创新创业导师数量	0.25
		当年举办的国际学术性会议数量	0.25
产业投入	0.33	当期公共财政支出中涉及科学技术的支出金额	0.33
		"高精尖"产业研发人员折合全时当量（人/年）	0.33
		大学科技园固定资产和生产设备金额	0.33
产业产出	0.33	当期技术转让合同金额	0.20
		在主板上市的"高精尖"产业企业数量	0.20
		创业孵化器成功孵化的企业数量	0.20
		当期获批的发明专利数量	0.20
		"高精尖"产业增加值	0.20

北京和全国的"高精尖"产业发展指数测算结果如图1所示。需要注意的是，本报告的目的是考察2014~2018年北京和我国创新发展能力的变动情况，出于可比性和直观性的考虑，2015~2018年指数均以2014年为基期，均为相对于基期的创新发展指数测算结果，并不代表绝对的创新发展水平。

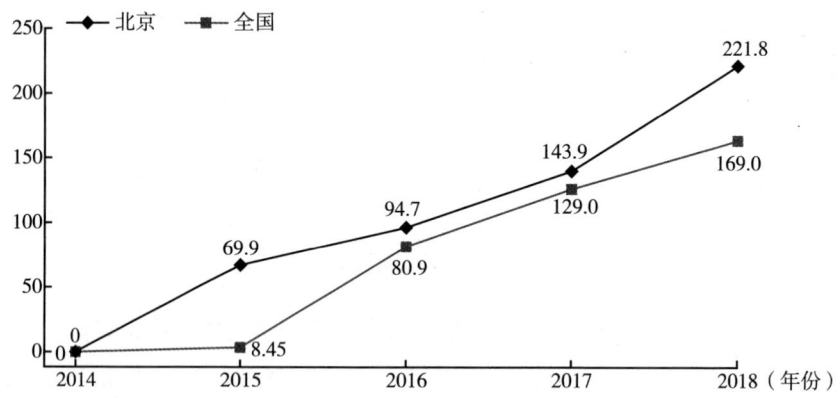

图1　2014~2018年北京与全国创新发展指数

由图1可知，2014~2018年北京市的"高精尖"产业创新能力和发展潜力持续高于全国水平，尤其是2014~2015年，北京在该项指数上大幅领先，这充分说明了北京在2014年初颁布、推进、落实的一系列针对"高精尖"产业的助推政策，有效地刺激了相关产业的创新发展，并且掌握了先发优势。

具体来看，北京的创新发展指数能够始终高于全国水平的主要原因是北京在当期公共财政支出中涉及科学技术的支出金额、当期获批的发明专利数量和"高精尖"产业研发人员折合全时当量上占据较大优势（见图2至图4）北京在这几项指标上的增长率呈现"后来居上"或者领先态势。

2015~2016年，全国范围内相关产业的创新能力有了较大提高，北京的领先优势有所下降。2015年5月，国务院印发《中国制造2025》，这是我

北京"高精尖"产业创新发展指数研究

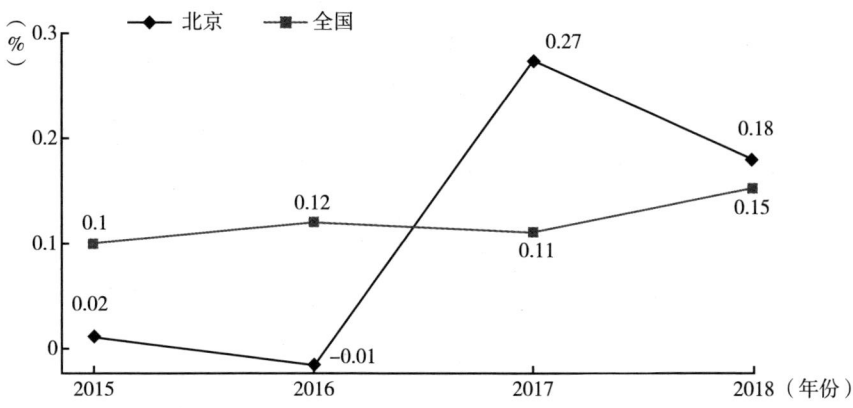

图2　2015~2018年北京与全国当期公共财政支出中涉及科学技术的支出金额的增长率

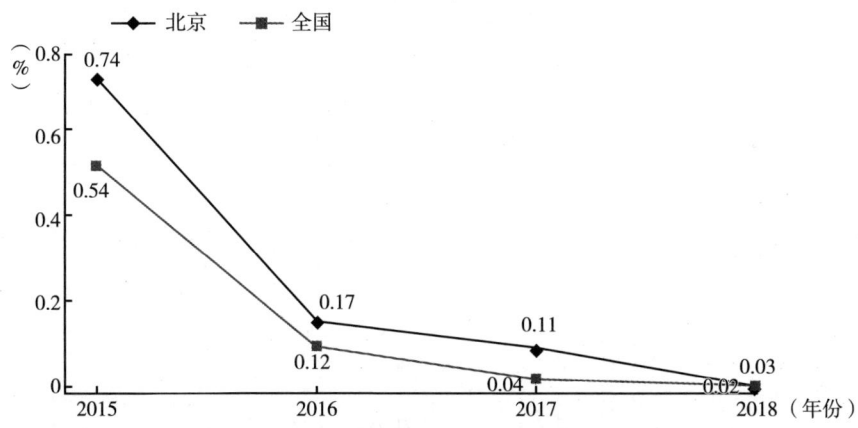

图3　2015~2018年北京与全国当期获批的发明专利数量的增长率

国实施制造强国战略的第一个十年行动纲领，为我国智能制造业发展增加了政策筹码。2017年，北京再次拉开了与全国的距离，在创新发展能力上的领先幅度增大，说明北京市的创新发展动能持续高涨，高新技术企业和战略性新兴产业创新发展势头强劲，这与北京近年来出台的与创新相关的一系列政策息息相关（见表2）。

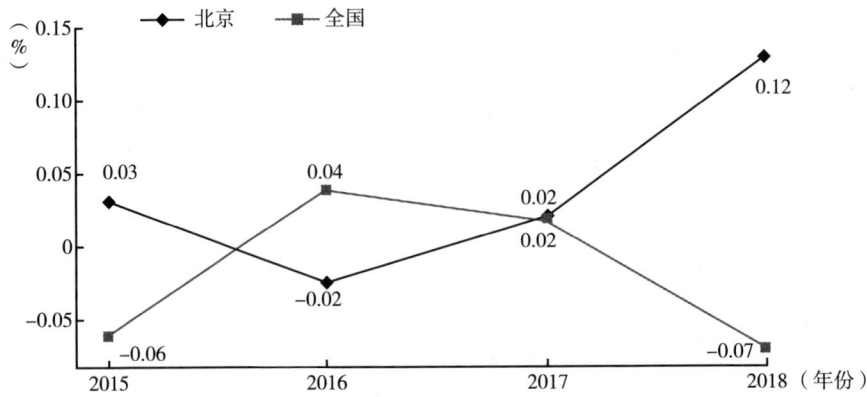

图4　2015～2018年北京与全国"高精尖"产业研发人员折合全时当量增长率

表2　2014年以来北京出台的与创新相关的政策

政策名称	发布单位	主要内容
北京技术创新行动计划（2014—2017年）	北京市人民政府	北京市启动该项计划，旨在坚持和强化北京作为全国政治中心、文化中心、国际交往中心、科技创新中心的城市战略定位，进一步加快北京市技术创新体系建设和产业发展。该行动计划初步确定了首都蓝天行动、城市精细化管理与应急保障、新一代移动通信技术突破及产业发展、先导与优势材料创新发展等12个重大科技专项，专项实施成效显著，涌现出一批重大科技成果
北京市产业创新中心实施方案	北京市经济和信息化委员会	为贯彻落实《〈中国制造2025〉北京行动纲要》（京政发〔2015〕10号），按照"创新、协调、绿色、开放、共享"的发展理念，加快建设新一代创新载体，促进首都制造业向"高精尖"产业转型，培育发展新动能
关于精准支持中关村国家自主创新示范区重大前沿项目与创新平台建设的若干措施	中关村科技园区管理委员会	该项措施规划有助于深入实施创新驱动发展战略，加快构建首都"高精尖"经济结构。中关村科技园区的政策倾斜也能为北京市提供更多的科技创新

三 进一步提升北京"高精尖"产业创新能力的政策建议

当前北京市的高新技术企业和战略性新兴产业发展取得了令人瞩目的成绩，发展创新指数持续增长，但当前仍旧存在一些问题亟须引起重视。

第一，大学科技园发展速度落后全国水平，这一问题主要体现在大学科技园的资产数量增速较为缓慢。与一般意义上的高新技术产业开发区不尽相同，大学科技园的发展需要充分利用便捷的创新资源优势，如人才优势和设备优势。北京拥有全国最为丰富的高等教育资源，但是在这项指标上的表现并不突出，说明当前北京大学科技园的建设已经相对滞后，应当加大相应的投入，进一步巩固北京全国教育中心的地位。

第二，北京市专利的申请和获批数量在全国均处于领先地位，这一优势也反映在创新发展指数上，但是北京市也面临更加严峻的知识产权风险。这一风险虽然难以量化，但也值得关注。一方面，当前专利数量呈现快速增长的态势，专利水平也逐年提高，但核心专利的数量仍较少。另一方面，随着我国战略性新兴产业的发展壮大和国际市场地位的提高，专利纠纷将日益增多，并且会有诸如"专利蟑螂"等现象频繁出现，干扰正常创新发展环境，需要及早制定相应对策。

第三，北京市整体创新发展的环境塑造仍然存在较大的优化和进步空间。资金的支撑作用需要进一步强化，给企业更多的投融资渠道，帮助有潜力的高新技术企业发展壮大；为符合条件的战略性新兴产业项目和园区，提供更好的基建服务和公共平台服务，着力优化创新发展环境。

参考文献

[1] 杨正一、张杰：《北京市"高精尖"产业集聚水平及效应研究》，《经营与管

理》2019年第1期。

[2] 张杰：《首都高精尖产业体系与减量发展》，《北京工商大学学报》（社会科学版）2018年第6期。

[3] 田新民、胡颖：《以供给侧结构性改革推进"高精尖"产业结构的构建——以北京市为例》，《经济与管理研究》2016年第8期。

[4] 卢彦：《疏解非首都功能构建高精尖产业》，《中国经贸导刊》2015年第17期。

[5] 李强、郑江淮：《基于产品内分工的我国制造业价值链攀升：理论假设与实证分析》，《财贸经济》2013年第9期。

B.4 北京文化产业安全指数研究

陈怡宁 李竞成*

摘 要： 出于对习近平总书记"总体国家安全观"内容的落实和丰富产业安全研究的目的，本报告针对文化产业构建产业安全指数。结合文化产业的特征，本报告以24个文化产业指标为基础，运用熵权法计算得出2014~2018年北京市的文化产业安全指数。实证结果显示，北京的文化产业安全指数保持增长，说明了当前北京市文化创意产业融合化、集群化和引领发展态势日益明显。但北京市的文化产业安全仍然存在较大提升空间，集中体现为"规模化"不足，缺乏大型领军文化企业。建议进行产业政策间的统筹，促进多个产业良性互动；着重培养专业和和复合型人才，促进人才引进，完善人才激励政策；把党的领导贯彻到文化产业工作的各个流程等。

关键词： 文化产业安全 文化产业政策 北京市

在习近平总书记提出的"总体国家安全观"下，文化安全是确保总体国家安全的关键。只有在确保安全的情况下，文化产业的发展才不会成为"无根浮萍"。本报告将构建北京市的文化产业安全指数，并与全国文化产业安全指数进行比较分析。

---

* 陈怡宁，北京交通大学经济管理学院副教授，硕士生导师，研究方向为旅游管理；李竞成，北京交通大学经济管理学院博士研究生，研究方向为产业安全。

一 概述

20世纪末以来,文化产业的发展带动文化产业相关研究的繁荣,其概念也越发频繁地出现在相关研究中,一些国家开始制定产业政策以更好地促进其发展。由于各国的国情、文化背景差异较大,目前关于文化产业的概念仍然没有被社会广泛接受(见表1)。对于文化产业内容的界定,直接影响到文化产业安全指数的构建和计算方式。根据国家统计局印发的《文化及相关产业分类(2018)》,文化及相关产业内涵具体包括直接以文化为产品和服务于文化功能实现两大类。①

表1 各国对文化产业的界定

国家	侧重及分类
英国	侧重创意,分为13类:出版、电视和广播、电影和录像、互动休闲软件、时尚设计、软件和计算机服务、设计、音乐、广告、建筑、表演艺术、艺术和古玩、工艺
新加坡	侧重创意,分为三大类13小类:艺术与文化(摄影、表演及视觉艺术、艺术品与古董买卖、手工艺品)、设计(软件设计、广告设计、建筑设计、室内设计、平面产品及服装设计)、媒体(出版业、广播业、数字媒体及电影等)
美国	侧重版权,分为四大类:核心版权产业、交叉版权产业、部分版权产业和边缘版权产业。其中核心版权产业主要包括电影产业、广播电视产业、动漫产业、出版发行业、音乐唱片业和文化艺术业等
日本	侧重内容,分为四大类:影像产业(电影、电视和动画等)、音乐产业、游戏产业、出版产业(图书、报纸、绘画和教材等)。在内容产业中,用数字编码形式表现的内容称为"数字内容"
韩国	侧重内容,分为11类:游戏、动画、音乐、卡通、漫画、出版、电影、广播影视等产业。随着数码技术的兴起,产业范围进一步拓展到电子书籍、互联网信息和手机内容等具有高附加值和高增长潜力的领域
澳大利亚	侧重休闲,分为四大类:文物和遗产、艺术、运动和体育休闲、其他文化与休闲活动。除文学、广播、电影、电视、互联网、音像、艺术之外,还包括了文物、设计、体育运动与休闲活动类

---

① 国家统计局官方网站,http://www.stats.gov.cn/tjsj/tjbz/201805/t20180509_1598314.html。

近年来我国经济发展水平提升显著，各类文化娱乐产品如雨后春笋般涌现，许多文化产品与科技、金融、体育和旅游休闲等产业有着较为密切的关联，例如"文化旅游"等现象就说明文化产业的范畴实际上比统计分类要更为广泛。本报告力求全面、客观地考察当前北京地区和我国的文化产业安全状况，因此本报告的文化产业范畴以国家统计局的分类为基础，并借鉴了部分发达国家对文化产业的界定，加入了体育、旅游等行业，以"大文化"视角来观察当前社会的文化产业现状。

二　北京与全国文化产业安全指数对比分析

文化产业安全评价指标体系的建立，必须遵循客观且可靠的评价指标构建原则。本报告在严格遵照学界主流评价指标构建思路的基础上，结合既有的研究成果，针对文化产业的特点，力求构建全面且真实的评价体系以反映近年来北京地区的文化产业安全发展情况。

（一）北京文化产业安全指数情况

与实体经济不同，文化产业的生产和运营所依托的大部分是无法实体化的文化产品，对社会总体经济态势和相关文化产业政策非常敏感，因此必须考虑内部的产业环境、国际上的竞争状况和产业控制力才可以把握好当前文化产业的生存发展环境。正如前文所言，文化产业是极度依赖创新创意的产业，大众文化需求具有多样性和变化性强的特点，从这一角度出发，创新指数和发展指数的加入，可以更为全面地反映和评价文化产业的安全态势和发展前景。综上，本报告设计4个二级指标——环境评价、创新指数、发展指数和产业控制力，并在二级指标的基础上构建三级指标（见表2）。

环境评价方面，选取8个具有较强代表性的指标：居民人均文化娱乐消费支出、文化产业机构数、文化产业从业人员、观影人次、电影票房、期刊种类、图书出版种类和博物馆参观人次。

表2 北京文化产业安全评价指标体系

一级目标	二级指标	三级指标
北京文化产业安全指数	环境评价	居民人均文化娱乐消费支出(元)
		文化产业机构数(个)
		文化产业从业人员(人)
		观影人次(人次)
		电影票房(亿元)
		期刊种类(种)
		图书出版种类(种)
		博物馆参观人次(人次)
	创新指数	文化及相关产业专利授权总数(个)
		文化产业增加值(万元)
		广播电视网络收入(万元)
		版权登记数量(个)
		广播电视中网络收入占比(%)
	发展指数	动漫企业营业收入(万元)
		动漫产业资产总计(万元)
		广告经营额(万元)
		广告经营单位(个)
		规模以上文化制造业企业数(个)
		规模以上文化制造业企业资产总计(万元)
		规模以上文化制造业企业营业收入(万元)
		新获得认证的运动员(人)
	产业控制力	进口电影票房(万元)
		北京电视台收视率(%)
		国际旅游外汇收入(亿美元)

创新指数方面，选取文化及相关产业专利授权总数、文化产业增加值、广播电视网络收入、版权登记数量和广播电视中网络收入占比等指标。

发展指数方面，选取动漫产业和广告产业作为文化产业代表，考察动漫产业的营收及资产状况，考察广告产业的营业额和经营单位数量，以此为依据评价当前文化产业发展情况。如前文所述，当前文化产业缺少成规模的产业集群和领军企业，基于此，将规模以上文化产品制造业的相关指标纳入考察范围，以评估未来成规模的文化产业发展前景。每年新获得认证的运动员数量反映了一个地区的体育活动热情和民众参与度，可以作为评价体育行业发展前景的指标。

产业控制力主要体现当前文化市场受外来文化产品的影响程度和本身文化产品的国际竞争力，选取国际旅游外汇收入、进口电影票房和北京电视台收视率作为具体的指数计算基础。

1. 数据来源

本报告数据来源于《中国统计年鉴》、《中国文化及相关产业统计年鉴》和《北京统计年鉴》，数据期间为 2014～2018 年。

2. 模型选择

在对于复杂多指标的评价过程中，熵权法可以发挥其客观性强的优势，非常适用于本报告关于文化产业安全指数的评价。

如果某个评价指标值的变异程度越大，意味着该指标能够向系统提供的信息量越大，根据熵权法计算得到该指标的权重越大；反之，如果某个评价指标的各个取值都相等，意味着该评价指标并不向系统提供有用的信息，所以该指标权重为零。具体构建步骤如下。

（1）数据标准化处理

选取 m 个指标，共 n 个样本，则 X_{ij} 为第 i 个样本的第 j 个指标的值，$i = 1, 2, 3, \cdots, n$; $j = 1, 2, 3, \cdots, m$。

在各项指标的计量单位以及方向不统一的情况下，需要对数据进行标准化，为了避免求熵值时对数无意义，可以为每个 0 值加上较小数量级的实数，如 0.01。

①对于正向指标（越大越好的指标）：

$$X' = \frac{X_{ij} - \text{Min} X_{ij}}{\text{Max} X_{ij} - \text{Min} X_{ij}}$$

②对于负向指标（越小越好的指标）：

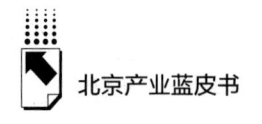

$$X' = \frac{MaxX_{ij} - X_{ij}}{MaxX_{ij} - MinX_{ij}}$$

（2）计算第 j 项指标下第 i 个样本占该指标的比重

$$P_{ij} = \frac{X_{ij}}{\sum_{i=1}^{n} X_{ij}}$$

（3）计算第 j 项指标的熵值

$$e_j = -K \times \sum_{i=1}^{n} (P_{ij} \times \ln P_{ij})$$

其中，$K = 1/\ln n$，n 为样本个数。

（4）计算第 j 项指标的差异系数

某项指标的信息效用值取决于该指标的信息熵 e_j 与 1 之间的差值，信息效用值越大，对评价的重要性就越大，权重也就越大。

$$d_j = 1 - e_j$$

（5）计算评价指标权重

利用熵权法估算各指标的权重，其本质是利用该指标信息的差异系数来计算，其差异系数越高，对评价的重要性就越大。各项二级指标权重如表 3 所示。

j 项指标的权重：

$$w_j = \frac{d_j}{\sum_{j=1}^{m} d_j}$$

（6）计算各样本综合得分

$$z_i = \sum_{j=1}^{m} w_j x_{ij}$$

根据上文的模型，使用 Stata 16.0 软件进行熵值计算，得到结果如表 4 所示。

表3 各项二级指标权重

指标名称	权重
居民人均文化娱乐消费支出(元)	0.036316
文化产业机构数(个)	0.038516
文化产业从业人员(人)	0.042062
观影人次(人次)	0.039724
电影票房(亿元)	0.037428
期刊种类(种)	0.043855
图书出版种类(种)	0.035759
博物馆参观人次(人次)	0.040876
文化及相关产业专利授权总数(个)	0.037233
文化产业增加值(万元)	0.045246
广播电视网络收入(万元)	0.044426
版权登记数量(个)	0.044183
广播电视中网络收入占比(%)	0.045453
动漫企业营业收入(万元)	0.040191
动漫产业资产总计(万元)	0.038688
广告经营额(万元)	0.044244
广告经营单位(个)	0.048140
规模以上文化制造业企业数(个)	0.049826
规模以上文化制造业企业资产总计(万元)	0.034598
规模以上文化制造业企业营业收入(万元)	0.053298
新获得认证的运动员(人)	0.041351
进口电影票房(万元)	0.042541
北京电视台收视率(%)	0.039488
国际旅游外汇收入(亿美元)	0.037551

表4 各项指标的熵值计算结果

指标名称	熵值
居民人均文化娱乐消费支出(元)	0.341371
文化产业机构数(个)	0.362046
文化产业从业人员(人)	0.395381
观影人次(人次)	0.373410
电影票房(亿元)	0.351824
期刊种类(种)	0.412232
图书出版种类(种)	0.336131
博物馆参观人次(人次)	0.384237

续表

指标名称	熵值
文化及相关产业专利授权总数(个)	0.349994
文化产业增加值(万元)	0.425312
广播电视网络收入(万元)	0.417603
版权登记数量(个)	0.415320
广播电视中网络收入占比(%)	0.427257
动漫企业营业收入(万元)	0.377793
动漫产业资产总计(万元)	0.363664
广告经营额(万元)	0.415892
广告经营单位(个)	0.452514
规模以上文化制造业企业数(个)	0.468361
规模以上文化制造业企业资产总计(万元)	0.325217
规模以上文化制造业企业营业收入(万元)	0.501003
新获得认证的运动员(人)	0.388699
进口电影票房(万元)	0.399884
北京电视台收视率(%)	0.371186
国际旅游外汇收入(亿美元)	0.352978

由图1可以看出，2014～2018年北京市的文化产业安全指数整体呈现上升的趋势，主要增长阶段为2014～2015年和2017～2018年，2015～2017年则保持相对稳定。

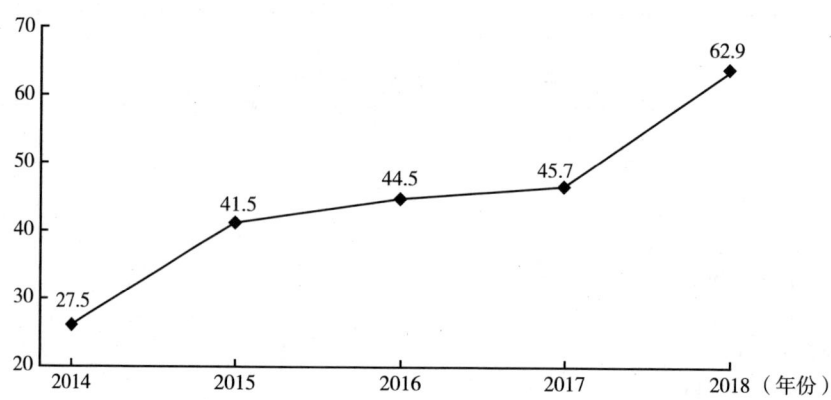

图1　2014～2018年北京市文化产业安全指数变化情况

（二）中国文化产业安全指数情况

下文延续构建北京市文化产业安全指数的方法和思路，对我国的文化产业安全态势进行估计。由于国家层面和地区层面所公开的文化产业相关数据不尽相同，在不影响可比性的前提下，本报告将对上文的北京文化产业安全评价指标体系做出一定程度的调整，具体而言，将北京电视台收视率替换为国产电影票房占比，以更好地反映国家层面的实际文化产业安全状况。

表5 中国文化产业安全评价指标体系构建

一级目标	二级指标	三级指标
中国文化产业安全指数	环境评价	居民人均文化娱乐消费支出（元）
		文化产业机构数（个）
		文化产业从业人员（人）
		观影人次（人次）
		电影票房（亿元）
		期刊种类（种）
		图书出版种类（种）
		博物馆参观人次（人次）
	创新指数	文化及相关产业专利授权总数（个）
		文化产业增加值（万元）
		广播电视网络收入（万元）
		版权登记数量（个）
		广播电视中网络收入占比（%）
	发展指数	动漫企业营业收入（万元）
		动漫产业资产总计（万元）
		广告经营额（万元）
		广告经营单位（个）
		规模以上文化制造业企业数（个）
		规模以上文化制造业企业资产总计（万元）
		规模以上文化制造业企业营业收入（万元）
		新获得认证的运动员（人）
	产业控制力	进口电影票房（万元）
		国产电影票房占比（%）
		国际旅游外汇收入（亿美元）

由图 2 可以看出，2014～2018 年，我国文化产业安全态势整体向好，其中 2014～2015 年文化产业安全指数提升尤为明显，由 20.7 上升到 54.2，总体上一直保持了较为平稳的增长势头。

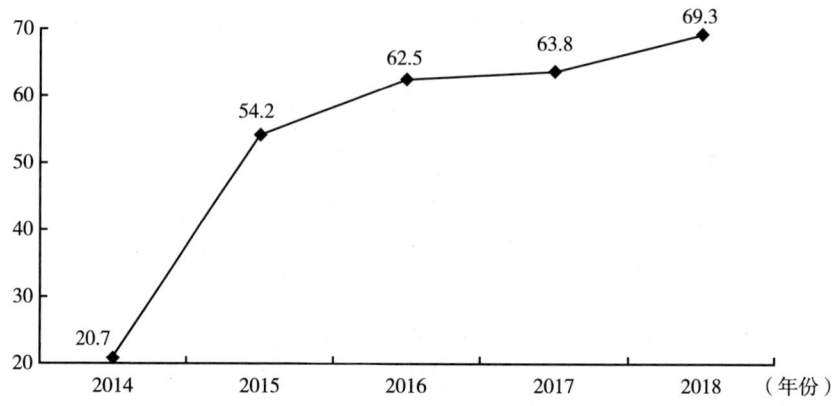

图 2　2014～2018 年中国文化产业安全指数变化情况

（三）北京与全国文化产业安全指数对比分析

由图 3 可以看出，在 2014 年和 2018 年两个时间节点，北京市的文化产业安全指数与全国几乎保持同一水准；2015～2017 年，北京市的文化产业

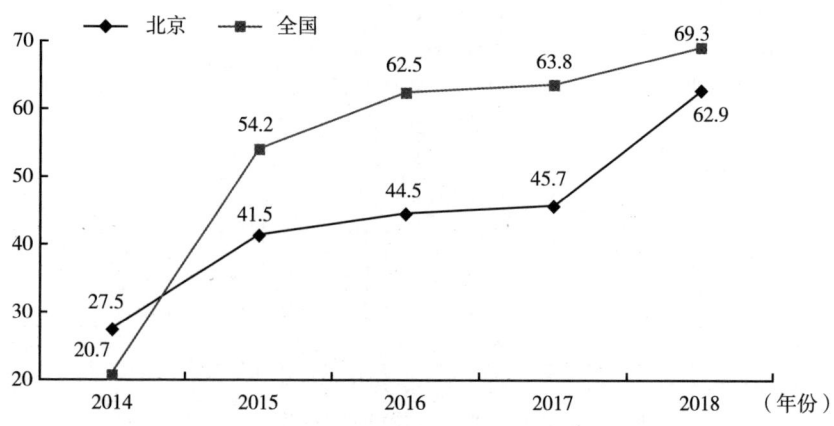

图 3　2014～2018 年北京与全国文化产业安全指数变化情况对比

安全指数虽然有一定增长，但增速相对较慢，这一阶段正值北京市落实文化创意产业发展规划，着力于提升特色化、差异化的文创竞争力，并逐步优化和调整文化产业的产业结构时期。由于上述的调整与优化，北京市2017~2018年文化产业安全指数迅速上升，减小了与全国的差距。

2014~2015年，北京文化产业安全指数有了较大提升，这与2014年推出的一系列旨在巩固北京市文化产业中心地位的政策密不可分（见表6）。

表6 2014年北京市出台的巩固文化产业中心地位的政策

政策名称	主要内容
《北京市文化创意产业功能区建设发展规划（2014—2020年）》	我国首个省级的文创产业空间布局规划，首次明确提出了全市文创产业错位发展的空间格局。根据该规划，到2020年，北京市将在平原地区规划建设20个文创功能区，形成特色化、差异化、集群化的发展态势。此外，规划还提出构建"一核、一带、两轴、多中心"的空间格局和"两条主线带动、七大板块支撑"的产业支撑体系
《北京市文化创意产业提升规划（2014—2020年）》	着重于构建富有首都特色的"3+3+X"文化创意产业体系，使北京文化产业成为支撑本市科学发展、绿色发展、创新发展的核心引擎，推动首都建设成为中国最具活力的文化创意名城

2017年北京市文化产业安全指数开始第二次快速上升，是2016年北京市助推文化产业加速发展的一系列政策落地见效、开花结果的反映（见表7）。

表7 2016年北京市出台的助推文化产业加速发展的政策

政策名称	主要内容
《北京市文化创意产业发展指导目录（2016年版）》	围绕疏解北京非首都功能、加快建设全国文化中心，将文化创意产业各业态分为鼓励类、限制类和禁止类三个类别，给全市的文化产业发展方向进行了准确的定位
《北京市"十三五"时期加强全国文化中心建设规划》	明确提出重点推动渗透性、关联性强，有助于产业链延伸和价值链提升的"高精尖"领域及环节发展，加快推进产业结构优化和业态创新，紧紧围绕"互联网+""文化+"，加快"创意北京"建设，促进新型文化业态发展，着力提升产业文化内涵
《北京市"十三五"时期文化创意产业发展规划》	到2020年，文化创意产业增加值占地区生产总值比重达到15%左右，产业支柱地位更加巩固，体系更加完善，布局更趋合理，市场竞争力、创新驱动力、文化影响力显著增强，成为支撑首都经济创新发展、构建"高精尖"经济结构的重要引擎

三 提升北京文化产业竞争力及加强文化产业安全的政策建议

北京文化产业安全指数的增长，说明了当前北京市文化创意产业融合化、集群化和引领发展态势日益明显，产业政策空间载体的新基础不断巩固，也表明北京地区的文化消费潜力巨大。实际上，2014～2018年北京市文化消费能力和消费潜力一直高于全国平均水平（见图4），这说明北京存在适合文化产业快速高质量发展的"土壤"，下一步应当继续在市民中培育文化消费观念，做大文化产业"蛋糕"。

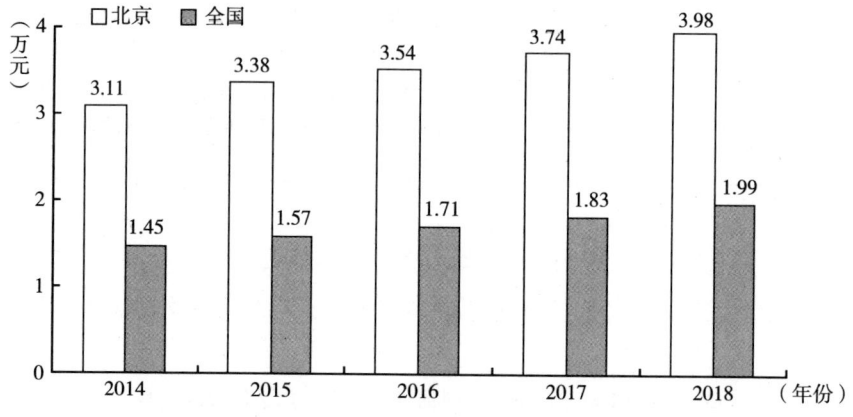

图4 2014～2018年北京和全国居民人均文化消费支出对比

如图5所示，北京市规模以上文化制造业企业数量在较长时间内一直处于负增长状态，而从全国平均水平来看，大部分时间是正增长。这说明当前北京市的文化制造业规模效应不明显，这一问题集中体现为具有国际竞争力的文化企业较少，具有国际影响力、体现"北京服务""北京创造"的文化产品不够丰富。为了进一步改善北京文化产业的安全状况并提升产业竞争力，建议北京市采取以下措施。

首先，文化产业不是一个孤零零的产业，其与其他产业具备很高的

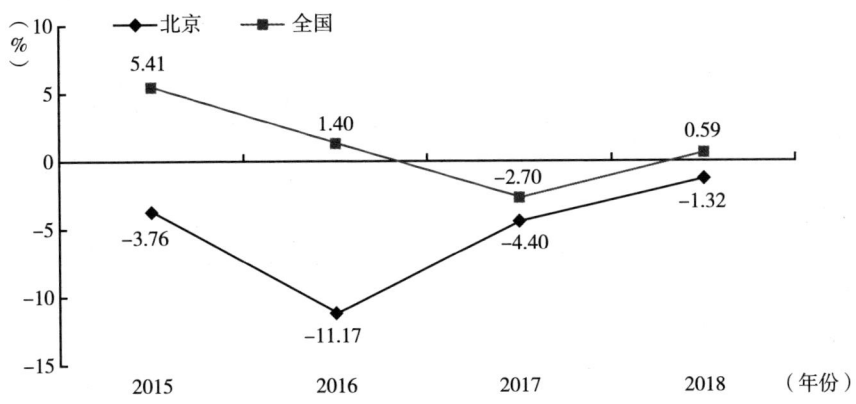

图5　2015~2018年北京和全国规模以上文化制造业企业数量增长情况对比

资料来源：2016~2019年《中国文化及相关产业统计年鉴》。

关联度和融合度，目前文化产业与旅游、健康等产业的联系也越发紧密，因此要着力拓展文化产业的发展空间。一方面，在各个产业结合的对接点上，政府需要进行产业政策间的统筹，促进多个产业良性互动；另一方面，要积极推进文化产品数字化进程，扩大优秀文化作品的传播范围，拓展其传播深度。

其次，当前应当加大力度解决人才短缺的问题，这也是直接影响产业可持续发展的重要一点。具体来看，北京市应当着重培养专业和复合型人才，促进相关人才的引进和完善相应的激励政策。与此同时，也需要加强对文化创意产业从业人员的培育，鼓励高校积极开设、发展相关专业，提升从业人员素质。

最后，文化产业是关系到国家安全命脉的核心产业，发展文化产业的前提是把党的领导贯彻到文化产业工作的各个流程。文化产业具备意识形态和产业两种属性，这就要求政府部门和相关企业在制定规划时不能急于求成，需要优先考虑产品的社会影响、社会效益，积极推出讴歌党的领导和社会主义先进性的优秀作品。

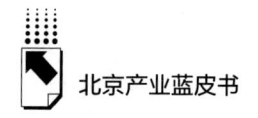

参考文献

[1] 陆园园:《提升文化产业高质量发展水平》,《北京日报》2019年8月19日第14版。

[2] 郭梅、吕拉昌、黄茹、陈博群:《北京文化资源的评价及开发利用研究》,《现代城市研究》2014年第4期。

[3] 解学芳:《文化安全与文化产业的关系悖论及价值选择》,《理论与改革》2007年第4期。

[4] 黄妍妮、周晓宏、孔令池:《我国文化产业安全影响因素研究》,《文化产业研究》2017年第1期。

[5] 王瑞香:《论总体国家安全观视野中的国家文化安全》,《社会主义研究》2016年第5期。

[6] 石中英:《论国家文化安全》,《北京师范大学学报》(社会科学版)2004年第3期。

专题篇

Special Reports

B.5
北京文创产业发展及其对北京经济增长贡献分析

陈怡宁 吴荣正*

摘　要： 近年来，北京市加大了对文创产业的关注和支持力度，制定了众多文创产业相关政策，推动了文创产业的快速发展。国内外理论研究证明文创产业的发展对经济增长具有明显的促进作用，本报告选取1998~2017年北京文创产业发展指标与北京人均地区生产总值的时间序列数据，实证检验了文创产业对北京市经济增长的贡献。其中，财政对北京市文创产业的投入对文化产业发展的影响最大。根据对北京市文创产业分行业、分区的现状调研和梳理以及国内外理论分析和实证检验结果，结合京津冀文化一体化、北京建设全国文化中心的规划，本报告提出了一系列针对性建议，如推进京津冀文创产业的协同发展、

---

* 陈怡宁，北京交通大学经济管理学院副教授，硕士生导师，研究方向为旅游管理；吴荣正，北京交通大学经济管理学院硕士研究生，研究方向为产业安全。

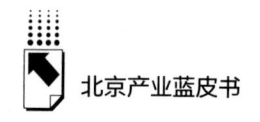

加快文化领域的消费升级、加强科技成果在文化领域的转化运用、营造良好的文化科技创新氛围等。

关键词： 文创产业　经济增长　文化中心

一　文创产业[①]概述

近年来，国家多次提出加快推动文化产业发展。随着中国传统文化在世界范围内的影响力日益增强，以及中外文化交流的日益扩大，我国文化和经济在很长一段时间内一直保持的平行、脱节状况正在逐步改变，文化与经济融合发展的新模式逐步形成。我国在文化产业上具有很大的发展潜力，这将有力推动我国经济与社会的发展。北京的定位不再是"经济中心"，但这并不意味着放弃经济发展，而是意味着在原有的经济发展模式基础上，建设一个符合首都特点的"高精尖"经济体系。作为"高精尖"重要产业，文化产业是北京未来应重点关注的产业之一。同时，北京要打造全国文化中心，不能缺少文化产业的有力支撑。大力发展文创产业推动国民经济发展，首先要搞清楚文创产业当前在北京市国民经济发展中能够起到什么作用；作为一种具有双重属性的产业，文创产业对国民经济的发展具有什么样的特殊性；文创产业对国民经济发展的贡献机理是什么。搞清楚这些问题，不仅可以在理论上进一步了解文创产业影响经济发展的作用机理，还可以在实践中为北京市打造全国文化中心、发展大文化产业提供镜鉴，更有利于指导北京市文创产业更好更快地发展。

文创产业即文化创意产业，其内涵由文化、创造力（创意）和产业三方面内容共同构成，即以创意为纽带的文化与工业的融合，具体含义体现在

[①] 关于"文化产业"和"文创产业"的表述，两者在研究内容及研究内涵上具有一定的重合之处，本文使用"文创产业"指代相关产业。

以下三个方面。

第一，文创产业以文化为基础。文创产业具有文化内涵，能够揭示文化的本质。文创产业中的创造力来自文化元素，文创不仅仅是对传统文化资源的复制，更重要的是借助科技与艺术手段对文化资源的创新与提升。

第二，文创产业以创意为核心。创意是思想，是灵魂，对文创产业的发展起着核心带动作用。创意决定了产业的内容、性质和运作方式。创意包括内容创新和形式创新，无论是哪种创新，都表明人类的创造力和智慧是文创产业的核心要素。

第三，文创产业以经济和产业化为手段。文创产业以文化为基础，以创意为核心，但是文化与创意本身必须经历一个产业化的过程，才能够成为市场上供消费的产品或服务。文创产业的产业化不断促进经济的持续发展，而经济发展中又蕴含着新的文化，文化与经济呈现融合发展的趋势，这给文创产业市场化带来了巨大潜力。文化和创造力可以通过产业链的形成和延伸创造巨大的市场价值，同时也有助于产业结构的优化和升级。

简而言之，文创产业就是以文化资源为基础，在特定的经济水平、制度环境下，通过创新，将文化资源工业化、市场化，从而创造丰富的社会财富的产业。文创产业不是文化、创意和产业简单的结合，三者之间相互联系、相互渗透，是一个互动的系统。文创产业是一个多行业、多部门和多领域的集成产业，它通过自身特定的运作方式，促成不同领域、行业的合作，是第二、第三产业充分发展、融合的结果，有助于产业结构升级。

北京的文创产业标准在《国民经济行业分类》标准的基础上，结合文创活动特点进行了一定调整。

二 北京市文创产业发展现状及存在的问题

文创产业融合了文化、技术和经济，具有产业价值独特、覆盖面广泛和增长快速的特点，在世界范围内显示出强劲的发展势头。在衡量一个国家或城市的综合竞争力时，文创产业发展的规模和影响力已成为考察重点。2004

年,文化产业被列入《国民经济行业分类》目录。从那时起,中国开始重视和支持文化产业的发展,北京也加大了对文创产业的关注和支持力度。如今,文创产业的政策环境进一步优化,党的十九大报告强调文化自信,指出要健全现代文化产业体系和市场体系,创新生产经营体制,完善文化经济政策,培育新型文化业态。

2006年至今,北京市出台了一系列涉及文创产业的政策,包括综合类政策、财税类政策、规划类政策、投融资类政策、贸易类政策、产业区划类政策、知识产权类政策等,这极大地促进了北京市文创产业的发展。

(一)北京市文创产业整体运行情况

总体来看,文创产业规模具有稳步扩大的趋势,多个方面需要提升和完善,更需要引起社会各界和政府的重视。北京市高度重视文创产业的发展,发布了一系列政策法规,健全文创产业体系,培育新兴文创业态。

2017年规模以上文创产业收入为16196.3亿元,同比增长10.8%;从业人员平均人数为125.1万人,同比增长0.3%。其中软件和信息技术服务业2017年收入为7015.8亿元,同比增长16.7%,从业人员平均人数为68.1万人,与2016年基本持平(见表1)。从图1和图2可以看出,无论是从收入还是从业人员平均人数来看,软件和信息技术服务业在九大领域中所占的比例最大,是北京文创产业的支柱行业,说明北京文创产业的发展注重科技引领与科技融合。

表1 2017年北京市规模以上文创产业收入及从业人员平均人数统计

项目	收入(亿元)	同比增长(%)	从业人员平均人数(万人)	同比增长(%)
文化艺术服务	323.4	11.1	5.7	0.6
新闻出版及发行服务	853.2	8.2	7.7	-1.0
广播电视电影服务	867.2	3.9	5.5	-0.8
软件和信息技术服务	7015.8	16.7	68.1	0
广告和会展服务	1998.1	8.1	6.5	-5.6
艺术品生产与销售服务	1249.2	2.1	1.9	1.3

续表

项目	收入(亿元)	同比增长(%)	从业人员平均人数(万人)	同比增长(%)
设计服务	335.6	20.9	9.3	21.7
文化、旅游、娱乐服务	1051.6	1.0	8.4	-2.3
其他辅助	2502.2	6.7	12.0	-5.6
合计	16196.3	10.8	125.1	0.3

资料来源：北京市统计局，下同。

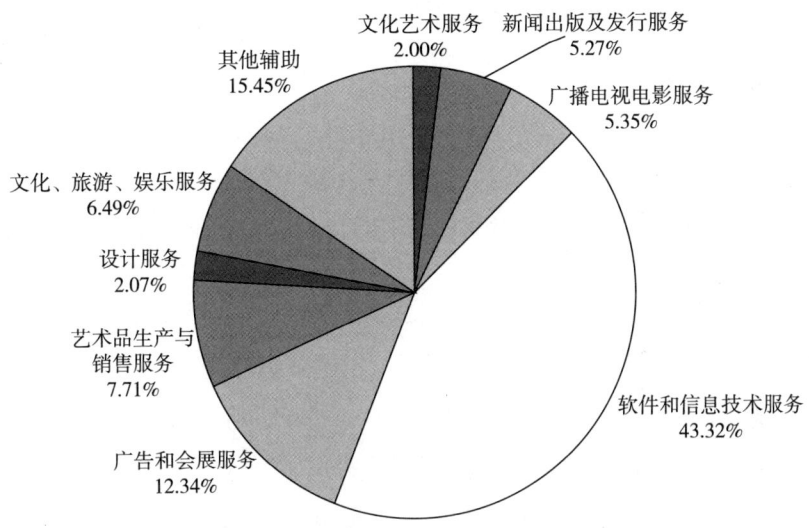

图1 2017年北京市规模以上文创产业分行业收入占比

（二）北京市下辖各区文创产业发展现状

1. 东城区的文创产业凸显"高精尖"特色

东城区拥有丰富的文化资源，是最能体现北京历史文化名城风貌的区域。东城区文创产业保持平稳较快的发展势头，一直处于全市领先地位。十多年来，东城区坚持"文化强区"战略，继续建设"高精尖"经济结构。2014~2017年，东城区文创产业增加值平均增速达9.8%，实现较快的增长，充分发挥了引擎作用。文创产业增加值在全市占比不断上升，2017年

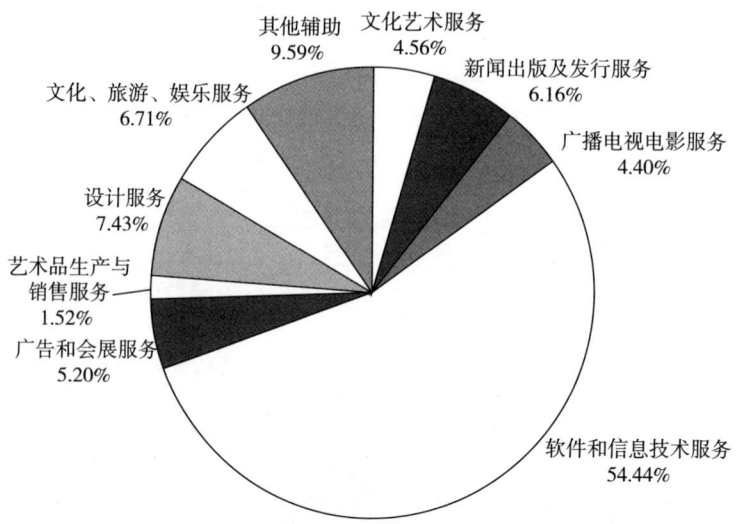

图 2 2017 年北京市规模以上文创产业分行业就业人数占比

达到 14.3%，其中规模以上文创产业总收入 2029.6 亿元，占全市规模以上文创产业收入的 12.5%。

文化与金融的紧密融合是东城区文创产业发展的一大特色。在创建国家文化与金融合作示范区的过程中，东城区吸引了一大批文化金融机构的关注，2017 年新设文创市场主体 789 家，金融市场主体 30 家。东城区为推动文创产业的发展还做了一系列的推动工作，在支持并推进重点项目建设、积极打造品牌文化活动、主动服务文创产业园区、完善相关政策等方面做了很多努力，这为东城区优化产业空间布局、加快"文化宣传"步伐、增强地区文化影响力、构建合理的文化交流平台提供了支持。

近年来，东城区文创产业的经营环境不断优化。一是营业便利性提高，开通了重点文创企业服务绿色通道，为文创企业提供快速注册、建立会商机制等特色服务。二是建立工作对接机制，与中关村雍和航星科技园等文化创意产业园区建立工作对接机制，主动走访和了解园区企业存在的问题及政策需求，加强"一企一策"精准服务。三是促进文化与金融、商业、体育等方面的深度融合，努力打造"文化+"高端服务业总部集群区。

2. 西城区文创产业以"一补两提升"为重点

西城区历史文化资源十分丰富，高度融合了皇城文化、民俗文化、宗教文化、缙绅文化等，文创产业繁荣发展，高新技术优势明显，发展潜力巨大。截至 2017 年末，西城区共有规模以上文创产业单位 689 家，2017 年创造的收入为 1144.96 亿元，实现利润总额为 108.54 亿元，基本形成了文创产业的发展格局。

西城区不断优化企业服务，以需求为导向，推动文创产业的健康发展，聚焦产品转型，注重挖掘文化内涵，曾荣获北京国际旅游博览会最佳创意奖。西城区充分发挥其区位、资金、交通、信息等综合优势，推动园区转型升级，打破"千园一面"，打造"一园一品"，明确园区的主导产业和发展特色，创建了一批国家和北京市文化创意产业示范园区。以疏解非首都功能为契机，西城区积极探索实施城市资产管理，加大资源投向精细调控力度，构建高质量的产业结构。

西城区积极推进京津冀文创产业协同发展，将其作为京津冀协同发展任务内容的一部分，推动产业集聚发展，组织区内企业与河北省石家庄市投资促进局联合举办系列活动，与天津市、河北省多地进行了系列对接活动，举办西城区重点企业赴津冀交流宣介活动。

3. 朝阳区文创产业展现出以文化引领高端发展的特色

进入新时代后，朝阳区不断优化产业结构，在文化传媒、软件和信息技术服务、广告会展等高端产业上具有明显优势，具有高创新水平和高附加值技术的行业发展迅速。朝阳区作为全国文化中心、首都文化发展区和文化资源集聚区的核心区域，以国家文化产业创新实验区为重要起点，围绕文创产业的发展不断改革体制机制，不断优化产业环境，不断提升金融服务，为助力首都全国文化中心建设发挥了重要作用。朝阳区文创产业的发展在全市一直处于领先地位，截至 2017 年底，全区文创产业企业注册数达 866111 家，规模以上的文创企业数量为 2597 家，同比增长 17.40%。2017 年朝阳区文创产业取得了较快的发展，创造的收入合计 3754.38 亿元，同比增长 19.72%，占全市规模以上文创企业收入的 23.18%；利润总额为 233.85 亿

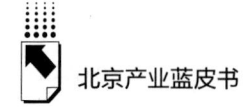

元，同比增长 80.76%。

朝阳区有多个影响力较大的文创企业，截至 2018 年底集聚了 98 家上市企业（含新三板），建成 84 个文化创意园区，基本上形成了"一轴、三区、多基地"的文创产业发展模式。朝阳区坚持宏观规划，为支持文创产业的发展制定了一系列的政策，同时强化顶层设计，积极探索有利于文化建设和创新发展的统筹协调机制。朝阳区从园区建设、结构升级、文化融合、对外交流、人才引进等多方面出发，为其文创产业的发展提供重要的政策保障。

4. 丰台区文创产业发展注重融合创新，提升自身品牌效应

2017 年，丰台区规模以上文创企业收入为 463.82 亿元，同比增长 23.01%；利润总额为 33.23 亿元，同比增长 40.45%。

虽然丰台区文创产业发展速度较快，但总体发展水平并不领先，为此，丰台区在推动文创产业的高质量发展以及全国文化中心建设方面做了很多努力。在人才队伍建设方面，丰台区厘清文创产业发展现状，一方面明确各方面的人才需求，制定文创人才扶持、集聚政策，营造良好的文创产业人才发展氛围。另一方面创新人才培训模式，如开展"创意训练营"活动，拓宽人才培训渠道，组织文创主管机构和优秀文创企业开展文化人才的培训等。在资源利用方面，丰台区深入挖掘历史文化资源，如开展对长辛店、卢沟桥、永定河等地区的课题研究，打造特色文化名片，并且对全区可利用的空间资源重新进行梳理，利用腾退的市场空间资源积极招商引资等。在产业政策方面，丰台区加强顶层设计，完善文创产业的政策规划体系，系统梳理和更新文创产业相关政策，以继承和保护优秀传统文化，整合文创产业以及对文创产业进行投资和融资，为文创产业的发展创造了有利的政策环境。

5. 石景山区文创产业发展坚持产业融合，创新发展

石景山区始终坚持科技创新和文化创新相结合的特色发展道路，重点发展数字媒体、科技引领的特色产业，推动文创产业成为支柱产业。2017 年，石景山区文创产业取得了较快的增长，规模以上文创企业收入为 510.59 亿元，同比增长 37.15%；利润总额为 64.68 亿元，同比增长 68.85%。其中，以动漫网游研发、运营为主的软件和信息技术服务业实现收入 273.2 亿元，占据规模以上文创产业总收入的50%以上，成为拉动石景山区文创产业发展的主导力量。

6. 海淀区在文创产业发展中深入挖掘文化与科技融合新动力

海淀区的文创产业在全市的发展中集聚优势明显，其贡献率近几年在全市一直处于"领头羊"的地位。2017年，海淀区规模以上文创企业有2820家，收入达7725.20亿元，同比增长20.9%；利润总额为705.76亿元，同比增长17.3%；从业人员平均人数为64.39万人，同比增长5.7%。这些占北京市的比重均超过40%，可见海淀区在全市文创产业发展中的引领作用。近年来，海淀区经济稳定增长，产业结构不断优化升级，为北京文创产业发展提供了良好支撑。

海淀区拥有数量庞大的大规模文创单位，这些企业为海淀区文创产业的发展做出巨大贡献。除此之外，海淀区共拥有文创产业园区16家，其中，以互联网经济为代表的数字经济收入占园区工业总收入的28.3%，利润规模占全区利润总额的71.1%，数字经济带动了园区的发展。另外，海淀区还有10个文化科技园区和8个文化科技孵化器。

7. 门头沟区整合现有资源，加快文创产业发展步伐

门头沟区紧紧遵循"绿色发展、生态富民、弘扬文化、文明首善、团结稳定"的发展理念，围绕全国文化中心建设，促进重点项目的实施，扩大工业发展空间，扩大文化消费，促进综合发展，增强产业活力，稳步推进本地区文创产业快速发展。2017年，门头沟区规模以上文创企业收入为35.58亿元，相对于全市的发展还是处于劣势，但与2016年相比增长91.6%，所创造的利润总额为32874万元，而2016年的利润总额为负值，所以2017年门头沟区的文创产业取得了快速发展。

作为北京市唯一的纯山区，门头沟区98.5%的面积是山地，地理位置不佳、交通不便、资源交换效率低都是导致该区文创产业发展相对落后的原因。但近几年门头沟区充分利用资源优势，加强旅游配套服务设施建设，取得了快速的发展。门头沟区围绕全国文化中心建设，积极采取了很多加快文创产业发展的措施，一是广搭服务平台，如人才交流平台、资源推介平台、

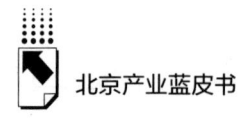

行业交流平台等，进一步优化了区内文创产业的创新创业环境，激发了文创产业的发展活力。二是将区内文创产业与当地的旅游产业深度融合，整合西山永定河文化带内相关资源，以永定河流域文化为背景，举办一系列活动，充分发挥永定河文化的品牌效应。三是通过惠民文化节等活动，促进文化消费升级，积极引导广大消费者向精神追求和文明发展迈进，努力扩大社会消费，实现高质量的文化消费。

8. 房山区盘活现有资源，加速文创产业发展

房山区历史悠久，一直被称为"人文之源"、"城市之源"和"资本之源"。周口店的北京人遗址、西周六里河的盐都遗址以及金代的皇陵都是房山的标志。在新时代的背景下，房山文创产业的发展也面临着难得的机遇。从外部环境看，放宽北京的非资本职能将有助于房山吸引高端创新人才，并为北京西南地区的文创企业开拓集聚地。从内部环境来看，文化创新已成为引领房山区转型升级的三大动力之一。截至2017年底，房山区规模以上文创企业有56家，总收入为66.1亿元，同比增长44.29%；利润总额为22301万元，同比增长118.19%。

房山区文创产业发展环境进一步优化。从政策上看，房山区制定了《房山区扶持小微文化创意企业发展的实施意见》，这是扶持文创企业发展的一项特殊政策，通过"文化创意+金融"的方式支持文创品牌和企业家、创新型企业，创建小型和微型文化集群，促进文化与金融一体化发展。为了提高服务能力，房山区还成立了文化创意产业协会，并设立了文化创意产业促进中心服务大厅，向文创企业提供法律咨询、商标注册、人才招聘等服务，这都激发了文化创意企业家到房山发展的热情。

9. 通州区拓展文化空间，推动文创产业全方位发展

截至2018年6月，通州区有规模以上文创产业法人实体98个，总收入达105.7亿元，同比增长17.1%。通州区通过多种渠道促进文创企业的发展，提出全面提升文创产业人才计划，加强文创产业人才建设，设立文创产业专项资金，解决文创产业融资问题。2017年第十二届中国北京国际文化创意产业博览会、2018年第二届北京文化创意大赛等活动相继在通州举行，

吸引了公众的眼球,通州区因此赢得了文化创意企业家的青睐。

通州区重点通过保护和利用旧工厂扩大文化空间,旧工厂是构建公共文化服务平台的新载体。通州区有旧工厂700余家,占地面积近641万平方米。旧工厂的潜力是巨大的,这些旧工厂可以被充分利用来建设文化和创意公园以及艺术区。通州区文化委员会积极联系旧工厂保护与利用方面的专家,以扩大文化空间的教学,引导相关人才关注和参与旧工厂的改造,增强社会影响力。除了充分发挥市场主导作用外,政府还制定优惠政策,融入首都整体发展,并承担子中心的职责,完成文创产业"高精尖"结构的总体规划,加大大运河文化带建设力度,使通州文创产业成为国家文化标志。

10. 怀柔区增强发展活力,建设具有影响力的影视产业示范区

怀柔区坚持新的发展理念,全面贯彻北京市总体规划,以生态保护为核心,以科技创新、会议休闲、影视文化为支撑,优化"1+3"发展格局。2017年,全区规模以上文创产业实现收入107.85亿元,同比增长6.93%。其中,影视产业实现收入50.31亿元,占全区规模以上文创产业总收入的近一半。中国(怀柔)影视产业示范区按照北京市的目标和要求,稳步推进重点工程建设,促进全国文化中心的建设。随着制片人总部基地和中国影视基地二期的发展,该地区以影视产业为主导,保持着稳定发展。

怀柔区的影视基地在全国乃至全世界都有一定的影响力。然而,在当前的经济背景下,影视产业的发展面临着地理、交通、产业要素约束、税收政策等多方面的问题,例如,龙头企业少,产业联系不够,产业链和价值链的高端环节短,尚未形成完整的产业链,闲置资源无法得到充分利用,策略需要进一步完善和实施。为了解决这些问题,怀柔区将以实物项目和知名企业为重点,坚持促进企业发展,为影视产业发展提供空间,大力引进和发展各种文创企业。未来怀柔区将根据"影视"与"文化+"两轮驱动的文化发展思想,继续推进影视链条的完善和延伸,整合发展各类文创产业。一方面,为提高影视产业的发展水平,有必要整合闲置资源,增加影视产业投资,不断激活消费群体。另一方面,继续搭建O2O创新创业服务平台、影

视金融服务平台、影视技术服务平台、影视高端智库平台等产业功能平台，为影视产业发展注入活力。为了发展整体文创产业，怀柔区还必须重视文化旅游、广告、会展、文化艺术的全面发展，不仅要找到正确的定位，树立怀柔的特色品牌，而且要树立怀柔的形象；同时也要顺应时代潮流，走"区域"发展道路，增强京津冀协调发展的意识，加强国际文化交流。

11. 平谷区重视文化赋能，驱动产业发展

平谷区是首都的生态保护开发区之一，环境优美，资源丰富。它具有上宅文化、轩辕文化、建筑文化和道教文化的历史积淀。经过近几年的建设，平谷区的艺术品交易、文化旅游、音乐等产业迅速发展，能够有力支撑文创产业发展。2017年，全区规模以上文创企业有55家，总收入达74.13亿元，同比增长24.2%，虽然增速非常快，但体量小，创造的增加值不高，所拥有的资源优势尚未转化为产业优势，产业结构需要进一步优化。

平谷区坚持重点发展音乐、创意设计和数字创意产业，促进文化和区域产业的发展，并带动区域相关产业发展和经济增长。中国乐谷草地音乐公园是平谷的主要特色品牌，已获得国家和北京的"两区建设"法规的批准。平谷区已完成"中国乐谷"功能区的受控详细规划，并启动了乐谷音乐休闲公园的建设。平谷区积极筹备建设世界休闲大会的音乐文化和休闲部分，以优惠政策为重要出发点，按照市场化经营模式，努力做大乐谷音乐产业，加强与国内外著名音乐学院、知名音乐公司和培训机构的合作，通过优惠政策吸引优秀的音乐制作人和创作者到平谷，促进音乐内容生产、传播和消费。"文化创意赋权"是平谷区的主要发展理念，即希望能够赋予文创产业以旅游、农业、体育和娱乐业的能力，形成"文化+"发展模式，打造新的业务格局，并指导传统产业转型，为区域发展提供新动能。

12. 密云区推动特色文创产业体系建设

密云区位于北京市东北，资源和生态环境优势明显。中国共产党北京市密云区第二届委员会第六次全体会议提出要大力发展"幸福产业"，并形成健康、绿色和时尚的生活方式。所谓的"幸福产业"，是指满足人们从生存到发展的各种幸福需求,以健康、绿色、时尚和智慧为特征的新兴产业。可以看出,文创产业一直处于密云区发展的最高位置。密云区的文创产业总体上发展较快,形成了多个产业集群,也形成了以梨园文化为主题的 365 日梨园,以铁文化为主题的首云矿山公园,以植物景观为主题的太师屯人间花海、北庄油菜花、新城子彩葵观赏园等新生文创产业。

2017 年,密云区规模以上文创产业创造收入 48.59 亿元,同比增长 31.68%,占全区生产总值的 17.45%。它已成为促进该地区经济结构调整的新的经济增长点,其支柱地位日益突出,发展速度很快,发展势头良好。但是,与其他地区的产值相比,密云区文创产业总体上还有很大的发展空间。发展生态经济和文化休闲产业,填补北京市场的空缺,打造具有密云特色的文创产业体系,是密云当前发展的主要方向。密云平原地区被列入北京—天津—河北的中央发展核心地区,密云区要抓住京津冀协调发展的历史机遇,加强与周边地区的合作。

(三)北京市文创产业分行业发展现状

2017 年,北京市文创产业九大领域总体上保持稳定增长。九大领域创造收入 20806.7 亿元,同比增长 11.8%;规模以上法人单位创造收入 16196.3 亿元,同比增长 10.8%。分行业来看北京文创产业的发展情况,多数行业实现了收入的稳定增长。其中,软件和信息技术服务业收入增长最快,是文创产业的绝对支柱产业;其次是广告和会展服务业,增长势头强劲;而文化艺术服务业和设计服务业领域收入则有所下降。

1. 软件和信息技术服务业发展现状

2017 年软件和信息技术服务业收入最高,为 8914.1 亿元,同比增长 27.1%,占文创产业收入的 42.84%;就业人数也是九大领域之最,为 107.7 万人,同比增长 9.5%,占据了文创产业总就业人数的一半,可见增长势头之强劲。

如今正迎来"5G"新时代,软件正在成为经济和社会领域中最重要的实用工具之一。软件和信息技术服务业作为战略性新兴产业,对于加速经济

发展、加强国家信息安全建设和提升国际竞争力具有重要意义。

2. 广告和会展服务业发展现状

广告和会展服务业总体发展排名第二，实现总收入 3036 亿元，同比增长 19.1%；从业人员 19.1 万人，同比增长 10.3%，高于文创产业总体增速。广告的发展得益于经济和通信技术的发展，日益成为现代经济中不可或缺的产业。北京的经济总量相对较大，企业数量众多，消费势头强劲，自然对广告的需求很大，这推动了广告业的发展。会展活动不仅直接创造经济效益，还可带动相关产业发展，具有社会效益。北京市会展服务业发展较早，规模大，国际化程度高，辐射面广，尤其是中央政府部门改制而成的全国性专业行业协会办展，其辐射和领导作用更加突出。

3. 文化艺术服务业发展现状

如今科技创新、信息技术产业越来越占主导地位，像文化艺术服务业这类的传统产业发展越来越慢。2017 年北京市文化艺术服务收入为 469.1 亿元，是九大领域中收入最少的产业，增长速度同比下降了 6.7%。其中占比较大的是文艺创作、表演服务，全市 140 家营业性演出场所演出 24557 场，观众 1076 万人次，实现演出收入 18.17 亿元，消费规模总体上保持平稳。

4. 广播电视电影服务业发展现状

北京 2017 年广播电视电影服务业总收入为 1005.4 亿元，同比增长 0.3%；规模以上法人单位收入为 867.2 亿元，同比增长 3.9%；总的就业人数为 8 万人，同比下降了 1.2%。总体上来看，广播电视电影服务业发展速度减缓，但发展前景依然较好。截至 2017 年 12 月底，北京城市影院累计放映电影 273.71 万场，同比增长 19.86%；观影人数为 7636 万人次，同比增长 11.1%；总收入 33.95 亿元，同比增长 12.12%。[1] 中国（怀柔）影视示范区建设也在不断推进，影视产业是全区发展核心，也是北京影视发展最主要的拉动力。

---

[1] 参见北京市新闻出版广电局网，http：//xwgdj.beijing.gov.cn/zwxx/xytj/201805/t20180510_4407.html。

5. 文化、旅游、娱乐服务业发展现状

2017年北京文化、旅游、娱乐服务业保持平稳增长，总收入为1258.2亿元，同比增长0.4%；就业人数为14.3万人，同比增长4.9%。文化产业和旅游业融合发展已成为常态，北京拥有丰富的旅游资源，包括2处国家重点风景名胜区，1处国家历史文化名城，99处全国重点文物保护单位，326处市级文物保护单位，7处世界遗产①，吸引着大量国内外游客前来北京参观，大大带动了北京文化旅游业的发展。

6. 新闻出版及发行服务业发展现状

2017年北京新闻出版及发行服务业创造的收入为1010.9亿元，同比增长9.5%；规模以上法人单位总收入为853.2亿元，同比增长为8.2%，总就业人数为7.7万人，略有下降。从新闻出版及发行服务业的文化空间来看，企业主要集聚在东城区和西城区。东城区行业总体收入占全市行业总收入的25.7%，且拥有像中国出版集团、中国教育出版传媒集团等优秀企业；西城区新闻出版及发行服务业收入为199亿元，占全市行业总收入的19.7%，在西城区文创产业九大领域中收入占比也是最高的，在其他区所占份额相比较小。

电子出版物的兴起不可避免地对传统印刷业产生冲击，印刷业利润空间越来越小，而数字化技术可将内容从具体介质中抽离出来，这对产业链的各个环节都带来很大的影响，带来内容方式、传播方式的彻底变革。

7. 艺术品生产与销售服务业发展现状

艺术品生产与销售服务主要包括艺术品拍卖和工艺品的销售，2017年北京艺术品生产与销售服务保持较快发展，实现总的收入为1449.2亿元，同比增长9.0%；就业人数为3.4万人，同比增长6.9%。北京艺术品交易市场居于全国艺术品市场的核心地位，拥有全国著名的艺术集聚区、全国数量最多的艺术品拍卖公司。从北京的各区来看，东城区的发展势头最为强劲，行业总收入为820.13亿元，占全市的56.6%；西城区行业总收入为

---

① 参见维基百科，https://wiki.tw.wjbk.site/baike。

129.7亿元，利润总额为9.6亿元，与上年相比均呈下降趋势；丰台区发展以艺术品创作与交易、出版发行、文化旅游为代表的特色文创产业；朝阳区、海淀区等其他各区行业收入占全区文创产业收入比例不足5%，海淀区仅占0.3%，并且跟上年比收入下降了35.1%，艺术品生产与销售服务业是海淀文创产业中发展力最弱、增长最慢的行业。

8. 设计服务业发展现状

设计服务是加快文创产业发展、催生新兴业态和创新型经济的重要路径。北京依托丰富的人才、科技、信息、市场等资源，已经取得了较快的发展，在全国有明显的竞争优势，但近年来发展趋缓，2017年北京市设计服务业总资产为1583.5亿元，与2016年相比增长了1.4%；总收入为752.5亿元，同比下降0.7%。北京基本形成了设计服务业集群，更加重视技术创新与国际合作，但总体设计水平在国际上还是偏低，高影响力的设计作品较少。

（四）北京文创产业发展模式

北京的城市建设有深厚的文化底蕴，针对这一特点，可遵循"市场主导，政府主导，集群发展"原则构建北京文创产业的发展模式。在此过程中，既要保障市场自由，鼓励市场竞争，充分发挥市场资源配置功能，又要通过发挥政府职能，引导和支持企业积极参与，行成全方位、多角度的发展渠道。通过双向结合市场和政府，充分发挥北京市文创企业的集群效应，进一步增强北京文创产业的核心竞争力。

北京文创市场在居民消费的带动下，自发调节形成了多个文创产业集聚区，例如朝阳区的798艺术区、潘家园古玩艺术品交易园区，海淀区的中关村创意产业先导基地、北京DRC工业设计创意产业基地，石景山区的北京数字娱乐产业示范基地，大兴区的国家新媒体产业基地，通州区的宋庄原创艺术与卡通产业集聚区，怀柔区的中国（怀柔）影视产业示范区等。人们对文创产品的需求逐渐向多元化自主选择发展，北京文创产业市场应发挥主导作用，推动文化消费向创新消费的转变。在发展北京文创产业过程中，政府应积极招商引资,通过制定系列文创相关产业政策,指导文创企业发展,形成北京文创产业特色发展模式。

(五)北京文创产业发展存在的问题

当前经济下行压力较大,新旧产能交替,政策刺激确实能在短时间内提振经济,但这不是经济长期均衡发展的内在动力,产业能够顺利转型的关键还是创新,要创新发展理念,加快信息技术和文化产业的融合,在创新中不断寻找出路。近几年来,北京文创产业取得了一定的发展,占GDP比重从2006年的10%上升到2017年的14.3%,虽然取得了一定的成绩,但是与北京市"全国文化中心"的首都功能定位还是有一些差距,具体来看主要存在以下几点问题。

1. 产业内文化与科技的融合程度低

目前,科技型文创企业主要是北京文创产业链上的一个环节,仅做到了简单叠加,还未能有效地融合要素。如今我国经济发展进入互联网时代,北京拥有数量较多的互联网企业,如百度、小米、京东、商汤科技等,它们助力北京经济快速发展。互联网产业通过多媒体技术与文化产业融合,使文化内容的传播及使用更加便捷。文创产业的产品、经营和销售已突破传统,但多数科技文化企业还未能通过整合、渗透以及融合文化和科技要素形成内生发展模式。

科技和文化相互融合的产业又称数字创意产业,其发展速度和质量必定会决定整个地区经济发展的速度和质量。在互联网企业的带动下,中国数字化经济取得了飞跃式发展,再加上完美世界、华谊兄弟、万达电影等优秀文化企业的助力,北京的"互联网+文化"产业初现规模,有着良好的发展势头,但仍存在较多问题。一方面,管理模式创新不足,政府制定的制度并不完全适合产业的发展,管理模式较传统,另外产业融合涉及文化、科技、信息等多个部门,产业多头管理机制较难协同,存在管理重叠和利益分割的问题。另一方面,产业融合的人才缺乏,既具备信息技术背景又有文化类社科背景的人才很少,而人才资源要素是数字创意产业发展中的重要生产要

北京产业蓝皮书

素,但北京的从业人员与国外发达城市相比明显不足。

2. 各区文创产业发展不平衡

从前文的分析可以看出,虽然北京市整体文化产业发展迅速,但各区发展极为不平衡。首都功能核心区和中心城区文化资源丰富,拥有大量的教育科研单位和高新技术企业,可利用区域资源的优势,打造融合科技与文化的高端文创产业,使软件、网络和计算机服务成为其主导产业。而城市发展新区、生态涵养发展区虽然发展速度较快,但产业规模一直很小,高新技术企业较少。文创产业收入最高的海淀区,其创造的收入和利润要比整个城市发展新区和生态涵养发展区的总值还高,可见发展的差距之大。发展次之的是朝阳区。这两个区文创产业发展的主要特点是文化和科技融合,文化和科技双轮驱动下新兴文创产业发展迅速,拥有很多世界500强企业、产业园和孵化器,带动了区内产业的发展。总体排名落后的城市发展新区和生态涵养发展区内的各区,文创企业总体规模较小,竞争力不足,缺乏具有国际影响力的品牌,并且尚未形成明显的集聚效应,资源要素集聚不足,辐射带动力有待进一步加强。

3. 文化消费支撑力弱

如今我国的主要社会矛盾已经发生变化,人们越来越追求高质量产品和精神层面的需求,文化消费成为人们追求美好生活、提升幸福感的重要途径。文化消费在一定程度上拉动经济作用显著,并且未来也仍保持增长趋势。根据中国人民大学发布的"2018中国文化产业系列指数",北京的综合指数依然排在第一[1],但是居民文化消费支出对北京地区经济增长的贡献不太如意,文化消费占总的消费支出比例很小。根据《中国统计年鉴2018》的数据,北京市总的人均教育文化娱乐支出为4401.6元,仅占北京市人均总消费支出42925.6元的10.25%,可以看出文化消费对文创产业支撑脆弱。

我国目前的文化消费方式单一,主要的文化消费群体还是年轻人,形式

---

[1] 中国出版传媒网,http://www.cbbr.com.cn/article/126202.html。

主要是购买图书、看电影、电视剧、听音乐、玩游戏等，像购买艺术品这类的文化消费还是较少，对拉动文创产业发展的作用还是薄弱。尽管这两年政府补贴、惠民活动等刺激文化消费，但是在总的市场规模和供给方面还存在很大的不足，与发达国家相比还有很大的发展空间。

4. 知识产权保护意识弱，体系不完善

对于文创产业，北京投入了大量资金，出台了优惠政策，给予了大力支持，但是，相关的知识产权政策法规仍不够完善。侵权和盗版并不少见，这种行为不仅造成公司利润的损失，而且削弱了公司的发展潜力。尽管国家近年来加强了控制，但法律保护仍然不足，相关各方知识产权保护意识不强，能力不足。在文创产业的知识产权保护中，知识产权法的宣传不是很全面，因此，文创企业的知识产权保护意识不强。如果在知识产权法的制定中存在盲点或模棱两可的定义，则文创企业不仅容易侵犯他人的知识产权，而且容易成为受害者。北京文创企业多数规模不大，知识产权保护意识薄弱，员工较少，它们把大部分精力都花在了创作成果的生产和销售上，几乎没有时间关注知识产权的保护。

文创产业的司法保护和知识产权执法力度有待提高，所使用的评估系统还不够科学，监督执法人员素质需要进一步提升。这些问题已导致执法机构的效率下降，企业对知识产权保护的态度也变得消极。

三 北京市文创产业发展对经济增长贡献分析

在文创产业影响经济增长的路径理论分析的基础上，本报告将采用内生经济增长模型，选取1998~2017年北京文创产业发展相关指标与北京人均地区生产总值的时间序列数据，实证检验文创产业对北京市经济增长的贡献。

（一）指标选取及数据来源

本报告主要分析北京文创产业发展对经济增长的贡献。根据研究需要以及数据可获得性，拟选取实际文创产业人均增加值（X_1）、实际文化事业人均财政拨款（X_2）、文化文物机构数量（X_3）、文化文物机构从业人员数量（X_4）四个指标作为文创产业发展的代理指标，选取实际人均地区生产总值（G）表示经济增长。其中，实际文创产业人均增加值=文创产业增加值/年末总人口，实际文化事业人均财政拨款=文化事业财政拨款总额/年末总人口。

本报告数据来源于1998~2017年《中国统计年鉴》、1998~2017年《中国文化文物统计年鉴》。为消除通货膨胀的影响，本报告以1997年为基准年，将原始数据从名义值转换为实际值（见表2）。

表2　1998~2017年北京文创产业相关指标情况

年份	实际人均地区生产总值（G）（元/人）	实际文创产业人均增加值（X_1）（元/人）	实际文化事业人均财政拨款（X_2）（元/人）	文化文物机构数量（X_3）（个）	文化文物机构从业人员数量（X_4）（人）
1998	19361	1689	14.80	1002	10451
1999	21684	1750	16.09	2239	10472
2000	24518	1729	17.37	888	9162
2001	27430	1734	24.90	1257	11444
2002	31307	1987	30.94	1756	16169
2003	35450	2378	28.71	2050	17292
2004	41809	2585	34.24	6270	52384
2005	46294	4305	41.24	7145	60313
2006	51254	4975	39.05	5655	51772
2007	56762	5555	71.79	4987	53420
2008	57638	6629	76.21	5231	39780
2009	60076	7034	69.59	3489	46460
2010	64253	7357	70.09	3408	54569
2011	67399	7952	71.56	5544	137377
2012	70590	8379	86.92	7393	87338
2013	74468	9341	88.63	6624	67769
2014	77283	9868	87.08	4252	98905
2015	81204	11106	94.15	5298	134140
2016	85856	11971	117.93	6053	147749
2017	92228	13177	123.80	6128	152390

北京文创产业发展及其对北京经济增长贡献分析

(二)模型检验分析

1. 模型建立

本报告选取文创产业的发展为解释变量,经济增长为被解释变量。解释变量用实际文创产业人均增加值(X_1)、实际文化事业人均财政拨款(X_2)、文化文物机构数量(X_3)、文化文物机构从业人员数量(X_4)四个指标表示。被解释变量用实际人均地区生产总值(G)表示。

本报告使用的数据是个时间序列,往往存在异方差,因此对处理后的数据进行对数转换,分别记作$\ln G_t$、$\ln X_{1t}$、$\ln X_{2t}$、$\ln X_{3t}$、$\ln X_{4t}$。

上文中,文创产业的发展对经济增长的贡献的计量模型为:

$$\ln G = \beta_0 + \beta_1 \ln X_1 + \beta_2 \ln X_2 + \cdots + \beta_n \ln X_n + \hat{\mu} \tag{1}$$

于是,可以建立如下时间序列模型:

$$\ln G_t = \beta_0 + \beta_1 \ln X_{1t} + \beta_2 \ln X_{2t} + \beta_3 \ln X_{3t} + \beta_4 \ln X_{4t} + \hat{\mu}_t \tag{2}$$

2. 平稳性检验

采用 ADF 检验法检验数据平稳性。首先根据数据图形确定所采用的检验模型,并通过 AIC 准则确定最优滞后阶数,然后运用 Eviews 软件对水平序列和差分序列进行 ADF 检验,结果如表3所示。

表3 ADF 平稳性检验结果

变量	检验形式 (c,t,k)	ADF 统计量	1%临界值	5%临界值	10%临界值	是否平稳
$\ln G_t$	$(c,0,0)$	-2.1152	-4.6162	-3.7104	-3.2978	不平稳
$D\ln G_t$	$(c,0,1)$	-9.2192	-4.2970	-3.2127	-2.7476	平稳
$\ln X_{1t}$	$(c,0,0)$	-1.2673	-3.8867	-3.0521	-2.6665	不平稳
$D\ln X_{1t}$	$(c,t,0)$	-4.4032	-4.6678	-3.7332	-3.3103	平稳
$\ln X_{2t}$	$(c,t,1)$	-2.8618	-4.6162	-3.7104	-3.2978	不平稳
$D\ln X_{2t}$	$(c,0,2)$	-4.7758	-3.9203	-3.0655	-2.6734	平稳
$\ln X_{3t}$	$(c,t,0)$	-2.7795	-3.8867	-3.0521	-2.6665	不平稳

续表

变量	检验形式 (c,t,k)	ADF 统计量	1%临界值	5%临界值	10%临界值	是否平稳
$D\ln X_{3t}$	(0,0,0)	-3.1451	-2.7175	-1.9644	-1.6056	平稳
$\ln X_{4t}$	(c,t,0)	-2.5410	-4.6162	-3.7104	-3.2978	不平稳
$D\ln X_{4t}$	(c,0,0)	-4.2133	-3.9203	-3.0655	-2.6734	平稳

注：c、t、k 分别表示单位根检验中的截距项、时间趋势项和滞后阶数。

由表3可知，所有变量原序列的 ADF 统计量均高于5%临界值，即存在单位根，不平稳。一阶差分后，序列的 ADF 统计量均小于5%临界值，拒绝单位根假设，序列平稳。所以 $\ln G_t$、$\ln X_{1t}$、$\ln X_{2t}$、$\ln X_{3t}$、$\ln X_{4t}$ 一阶单整，具备了协整的必要条件，即变量之间可能存在长期均衡关系，这种均衡关系可以通过协整检验进行检验。

3. 协整检验

本报告模型有多个变量，因此采用基于回归系数的 Johansen 协整检验。首先，建立 VAR 模型。

表4 Johansen 协整检验结果

假设协整关系数目	特征值	Trace 统计量	5%临界值	P 值
没有*	0.923652	137.6787	69.81889	0.0000
至少有一个*	0.869067	91.37462	47.85613	0.0000
至少有两个*	0.841662	54.77930	29.79707	0.0000
至少有三个*	0.674668	21.60484	15.49711	0.0053
至少有四个	0.074444	1.392484	3.841466	0.2380

注：*表示在5%的显著水平上拒绝原假设。

模型的滞后期根据 AIC 和 SC 最小原则确定，并结合 VAR 模型的输出结果，确定最优滞后阶数为 $p=1$。在此基础上，进行协整检验，结果如表4所示。

表4的检验结果显示存在四个协整关系，选择第一个协整关系，得到如下协整方程：

北京文创产业发展及其对北京经济增长贡献分析

$$\vec{\beta} = (1, -0.305870, -0.509366, -0.090012, 0.17628) \quad (3)$$

$$\ln G = 0.305870\ln X_1 + 0.509366\ln X_2 + 0.090012\ln X_3 - 0.17628\ln X_4 \quad (4)$$
$$\quad\quad (0.06319) \quad\quad (0.12417) \quad\quad (0.02039) \quad\quad (0.05317)$$

以上方程表明北京文创产业发展与经济增长之间存在长期均衡关系。本报告进一步基于残差的协整检验,对这种协整关系进行验证,检验结果如表5所示。

表5 残差序列单位根检验结果

变量	检验形式 (c,t,k)	ADF统计量	1%临界值	5%临界值	10%临界值	检验结论
e_t	$(c,0,1)$	-5.546076	-3.857386	-3.040391	-2.660551	平稳

注:c,t,k分别表示单位根检验中的截距项、时间趋势项和滞后阶数。

结果显示,残差序列e_t的ADF统计量为-5.546076,小于10%临界值,说明残差序列e_t平稳,存在协整关系。

4. 误差修正模型(ECM)建立

通过协整检验已经证明文创产业发展与经济增长存在长期均衡关系,可以通过建立修正误差模型分析长期均衡关系下短期波动的动态调整过程。

第一步,建立长期均衡方程,$\ln G_t = \beta_0 + \beta_1 \ln X_{1t} + \beta_2 \ln X_{2t} + \beta_3 \ln X_{3t} + \beta_4 \ln X_{4t} + \mu_t$,并估计得到平稳的残差序列$\mu_t$。

第二步,令$ECM_t = \mu_t$,建立如下误差修正模型:

$$\Delta \ln G_t = \lambda_0 + \lambda_1 \Delta \ln X_{1t} + \lambda_2 \Delta \ln X_{2t} + \lambda_3 \Delta \ln X_{3t} + \lambda_4 \Delta \ln X_{4t} + \alpha ECM_{t-1} + \xi_t \quad (5)$$

其中,ECM_{t-1}为误差修正项,α($-1<\alpha<1$)为误差修正项的系数。运用Eviews7.0软件估计得到:

$$\Delta \ln G_t = 0.2115\Delta \ln X_{1t} + 0.2786\Delta \ln X_{2t} - 0.019\Delta \ln X_{3t} + 0.1405\Delta \ln X_{4t} -$$
$$0.8642 ECM_{t-1} + \xi_t \quad (6)$$
$$R^2 = 0.7003 \quad DW = 2.063$$

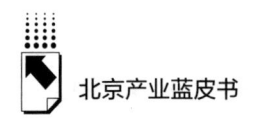

5. 格兰杰（Granger）因果关系检验

通过 Granger 检验进一步验证经济增长与文创产业发展之间的因果关系，检验结果如表6所示。

表6 格兰杰因果关系检验结果

原假设	样本观测值	F 统计量	P 值
$\ln X_1$ 不是 $\ln G$ 的格兰杰原因	18	0.61193	0.5572
$\ln G$ 不是 $\ln X_1$ 的格兰杰原因	18	17.7108	0.0002
$\ln X_2$ 不是 $\ln G$ 的格兰杰原因	18	2.80350	0.0972
$\ln G$ 不是 $\ln X_2$ 的格兰杰原因	18	7.24983	0.0077
$\ln X_3$ 不是 $\ln G$ 的格兰杰原因	18	0.32520	0.7281
$\ln G$ 不是 $\ln X_3$ 的格兰杰原因	18	7.64110	0.0064
$\ln X_4$ 不是 $\ln G$ 的格兰杰原因	18	0.00181	0.9982
$\ln G$ 不是 $\ln X_4$ 的格兰杰原因	18	6.70717	0.0100
$\ln X_3$ 不是 $\ln X_1$ 的格兰杰原因	18	4.86505	0.0265
$\ln X_1$ 不是 $\ln X_3$ 的格兰杰原因	18	0.51567	0.6088
$\ln X_4$ 不是 $\ln X_1$ 的格兰杰原因	18	7.52077	0.0068
$\ln X_1$ 不是 $\ln X_4$ 的格兰杰原因	18	1.52471	0.2542
$\ln X_4$ 不是 $\ln X_2$ 的格兰杰原因	18	1.91440	0.1868
$\ln X_2$ 不是 $\ln X_4$ 的格兰杰原因	18	3.87676	0.0478

结果表明，在5%的显著水平下，经济增长是文创产业发展的四个变量的格兰杰原因，文化文物机构数量是实际文创产业人均增加值的格兰杰原因，文化文物机构从业人员数量是实际文创产业人均增加值的格兰杰原因，而实际文化事业人均财政拨款是文化文物机构从业人员数量的格兰杰原因。

6. 实证结果分析

协整结果表明北京文创产业发展与经济增长存在长期均衡关系，文创产业发展与经济增长呈正相关关系，实际文创产业人均增加值、实际文化事业人均财政拨款、文化文物机构数量每增长1%，人均地区生产总值将分别增长0.3058、0.5093、0.0900个百分点。可以看出，北京市财政对文创产业发展影响最大，更多的财政投入能更好地促进经济增长。这与北京市政府积极引导文创产业发展现实基本相符。陈东（2016）的研究表明，2003年以来，北京市文创产业发展迅速，相关产业就业稳步增长，政策制定与实施活跃。实证检验显示，财政政策对文创产业增加值的影响显著，文创产业增加值与文创产业发展的财政直接投入政策力度呈正相关，财政直接投入政策的有效性较高。

模型估计结果表明，短期内实际文创产业人均增加值、实际文化事业人均财政拨款、文化文物机构从业人员数量的变动对经济增长产生正向影响，且实际文创产业人均增加值、实际文化事业人均财政拨款、文化文物机构从业人员数量每增加1%，将分别带动经济增长0.2115%、0.2785%、0.1405%；文化文物机构数量的短期变动对经济增长产生负向影响，文化文物机构数量每增加1%，经济增长将下降0.019%。从短期看，文创产业发展主要通过财政拨款对经济增长产生影响，文化文物机构数量已经基本饱和，甚至边际产出已经为负。从长期看，每年经济增长受文创产业发展的影响有84.42%会得到修正。

Granger因果关系检验表明，北京文创产业的发展并没有有效地发挥促进经济增长的作用，即实际文创产业人均增加值、文化文物机构数量和文化文物机构从业人员数量这三个变量都不是经济增长的格兰杰原因，而仅仅实际文化事业人均财政拨款在显著性水平为10%时，才构成了经济增长的格兰杰原因，结合协整方程，实际文化事业人均财政拨款对经济增长的弹性系数为0.509，这也说明了文创产业在促进经济增长中，实际文化事业人均财政拨款的贡献最大。相反，经济增长是这四个变量的格兰杰原因。随着国家经济的发展，财政收入增加，对文创产业从业人员的投入增加，所以，实际文化事业人均财政拨款构成了文化文物机构从业人员数量的格兰杰原因。

同时，文化文物机构数量和文化文物机构从业人员数量构成了实际文创产业人均增加值的格兰杰原因，结合协整方程，文化文物机构数量对经济增长的弹性系数为0.09，文化文物机构从业人员数量对经济增长的弹性系数为0.176，说明文化文物机构数量确实对经济增长产生了重要影响。北京的

文化积淀历史悠久,承担着文化中心的职能,云集了众多的文化文物机构,这些机构在文创产业发展中也逐渐发挥着越来越重要的作用。

同时,还应该看到,北京文创产业中从业人员的数量对经济增长的贡献比文创产业机构数量对经济增长的贡献要大。2017年,北京市有125.1万人从事文创产业(规模以上),文创产业近几年就业增速明显,远远高于北京市行业总体和第三产业就业增长率,文创产业通过带动就业对经济增长做出了较大贡献。

四 结论与政策建议

(一)结论

1. 文创产业发展趋势良好,各区依托自身优势不断挖掘发展潜力

北京有着深厚的文化积淀,并承担着文化中心的职能,是一个天然的文化中心。北京拥有众多名胜古迹、大学、科学研究所和文化媒体公司,具有绝对的文化产业资源优势。不仅如此,北京还在文化资本、技术、人才等文化生产要素方面具有显著的优势。各区依托自身优势挖掘文化创意产业发展潜力,取得了较好的成绩。

2. 文创产业内各行业发展水平参差不齐

从分行业发展来看,软件和信息技术服务业是北京文创产业的支柱领域,其发展速度和质量在很大程度上决定了文创产业的整体速度和质量。北京软件和信息技术服务业体量不断增大,增速加快,科技对文创产业其他领域的渗透更加深入;广告和会展服务业发展位居第二;受科技创新、信息技术产业发展的影响,文化艺术服务业这类传统产业发展越来越慢;广播电视电影服务业发展速度减缓,但发展前景依然较好;2017年北京文化、旅游、娱乐服务业保持平稳增长;新闻出版及发行服务业发展速度较稳定;艺术品生产与销售服务业保持平稳较快发展;设计服务业已经取得了较快的发展,在全国有明显的竞争优势,但近年来发展趋缓。

3. 文创产业发展成绩显现，但仍存在诸多问题亟待解决

从近几年的发展态势来看，北京文创产业取得较为明显的发展，无论是文创产业总产值GDP占比还是其增长速度，均取得了一定的成绩。但总体来看，与北京市"全国文化中心"的定位具有一定的差距，具体存在如下几个较为明显的问题：（1）产业内文化与科技的融合程度低；（2）各区文创产业发展存在不平衡现象；（3）文化消费支撑力较弱，消费需求有待进一步激发；（4）知识产权保护意识有待加强，保护体系有待完善。

4. 文创产业通过多种路径作用于经济增长

文创产业具有意识形态和商品双重属性，随着人们物质生活水平提升后对精神文化产品需求的增加，文创产业能直接带来的经济效益也越来越大；同时，文创产业的意识形态属性也可以通过影响人的思想、行为等提升人力资本，促进企业创新，从而间接影响经济发展。文创产业对经济增长的直接效应主要表现在两个方面：一是文创产业发展对国民经济的贡献度；二是文创产业随着自身规模的扩大，会吸引更多的劳动力和投资，带动地区消费，推动文化对外交流，从而促进地区的经济增长。间接影响体现在：（1）文创产业通过技术创新和知识外部性对经济发展产生影响；（2）文创产业的发展有效地促进了人力资本存量的积累，使其成为促进经济增长的重要因素之一；（3）文创产业可以有效改善区域经济增长环境；（4）对其他地区经济的影响。特别需要说明的是，以往我们只关注文创产业对本地经济增长的贡献，忽略了溢出效应，而随着资源、人力资本、投资、交通、产业结构等多方面的交流与合作，区域间的相互影响会越来越大。

5. 文创产业对经济增长直接贡献较大且增长显著

2004年，北京文创产业增加值仅为57.3亿元，但到2017年已增至400.6亿元，比2004年增长6倍，年均增长16.1%。从产值比重来看，文创产业增加值占GDP的比重从2004年的9.3%上升到2017年的14.3%，可以看出文创产业的发展能显著带动区域经济增长。2005年，北京市文创产业固定资产投资实际到位62.1亿元，到2017年增长到529.7亿元，增长了7.53倍。由此可见，文创产业发展可以很好地吸纳就业和拉动投资，进而

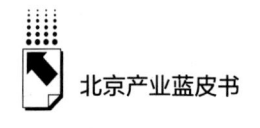

为经济增长提供源源不断的动力。

6. 文创产业的发展与经济增长存在长期稳定关系

本报告采用内生经济增长模型，选取 1998～2017 年北京文创产业发展指标与北京人均地区生产总值的时间序列数据，实证检验了北京文创产业发展对经济增长的贡献。其中，财政对北京市文创产业的投入对文创产业的发展所带来的影响最大。

（二）政策建议

根据对北京市文创产业分行业、分区的现状调研和梳理，以及国内外理论的分析和实证检验的结果，结合京津冀文化一体化、北京建设全国文化中心的规划，为了更好地促进北京市文创产业的发展，本报告提出以下对策建议。

1. 以建设全国文化中心为导向，与津冀两地协同发展文创产业

文创产业的协同发展要求京津冀三地统一规划，明确各自发展的定位和方向，发挥各自资源优势，加快文创产业升级，推动文创产业转移对接。

2. 加强技术创新，加速文化与科技融合

针对文化产业与科技融合政策供给不足，可以出台针对文化与科技融合的政策，比如可以涉及创新能力的提升、资金的支持、加强人才引进等方面。还要完善文化与科技融合的体制机制，在推动北京全国文化中心建设和科技创新中心建设的同时，要注重两个中心之间的协调发展，以及文化资源和科技资源的整合。对此，可以建立相关部门专门来制定文化与科技融合管制政策、发展战略、实施规范等，建立体制内外沟通机制，加强文化与科技融合领域的智库建设，吸纳国内外前沿的研究成果，多听取国内外文化界、科技界、社会界、法律界、金融界等专家的意见。

加强科技成果在文化领域的转化运用，强化现代信息技术、人工智能技术、虚拟现实技术、3D 打印技术在文艺演出、新闻出版等传统文化产业的运用，实现产业升级。围绕长城文化带、大运河文化带、西山永定河文化带建设，强化现代科技在文化保护中所起的新作用。除此之外，还要加强与北

京市高校、研究院的合作，创建文化智库、科技智库等平台，加强对文化与科技融合领域的理论及课题研究。

3. 加快消费升级

如前所述，居民文化消费支出对北京地区经济增长的贡献不太如意，文化消费支出在总的消费支出中所占比例很小，文化消费支撑较为脆弱。要提高居民的文化消费能力，首先要提高其可支配收入，更为重要的是要实施文化市场供给侧结构性改革。

第一，根据不同消费群体的消费倾向和消费购买力，有针对性地开发相关产品，要时刻跟踪市场，挖掘、引导、满足市场新需求。

第二，促进消费模式升级。目前，消费模式升级在文化消费领域的表现日益突出，如旅游、电影、知识阅读等。在文旅融合发展方面，北京应充分利用自身丰富的文化旅游资源，考虑如何更进一步将传统的旅游转化为文化旅游、观光旅游变成对文化的体验，同时要充分挖掘传统文化。

4. 加强知识产权保护意识

第一，需要加强对文化产业知识产权保护的认识，并积极做好知识产权保护的宣传工作，包括知识产权教育和普法宣传、信用体系的建设，加强知识产权保护意识，提高知识产权保护能力。完善版权运用的市场机制，推动版权贸易规范化，形成科学合理的版权开发经营模式，培育相关方有利于创新的知识创造、运用和保护能力。

第二，完善必要的法律，强化知识产权的司法保护。加大专利保护力度，重视商标注册，强化版权保护。加大知识产权行政执法力度和对侵权盗版行为的打击力度。

5. 各区充分挖掘、利用自身优势资源，做大做强优势产业

近年来，北京市文创产业发展一直走在全国的前列，但各区发展不平衡现象仍旧很严重。因此，各区一定要认清自身的资源优势，从实际出发、因地制宜，切忌一窝蜂地上同样的项目，造成重复建设。

东城区应进一步打造文创"高精尖"产业，如加快深化文化与金融的融合。文创产业轻资产、风险高的特性决定了其融资难的问题较为明显，因

此探索文化与金融融合的新途径，不仅能促进本区文创产业的发展，还可以为全市乃至全国文创产业提供金融支持。

西城区的历史文化资源相当丰富，是各种文化高度融合的区域，且文创产业一直蓬勃发展。一方面，西城区应在传统历史文化资源开发上下功夫，努力让传统历史文化资源以更新颖的形式呈现，在充分保护传统文化资源的前提下，尽可能地实现经济效益最大化。另一方面，作为京津冀文化产业协同发展的积极参与者，西城区还应借此机会构建高质量的文创产业结构。

朝阳区作为全国文化中心核心区、首都文化发展大区和文化资源集聚区，应在加快产业创新的基础上，在宏观层面上考虑推进文创产业体制机制建设、金融服务等，走在全市、全国前列，为其他区和全国文化产业发展提供借鉴。

丰台区尽管这几年来文创产业发展速度较快，但总体发展水平还不高。一方面应在顶层设计上下功夫，完善相关政策文件；另一方面要在人才队伍建设、历史文化资源挖掘、形象包装上探索新思路、新方法，提升区域品牌知名度。

石景山区应继续鼓励发展新兴产业，大力推进中关村虚拟现实产业园区创新发展，鼓励支持建设一大批创新企业，落实"创新创业石景山"启航工程和"石创20条"。另外，西山永定河文化带建设是全国文化建设的主要任务，是石景山区推动经济发展的一次重大机遇。

海淀区文创产业集聚优势明显，文创产业单位数量巨大且龙头企业多，对外文化交流广泛，应继续保持优势，在引导文化消费上发力。

门头沟区作为一个山区，存在发展文创产业的诸多不便，首先应尽可能解决硬件方面的问题，然后发挥革命老区的文化教育优势，加强配套设施建设，加快文化旅游建设。

通州区作为城市副中心，区政府也要制定有利的政策，融入首都发展大局，承担起副中心的职责。要做好文创产业"高精尖"结构的统筹工作，努力打造大运河文化带品牌，将其塑造成国家文化符号，将通州文创产业的建设提到新高度。

怀柔区应在现有基础上进一步推动影视产业的发展，一方面，要盘活闲置资源，加大对影视产业的招商引资力度，不断激活消费者群体。另一方面，要搭建产业功能平台，不断为影视产业的发展注入活力。在怀柔整体文创产业的发展方面，还要关注文化旅游、广告会展、文化艺术等全方位的发展，不仅要找准定位，打造怀柔特色品牌，树立怀柔形象，还要顺应时代潮流，树立京津冀协同发展意识，加强国际文化交流。

平谷区应在"文创赋能"的发展理念下，通过文创构建"文化+"的发展模式，打造新业态，引导传统产业转型，为区域发展提供新动能。

密云区应充分利用得天独厚的生态资源优势，发展生态经济、文化休闲产业，填补北京文创休闲市场需求空缺，打造密云特色的文创产业体系，充分发挥文创产业在整合产业资源、推动产业升级、带动区域经济发展上的积极作用。密云平原地区被纳入京津冀中部发展核心区范围，要抓住京津冀协同发展这一历史性机遇，加强与周边区域的合作。

6. 充分利用新技术、新手段加快现有部分产业的升级

根据本报告所述部分行业发展缓慢的问题，有针对性地提出如下对策建议。

首先，为促进文化艺术服务业的发展，一方面要加大人才引进、消费支持、政府补贴等方面政策的支持力度，另一方面还要突破传统产业模式，鉴于文化和科技的融合已成为当代发展潮流，要加快文化艺术服务业与现代技术的融合，如加强人工智能和虚拟现实技术的运用，加大对文化艺术品的创新投入，实现线上线下齐发力，共创发展新未来。

其次，要顺应互联网时代发展的潮流，新闻出版及发行服务业更应调整发展战略，让技术创新为行业数字化转型提供方向。如今社交媒体允许网民对内容进行自主加工、传播，因此版权保护受到越来越多的关注。北京新闻出版及发行服务业的发展不仅要从每个区出发找出发展所需的要素，做出每个区的特色，更要注重技术手段的利用，规范整个内容生产的流程。

最后，对于设计服务业，在宏观上，政府不仅要加强引导，而且要在人才引进、资本进入、金融合作等方面协调好，为设计服务业发展创造良好的

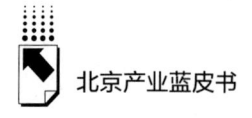

发展环境；在微观上，行业内的企业要从质量上着手，通过与院校合作实现产学研相结合，加快产业创新，创造出更多满足顾客需求的高质量设计产品。

参考文献

［1］施卫东、卫晓星：《我国文化产业对经济增长的影响路径——基于 PLS 模型的验证》，《经济管理》2013 年第 5 期。

［2］杜传忠、王元明、王飞：《中国文化产业对区域经济增长的作用及其机理分析——基于 2001 年～2011 年省际面板数据的实证研究》，《现代管理科学》2014 年第 1 期。

［3］Kibbe, B. D. , Waskin, L. S. , Conklin, T. , "Creative Workers, Cultural Industries and Technology in the United States", United Nations Educational, Scientific and Cultural Organization, 1980.

［4］袁连升、傅鹏：《文化产业发展助力区域经济增长的双重效应——基于中国省际面板的经验数据》，《产经评论》2018 年第 1 期。

［5］丁芸：《优化北京市文化创意产业投资环境的财税政策研究》，《经济与管理评论》2015 年第 3 期。

［6］陈东：《北京文化创意产业发展的财政政策有效性实证研究》，《现代经济信息》2016 年第 6 期。

［7］张娜、蔺冰、鞠昕昱：《推进京津冀文化产业协同发展》，《前线》2018 年第 5 期。

B.6 区域协同视角下北京文化与旅游产业融合发展研究

张娜 赵雪纯 曹馨蓓 吴荣正*

摘　要： 北京市有着丰富宝贵的文化与旅游资源，为了将资源优势转化为发展优势，必须引领文化和旅游产业的融合。而在京津冀区域协同的视角下，文化产业和旅游产业的融合将收到"1＋1＞2"的效果。本报告将文化产业系统和旅游产业系统作为两个相互耦合的系统，并通过相关的时间序列耦合指标定量地测量了两个系统的协调度，发现北京文化产业与旅游产业融合总体呈发展态势，不同时期二者之间的综合发展水平及耦合协调状态存在差异。本报告以北京文化产业和旅游产业耦合协调度为因变量，以京津冀复合系统协同度、各子系统有序度为自变量，进行 OLS 回归分析，发现京津冀三地协同发展对于促进北京文化产业和旅游产业融合具有明显的作用，并且目前京津冀协同度处于较低的水平，而北京文化产业和旅游产业从耦合协调度来看也处于初级协调状态，因此为了促进北京文化产业和旅游产业融合，可以从加强三地区域合作入手，创新协同机制，多方面共同发展，提升京津冀区域整体实力。

关键词： 文旅产业　耦合协调度　区域协同

---

* 张娜，北京交通大学经济管理学院副教授，硕士生导师，研究方向为文化产业、公司治理、企业投融资；赵雪纯，北京交通大学经济管理学院硕士研究生，研究方向为产业安全；曹馨蓓，北京交通大学经济管理学院硕士研究生，研究方向为产业安全；吴荣正，北京交通大学经济管理学院硕士研究生，研究方向为产业安全。

一 区域协同与文旅产业融合

北京作为我国的首都和文化中心，以其悠久的历史和文化被国内外游客熟知和认可，文化与旅游产业（下文酌情简称为"文旅产业"）的战略地位不言而喻。在国家发展政策的推进下，北京市文化和旅游局也随即制定了相关政策文件，如《2019年北京市文化和旅游促消费措施十二条》等。在北京疫情防控取得重大成果，统筹推进疫情防控和文旅产业的背景下，从国家战略层面对文旅产业提出的部署要求和支持政策，必将进一步激发和凝聚起推动文旅高质量发展的坚定信心与强劲动力。当前，北京市中等收入人群不断扩大，城市化水平不断提高，内需市场十分广阔，人们对美好生活的日益增长的需求已成为需要解决的重要问题。为了将北京的文化和旅游资源优势转化为发展优势，满足文化消费升级和迭代的需求，并开发出促进北京高质量发展的新动力，必须引领高质量的旅游业并促进文化与旅游的有效整合。

京津冀协同发展是我国的重大区域协调发展战略。京津冀协同发展的理论研究以及实践探索从我国改革开放初期便已经开始，针对京津冀文旅产业融合协同发展的研究主要关注区域发展现状、路径、问题等方面。同时，也有学者针对京津冀区域在协同发展方面存在的问题进行研究。胡鞍钢等（2015）认为京津冀各自利益出发点的差异导致了有效协同发展机制的实现存在困难，应通过国家高层协调下的顶层设计和功能分工实现有效协同。

综观国内外学者对于区域协同发展的理论研究，目前主要是从宏观角度对区域经济、物流、技术等的协调发展与创新进行研究，很少涉及微观层面的产业研究。在区域协同发展视角下，很少有学者研究文化产业和旅游产业的整合发展机制和模式。

文旅融合仍然是一个新兴且热门的研究领域，目前尚缺乏对具体区域情

区域协同视角下北京文化与旅游产业融合发展研究

境下文旅融合的发展现状、问题及路径的分析。本报告弥补了当前文旅融合研究中实践性不足的缺陷，从一个具体的区域情境出发，即在京津冀协同发展情境下，考察北京文旅融合的发展现状、问题、成因等情况，为北京制定文旅融合高质量发展的相关政策提供强有力的智力支持，进而通过发挥北京的带动作用，推进京津冀地区文旅产业的深度融合以及协同发展。此外，这种实践层面的研究可以促使学术界对当前文旅融合的理论研究进行不断完善。

二 北京市文旅产业发展现状

（一）北京市文化与旅游总体概况

北京是中国的政治中心和文化中心，是举世闻名的古老城市和现代化的国际城市。悠久的历史孕育了北京独特的王室文化、宣南文化、宗教文化和民间文化。深厚的历史积淀和文化底蕴，为北京旅游提供了宝贵的文化资源，也为北京文化与旅游的整合和新的竞争优势的形成提供了有力的支撑。截至2018年底，全市有旅行社2782家，A级以上景区253家，星级饭店454家，红色经典旅游景点120个，乡村酒店、国际车站、乡村旅游专业企业710个，还有很多保健山居场地和民族风情花园。当前北京秉承"人文北京"、"科技北京"和"绿色北京"的理念，融合了丰富的文化资源和传统的旅游资源，发展出各种新兴的旅游业态和现代旅游方式，古老的身体充满青春活力。

（二）北京市各功能区文化与旅游资源分布

北京市各区高等级景区分布也存在区域差异，根据历年《北京统计年鉴》及北京各区统计年鉴、北京统计局网站等数据整理，得到统计数据如表1所示。根据表1统计，北京拥有7处世界文化遗产，主要集中在首都核心功能区和城市发展新区；5A级景区共9家，其中，首都功能核心区数量最多，为4家；4A级景区分布相对均匀，16个区均有所涉及，3A级景区则主要集中于生态涵养发展区，共45家，但区内分布存在较大差异，密云区共14家，平谷区没有。从区域上看，各区旅游景区数量差异较大，东城区和西城区景区数量多、级别高；石景山区和平谷区景区数量相对较少，级别较低，其旅游资源有待进一步开发。

表1 北京市各区高等级景区分布

单位：家，处

地区	世界遗产	5A级景区	4A级景区	3A级景区
首都功能核心区	2	4	13	14
东城区	2	2	5	3
西城区	0	2	8	11
城市功能拓展区	1	2	21	28
朝阳区	0	1	5	16
丰台区	0	0	7	2
石景山区	0	0	2	1
海淀区	1	1	7	9
城市发展新区	3	1	16	36
房山区	1	0	5	14
通州区	1	0	2	2
顺义区	0	0	2	7
昌平区	1	1	6	7
大兴区	0	0	1	6
生态涵养发展区	1	2	20	45
门头沟区	0	0	2	12
怀柔区	0	1	4	11
平谷区	0	0	5	0
密云区	0	0	3	14
延庆区	1	1	6	8
合计	7	9	70	123

文化文物资源在北京各区分布也不均匀，通过整理北京市文物局、国家文物局公布的官方数据，得到统计数据如表2所示。北京市拥有140家全国重点文物保护单位，主要集中分布于首都功能核心区，同时房山区与海淀区分别达到10家和18家，大兴区没有。博物馆发展情况是衡量一个地区经济发展、文化繁

荣程度和教育普及水平高低的一个重要指标，截至2020年10月，北京市博物馆数量达到166家，集中在东城区、西城区、海淀区以及朝阳区，各区均超过25家。免费开放博物馆/纪念馆同样主要集聚于东城区、西城区、海淀区和朝阳区，门头沟区则在历史文化名村/镇方面表现突出，数量占全市的50%。

表2 北京市文化文物资源分布

单位：家

地区	全国重点文物保护单位	博物馆	免费开放博物馆/纪念馆	历史文化名村/镇
东城区	35	34	16	0
西城区	43	29	8	0
朝阳区	6	29	12	0
丰台区	4	9	6	0
石景山区	2	2	0	0
海淀区	18	26	17	0
房山区	10	5	3	1
通州区	2	5	2	0
顺义区	1	2	1	1
昌平区	6	7	3	0
大兴区	0	3	2	0
门头沟区	5	2	2	3
怀柔区	1	3	2	0
平谷区	1	2	2	0
密云区	2	1	1	1
延庆区	4	7	5	0
总计	140	166	82	6

三 北京市文旅产业融合发展机制

（一）北京市文旅产业融合的发展动力

1. 文旅产业融合发展的内在动力

首先，发展旅游产业是保护、传承和发展传统文化的有效途径，在中华优秀传统文化的传承和弘扬中具有重要作用。文旅产业不仅可以将物质文与非物质文化有机地结合起来，促进特色文化的发展，而且可以构建一种多元化、三维的文化旅游整合发展新形式，满足人们多样化的消费需求。其次，文化产业是旅游产业发展的新动力。根据联合国世界旅游组织的统计，世界上约有37%的旅游活动涉及文化因素，文化游客的年增长率为15%。在消费者需求上升的背景下，文化发展需要依靠人们喜闻乐见的载体。最后，文旅企业追求范围经济。北京文旅企业谋求互利共赢，形成竞争与合作，谋求利益共享。通过实施多产品管理、多元化发展，文旅企业可以更有效地利用企业现有资源，形成规模经济，从而达到节约成本、提高经济效益的目的。

2. 文旅产业融合发展的外在推力

除了内在动力，产业融合发展还需要外部环境的提升。因此本报告引入了PEST分析方法[1]，来分析文旅产业融合发展的外部环境。

（1）文旅产业融合发展的政治推动力

近年来，国家加大了对文旅产业发展的政策支持。为了促进文旅产业从快速增长向高质量发展的转变，北京制定了《京郊旅游发展纲要（2015—2020年）》和《北京市人民政府关于促进旅游业改革发展的实施意见》等，不断完善旅游产业政策支持体系。

（2）文旅产业融合发展的经济推动力

随着我国市场经济的发展，工业发展的投融资环境不断改善，相关制度日益完善，为文旅产业的综合发展提供了资金支持。2014年，北京旅游资源交易平台扩展为京津冀旅游投融资服务平台。2020年，即使受到疫情的巨大冲击，60%的文旅企业也通过融资实现了扩大再生产，可见文旅产业的投资市场较为乐观。

（3）文旅产业融合发展的社会推动力

在国家建设"两型"社会的背景下，面对巨大的旅游需求和新的深度旅游需求，旅游产业需要一种创新的发展模式。文创产业是一个以观念、信息、文

---

[1] PEST分析是指宏观环境的分析，P是政治，E是经济，S是社会，T是技术。在分析一个企业集团所处的背景的时候，通常是通过这四个因素来分析其所面临的状况。

化和知识为中心的创意服务业。随着经济水平的提高,在新的经济时代,人们不再担心物质短缺,而是更加关心精神需求,也就是说,人们需要获得新颖的娱乐和精神满足,因此,文化创意产品对游客有很强的吸引力。

(4) 文旅产业融合发展的技术推动力

近一年来,"新基础设施"建设多次在国内外重大会议上被作为重点议题进行讨论,也在人工智能、大数据、云计算等众多信息技术的整合上进行了有益尝试。技术整合是产业融合的重要基础,"新基础设施"的发展为旅游产业和文化产业的融合奠定了技术基础。与此同时,旅游产业和文化产业对技术变革具有自然适应性和吸收性,在"新基础设施"建设过程中,会产生技术的扩散和溢出效应,这为旅游产业和文化产业的融合提供了较为强劲的技术推动力。

(二)北京市文旅产业融合发展模式

1. 旅游主动融合文化模式

旅游资源主动融合文化创意资源,这种模式一般适用于传统景点重新开发,是老牌旅游景区的主要融合发展模式。旅游景区借助文化创意产业的传播渠道来传递其内容,如开发具体的文创产品形式以及通过旅游广告、宣传片、网络宣传形成新的宣传营销模式等。作为现代旅游业的发源地,英国目前致力于保护、继承和传播旅游资源中的文化资源,使旅游业成为文化载体,并使文化成为旅游业的灵魂。

2. 文化主动融合旅游模式

文化创意资源主动融合旅游资源,一般适用于盘活现有文化资源,是新兴文化区、艺术区的主要融合发展模式。充分利用现有的文化资源,将废弃的旧工厂、破旧的仓库和小巷子改造成创意室和创意公园,同时,文化创意产业借助旅游景点作为载体,依靠著名旅游景点的普及和旅游景点的大量客源,可以达到较好的市场效果。以深圳为例,当地利用高科技、沿海旅游等资源优势,促进文化与旅游的融合,使文化主题公园成为文化旅游的主要支柱。此外,北京市于2011年启动了大栅栏更新计划。该项目是老城区在政

府主导、市场化运作的基础上进行微循环改造的有机更新计划。

3. 文化与旅游互动融合模式

这是新文化旅游项目的主要发展模式。在文化和旅游两个或多个要素相互结合之后，通过交叉渗透和整合重组，原始工业领域被突破，产业边界日益模糊或消失，通过共生和双赢将形成新的文化旅游产品业务格局和产业体系，产生"1+1>2"的产业叠加效应，从而有利于新型文化旅游产业体系的建设，促进文化旅游产业的转型升级，实现高质量的发展。

（三）北京市文旅产业融合发展路径

1. 基于资源融合路径，实现文旅融合精品化

北京市的文旅资源具有多样性，包含历史名胜、老城区、文化带、文化艺术区、特色小镇、博物馆、影视文化以及非遗文化等形式。资源类型的多样化也为当前的北京市文旅深度融合发展路径选择提供了更多的可能性，也更具可操作性。

随着文旅融合发展的愈发深入，文旅演艺已经成为一些景区旅游产品必要的组成部分。一方面整合创新戏曲旅游演艺品牌，例如德云社、老舍茶馆等曲艺品牌；另一方面致力于挖掘、推广北京旅游演出资源培育新品牌。遗产旅游以文化遗产旅游资源为核心，随着全国文化中心建设的加快，老城区的整体保护、中轴线的保护和应用以及三大文化带的建设得到了全面推进，大栅栏、南锣鼓巷等历史文化街区的文化资源旅游开发步伐加快，成为文化旅游消费热点。

2. 基于技术融合路径，科技赋能文旅产业发展

在文化与旅游的融合发展中，新技术、新方法的应用无疑将成为非常重要的趋势。文化、旅游和技术不断创新、融合和互补，不仅增强了游客的体验和获得感，而且使北京的传统文化焕发出新时代的魅力。作为我国的科技创新中心，北京具有雄厚的科技实力，在这样一个大背景下，北京也应利用科技赋能文旅产业，逐步引入5G、人工智能、大数据和云计算等先进技术，为市民和游客提供更加智能、便捷、精确的公共服务。

3. 基于产品融合路径,释放文旅产业新业态活力

随着政策环境持续得到优化,文博科教旅游、节事会展旅游、园区文创旅游等新兴融合业态成为释放潜在动能的主要载体,文化产业和旅游产业作为战略型支柱产业的地位将不断加强。北京市在文旅深度融合发展进程中,要不断拓宽产业链,依托丰富的文旅资源,不断开发文旅融合新业态,实现文旅产业增值,释放文旅消费潜力。

文化产业和旅游产业涉及面都很广,因此存在多种整合模式,每种模式都包含一种或多种特定的文化和旅游整合方式,可通过文化资源和旅游资源的相互联系和共生,发挥经济、社会和文化的综合效应。

四 北京市文化产业与旅游产业融合度测算

(一)文化产业与旅游产业融合度测算方法

1. 耦合协调度模型

耦合协调度模型是基于系统耦合理论和协同发展理论,用于衡量多个系统之间的相互作用的一种模型,来源于物理学中的容量耦合的概念,既可以反映各系统是否具有较高的协调水平,又可以反映系统间的相互作用关系,因而使用耦合协调度来反映产业协调状况较为合适。

2. 复合系统协调度模型

复合系统协调度模型是以协同学理论的序参量原理和役使原理作为理论基础,借用模糊数学中的隶属度概念,进行一定的实际数学计算的数学模型。它能够利用协调度来评价子系统之间的协调性,因此运用基于序变量的复合系统协调度模型对京津冀协同发展进行定量分析较为科学合理。

(二)北京市文化产业和旅游产业耦合协调度

前面基于定性研究的方法,对文旅产业融合发展趋势做了初步研判。为了进一步测算北京市文旅产业融合水平,下面采用定量方法进一步分析。

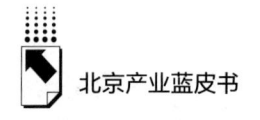

1. 耦合协调度模型

根据以往的研究结果，本报告将文化产业系统和旅游产业系统作为两个相互耦合的系统，并通过相关的时间序列耦合指标定量地测量了两个系统的协调度。模型如下：

$$C = \sqrt{(u_1 \times u_2)/(u_1 + u_2)^2} \qquad (1)$$

$$T = \alpha u_1 + \beta u_2 \qquad (2)$$

$$D(u_1, u_2) = \sqrt{C \times T} \qquad (3)$$

式中：C 表示旅游产业和文化产业的耦合度，取值区间为（0，1）；T 为旅游产业与文化产业的综合协调指数，反映了两个产业的发展水平对于协调度的贡献；α、β 为待定系数，考虑到文化产业和旅游产业对地区的经济发展同样重要，故借鉴相关学者的做法将 α、β 均定为 0.5；D 代表最终的耦合协调度。

耦合协调度指标可以具体划分为 10 级，如表 3 所示。

表 3　耦合协调度等级划分标准

协调度	协调度等级
0.00~0.09	极度失调
0.10~0.19	严重失调
0.20~0.29	中度失调
0.30~0.39	轻度失调
0.40~0.49	濒临失调
0.50~0.59	勉强协调
0.60~0.69	初级协调
0.70~0.79	中级协调
0.80~0.89	良好协调
0.90~1.00	优质协调

2. 北京市文化产业与旅游产业融合度评价指标体系

本报告借鉴国内外学者的研究以及文化与旅游的产业特点，从绩效和要素两方面入手，制定了文化产业与旅游产业评价指标体系，数据主要来源于各年度《北京统计年鉴》《中国文化和旅游统计年鉴》，部分来自国民经济和社会发展统计公报等。为了消除评价指标原始数据量纲上的差异，需要运用极差标准化法对原始数据进行标准化处理，同时为了避免在进行取对数计算时出现"0"值的情况，统一对处理后的数据加上0.01，具体公式如下：

$$u_{ij} = \frac{x_{ij} - x_{j\min}}{x_{j\max} - x_{j\min}} + 0.01 \tag{4}$$

其中，x_{ij} 为第 i 年中第 j 项指标的原始数据值，$x_{j\min}$ 和 $x_{j\max}$ 分别为第 j 项指标的所有原始数据中的最小值和最大值。

接下来，利用熵值赋权法分别计算文旅产业评价指标的权重 w_j：

$$s_{ij} = x_{ij} / \sum_{i=2004}^{2018} x_{ij} \tag{5}$$

$$h_j = -\frac{1}{\ln m} \sum_{i=2004}^{2018} s_{ij} \ln s_{ij} \tag{6}$$

$$a_j = 1 - h_j \tag{7}$$

$$w_j = a_j / \sum_{j=1}^{n} a_j \tag{8}$$

最终计算结果如表4所示。

表4 北京市文化产业与旅游产业融合度评价指标

项目	一级指标	二级指标	权重
旅游产业	旅游业绩效评价指标	国内旅游收入(亿元)	0.2343
		旅游外汇收入总额(万美元)	0.0208
		国内旅游者人数(万人)	0.1086
		入境旅游者人数(万人)	0.0166
	旅游业要素评价指标	旅游业从业人数(人)	0.0144
		星级饭店个数(个)	0.0288
		国际旅行社个数(个)	0.5000
		A级以上及重点旅游景区数(个)	0.0303
		旅游业从业人数占从业人数比重(%)	0.0462

续表

项目	一级指标	二级指标	权重
文化产业	文化业绩效评价指标	文化事业费（亿元）	0.0832
		艺术表演团体演出收入（千元）	0.1373
		文化站举办展览个数（个）	0.0327
		公共图书馆总流通人次（万人次）	0.0353
		艺术表演团体国内演出观众人次（万人次）	0.0578
		博物馆参观人次（万人次）	0.1875
	文化业要素评价指标	公共图书馆机构数（个）	0.0001
		群众文化机构数（个）	0.0002
		文化市场经营机构数（个）	0.0193
		文物业机构数（个）	0.0149
		博物馆机构数（个）	0.0124
		主要文化机构从业人员数（人）	0.1322
		文化业从业人数占从业人数比重（%）	0.2870

3. 北京市文化产业与旅游产业发展趋势分析

利用直接加权法计算北京市文化产业系统与旅游产业系统的综合水平评价值，计算公式为：

$$u_i = \sum_{j=1}^{n} w_j u_{ij} \qquad (9)$$

其中，u_1和u_2分别代表旅游产业和文化产业综合水平评价值，计算得到的值越大，则代表该产业的状况越好，反之越差。对于u_2/u_1指标而言，如果数值大于1，则为旅游产业滞后型（$u_1 < u_2$）；反之，则为文化产业滞后型（$u_1 > u_2$）；若值约等于1（0.9~1），则属于文化—旅游产业同步发展型。北京市文化产业和旅游产业综合发展水平和发展趋势分别如表5和图1所示。

表5 2004~2018年北京市文化产业和旅游产业综合发展水平

年份	u_1	u_2	u_2/u_1	类型
2004	0.0705	0.0408	0.5787	文化产业滞后型
2005	0.0817	0.0877	1.0734	旅游产业滞后型
2006	0.0847	0.0959	1.1322	旅游产业滞后型

续表

年份	u_1	u_2	u_2/u_1	类型
2007	0.1682	0.1512	0.8989	文化产业滞后型
2008	0.2089	0.1497	0.7166	文化产业滞后型
2009	0.2476	0.1100	0.4443	文化产业滞后型
2010	0.5068	0.1302	0.2570	文化产业滞后型
2011	0.5871	0.3064	0.5219	文化产业滞后型
2012	0.6721	0.2993	0.4453	文化产业滞后型
2013	0.7495	0.3533	0.4713	文化产业滞后型
2014	0.8170	0.2838	0.3474	文化产业滞后型
2015	0.8389	0.3968	0.4730	文化产业滞后型
2016	0.8186	0.4545	0.5552	文化产业滞后型
2017	0.8339	0.6383	0.7654	文化产业滞后型
2018	0.8889	0.8819	0.9921	同步发展型

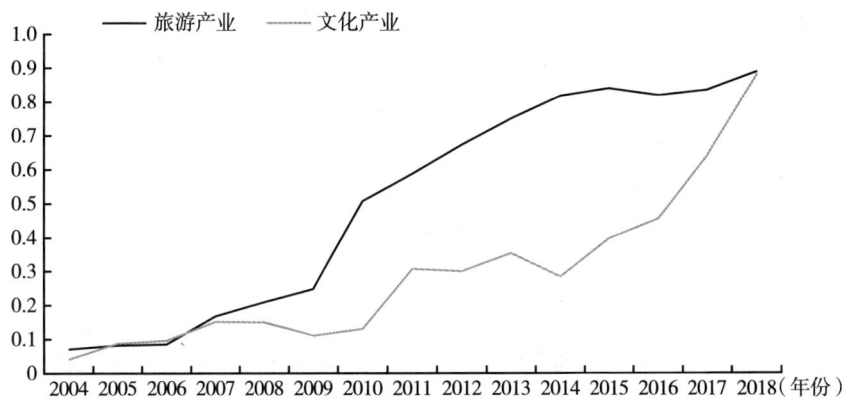

图1　2004~2018年北京市文化产业与旅游产业发展趋势

由表5及图1可知：

（1）2004~2018年，北京市旅游产业和文化产业的整体发展水平不断提高，发展越来越好；旅游产业综合评价指数在2010年有较大涨幅，2016年有少许回落，2017年以后一直保持增长趋势；文化产业除2014年有明显下降趋势，总体呈波动上升趋势，两个产业综合发展水平在2018年基本达到持平。

（2）根据测算结果，2004~2017年，除2005年和2006年旅游产业综合发展水平稍落后于文化产业，在其他年份，文化产业的发展均落后于旅游产业。2014年，国务院发布《国务院关于促进旅游业改革和发展的若干意见》，提出实现旅游业产值增值，旅游业产值达到GDP的5%，国内旅游消费达到55亿元。为实现这一目标，国务院提出了五大建议和二十项具体的措施，随后2016年确立了旅游产业在国民经济中的重要地位，使旅游产业获得高速发展。从2011年开始u_2/u_1数值逐渐波动增加向1靠近，尤其是2018年达到了0.9921，实现了文化—旅游产业同步发展，这主要得益于文化和旅游部的组建，在政策利好的条件下，北京市文旅产业发展水平逐渐趋同。

4. 北京市文化产业与旅游产业发展耦合分析

运用耦合协调度模型计算，得到北京市文化产业和旅游产业的耦合度（C）以及耦合协调度（D），如表6所示。

表6　2004~2018年北京市文化产业和旅游产业耦合评价值

年份	耦合度（C）	耦合协调度（D）	协调度等级
2004	0.4818	0.1638	严重失调
2005	0.4997	0.2057	中度失调
2006	0.4990	0.2122	中度失调
2007	0.4993	0.2824	中度失调
2008	0.4931	0.2974	中度失调
2009	0.4615	0.2872	中度失调
2010	0.4033	0.3584	轻度失调
2011	0.4747	0.4605	濒临失调
2012	0.4617	0.4735	濒临失调
2013	0.4666	0.5072	勉强协调
2014	0.4374	0.4907	濒临失调
2015	0.4669	0.5371	勉强协调
2016	0.4791	0.5523	勉强协调
2017	0.4956	0.6040	初级协调
2018	0.5000	0.6654	初级协调

由表6分析可知：

（1）北京市文旅产业共同推进，耦合度数值维持在0.4之上。通过对比2004年的数据，2018年的耦合度数值高出了0.0182，进一步表明文化产业和旅游产业二者间耦合是存在的，即使进度较小，从长远视角来看却是呈上升态势。

（2）北京市文旅产业系统协调经过了三个阶段。首先是2004~2010年的初期。这一阶段两个产业间关联度不高，特别是2004年处于严重失调状态，这一阶段两大产业自身发展都存在不足。其次是2011~2016年的起步期。2011年，中国共产党第十七届中央委员会第六次全体会议明确提出促进文化和旅游业的融合发展。从那以后，北京文化产业与旅游产业的耦合协调度开始迅速提高，数值由2011年的0.4605上升到2016年的0.5523。最后是2017~2018年的稳定期。这一阶段两个产业关联度较高，能够通过渗透推动双方发展，2017年耦合协调度数值首次超过了0.6，文化产业和旅游产业之间的基本协调已经实现。2018年，我国正式成立文化和旅游部，文化产业和旅游产业开始加速整合，当年的耦合协调度数值为0.6654。但这一阶段从数值来看，仍是属于初级协调，属于较低的协调阶段。

综上，北京市文化产业与旅游产业融合总体呈发展态势，不同时期二者之间的综合发展水平及耦合协调状态存在差异。在政策扶持的大环境下，从耦合协调度来看，北京市文化产业与旅游产业在2017年和2018年实现了初级协调，但整体水平偏低，未来还有很大的改善和进步空间。

（三）北京市文旅产业融合与京津冀区域协同分析

1. 京津冀协同度指标体系构建

根据《京津冀协同发展规划纲要》以及"创新、协调、绿色、开放、共享"新发展理念，构建京津冀五个核心子系统的协同度定量化模型，选取以下要素构建京津冀协同度指标体系，确定序参量。基于科学性、完备性和数据可获取性，本报告从创新、经济、绿色、开放、共享五个方面共选取20个指标，如表7所示。

表7 京津冀协同度指标体系

总系统	子系统	要素	权重
京津冀协同发展系统	创新	发明专利申请授权比(X_{11})	0.0611
		R&D人员比重(X_{12})	0.2619
		高新技术产业企业数(个)(X_{13})	0.4067
		财政科技支出比重(X_{14})	0.2703
	经济	人均GDP(元/人)(X_{21})	0.2392
		城镇化率(X_{22})	0.1443
		第三产业产值占GDP比重(X_{23})	0.1488
		城乡居民收入比(X_{24})	0.2912
		城镇登记失业率(X_{25})	0.1765
	绿色	城市污水处理率(X_{31})	0.1920
		环境污染治理投资占GDP比重(X_{32})	0.2072
		固体废弃物产生量(万吨)(X_{33})	0.1652
		每万人造林面积(公顷/万人)(X_{34})	0.1807
		万元GDP能耗(吨标准煤)(X_{35})	0.2549
	开放	国际旅游收入(百万美元)(X_{41})	0.1942
		外商企业投资总额(亿美元)(X_{42})	0.6053
		进出口总额(万美元)(X_{43})	0.2005
	共享	政策法规合计(X_{51})	0.6600
		国家财政性教育经费(万元)(X_{52})	0.2132
		医疗保障水平:千人拥有床位数(张)(X_{53})	0.1267

2. 京津冀协同度测算

(1) 子系统有序度及复合系统协调度模型

为了便于模型的表达,将京津冀协同发展系统作为复合系统,可表示为 $X = \{X_1, X_2, X_3, X_4, X_5\}$,其中 $X_1 \sim X_5$ 分别为创新子系统、经济子系统、绿色子系统、开放子系统和共享子系统。设子系统 X_i,$i \in \{1, 2, 3, 4, 5\}$ 所对应的序参量为 X_{ik},$k \in \{1, 2, \cdots, n\}$,$n$ 表示每个子系统序参量的个数,$\alpha_{ik} \leq X_{ik} \leq \beta_{ik}$,$\alpha_{ik}$、$\beta_{ik}$ 分别表示在有确定的

参照标准下序参量X_{ik}的下限和上限。为剔除正负向指标的影响,可采用下式进行处理:

$$\delta_i(X_{ik}) = \begin{cases} \dfrac{X_{ik}-\alpha_{ik}}{\beta_{ik}-\alpha_{ik}}, k \in [1,m] \\ \dfrac{\beta_{ik}-X_{ik}}{\beta_{ik}-\alpha_{ik}}, k \in [m+1,n] \end{cases} \quad (10)$$

$\delta_i(X_{ik}) \in [0,1]$,且数值越大,序参量$X_{ik}$对子系统的贡献度就越大。采用熵权法确定各序参量的权重ω_k(如表7所示),再采用线性加权求和法进行集成,得到各子系统有序度$\delta_i(X_i)$。

$$\delta_i(X_i) = \sum_{k=1}^{n} \omega_k \delta_i(X_{ik}), \omega_k \geq 0, \sum_{k=1}^{n} \omega_k = 1 \quad (11)$$

$\delta_i(X_i) \in [0,1]$,且数值越大,子系统X_i有序度就越高,反之,则越低。得到京津冀三地子系统有序度后,将子系统有序度代入复合系统协同度测定公式:

$$D = \theta \sum_{i}^{k} \eta_i [\mid \delta'_i(X_i) - \delta_i^0(X_i) \mid] \quad (12)$$

D代表京津冀整个复合系统协同度,其中θ用于确定系统协同度的稳定性,当θ为负时,代表系统处于不稳定或不协同状态,相反则处于正协同状态。θ有1和-1两个取值。当各子系统有序度随时间的增加而增加时,θ取值为1;当所有子系统的有序度随着时间变化下降时,θ取值为-1。$\delta_i^0(X_i)$为基期有序度,$\delta'_i(X_i)$为报告期有序度。

(2)结果分析

数据来源于《中国科技统计年鉴》《中国教育经费统计年鉴》《中国高技术产业统计年鉴》《中国能源统计年鉴》《中国环境统计年鉴》以及地方统计年鉴和相关网站等。将京津冀三地数据代入模型,得到2004~2017年子系统有序度及复合系统协同度评价结果,如表8和图2所示。

表8 2004～2017年京津冀子系统有序度及复合系统协同度

年份	子系统有序度					复合系统协同度
	创新	经济	绿色	开放	共享	
2004	0.2821	0.27807	0.37876	0.0536	0.0142	—
2005	0.2883	0.25139	0.36752	0.0986	0.0181	0.0146
2006	0.3229	0.27818	0.36447	0.1474	0.0267	0.0265
2007	0.3580	0.33115	0.38692	0.2129	0.0503	0.0545
2008	0.3270	0.29909	0.48377	0.2682	0.0915	0.0910
2009	0.3066	0.38113	0.49421	0.2555	0.1114	0.1067
2010	0.1722	0.45706	0.44139	0.3079	0.1467	0.1362
2011	0.2931	0.54896	0.39097	0.2648	0.1617	0.1223
2012	0.4331	0.61494	0.40401	0.2641	0.1355	0.1435
2013	0.3726	0.68212	0.45688	0.4949	0.2651	0.2352
2014	0.3761	0.73759	0.49396	0.4549	0.2315	0.2336
2015	0.4109	0.75824	0.52103	0.3158	0.2284	0.2268
2016	0.4226	0.78340	0.64907	0.2374	0.2868	0.2715
2017	0.4213	0.81480	0.64894	0.1340	0.0917	0.1900
权重(η_i)	0.1380	0.1289	0.2302	0.1389	0.3640	—

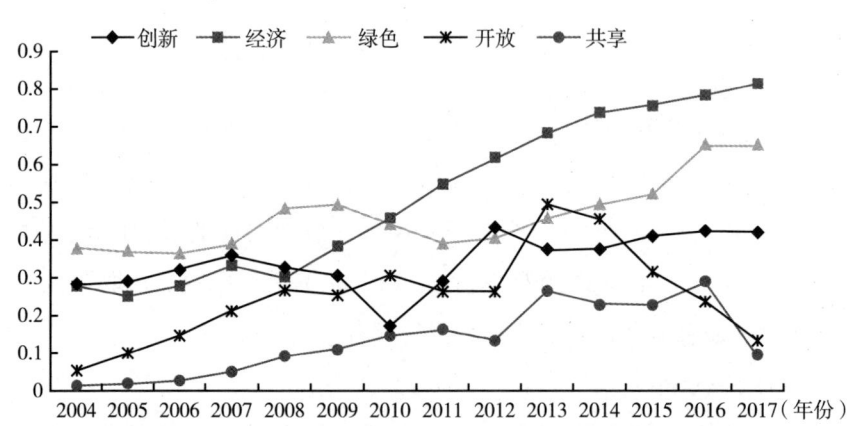

图2 2004～2017年京津冀协同子系统有序度发展趋势比较

由表8及图2可得到如下结论。

第一，京津冀复合系统协同度2005～2017年总体呈上升趋势，协同度由2005年的0.0146增长到2017年的0.1900，最高值在2016年达到

区域协同视角下北京文化与旅游产业融合发展研究

0.2715，表现出较好的增长势头与发展空间。2014年京津冀协同发展上升为国家战略，三地政府及相关部门加速落实，同时2016年《"十三五"时期京津冀国民经济和社会发展规划》明确了京津冀未来五年的发展目标，进一步推动了京津冀一体化进程。因此，在近几年，京津冀表现出了良好的协同趋势。但是，从发展进程来看，京津冀复合系统协同度较低，2017年为0.1900，说明京津冀协同发展这一国家战略自正式提出到落地实施以来，三地并没有真正地实现创新、经济、绿色、开放、共享各方面的协同发展，显示出三地整体协同有待提升。

第二，从各子系统来看，三地各子系统虽然2017年有序度均高于2004年水平，但是，不同的子系统显示出不同的演进路径。其中，经济子系统和绿色子系统显示出良好的发展态势，有序度在稳步增长，说明京津冀的经济与绿色协调体系的建设正在稳步推进；然而，创新、开放和共享子系统有序度波动剧烈且发展程度不高，有序度最高分别为0.4331、0.4949和0.2868，均低于0.5，并且分别在2009年、2014年和2017年出现了明显下滑，这说明三地创新、开放和共享系统发展情况并不乐观，由此可以清晰地认识到，京津冀复合系统协同发展水平不高的原因主要在于创新、开放及共享程度低且不稳定，这可能是未来三地协同发展的瓶颈所在。

3. 北京市文旅产业耦合协调度与京津冀协同度相关性分析

为了进一步分析北京市文旅产业耦合协调度与京津冀区域协同水平之间以及各子系统之间的关系，本报告以北京市文旅产业耦合协调度为因变量，以京津冀复合系统协同度、各子系统有序度为自变量，分别对以上变量进行OLS回归分析，结果如表9所示。

表9 北京市文旅产业耦合协调度与京津冀复合系统协同度及子系统有序度回归结果

耦合协调度	相关系数	标准差	P值
D	1.467473	0.209949	0.0001***
Constant	0.196212	0.304385	0.0000***
$\delta_1(X_1)$	1.283040	0.452691	0.0151**
$\delta_2(X_2)$	0.667510	0.043936	0.0000***

续表

耦合协调度	相关系数	标准差	P 值
$\delta_3(X_3)$	1.112318	0.311359	0.0038***
$\delta_4(X_4)$	0.632563	0.289819	0.0497**
$\delta_5(X_5)$	1.262916	0.277835	0.0007***

由表9结果可得到如下结论。

第一，京津冀复合系统协同度对北京市文旅产业通过了显著性检验，而且存在显著的正向影响，这说明三地协同发展对于促进北京市文旅产业融合具有明显的作用。京津冀三地在经济、创新等领域联动程度的加深，将会为北京市文旅产业融合发展提供良好的环境，提供创新、资金等方面的支持。目前，京津冀协同度处于较低的水平，而北京市文旅产业在耦合协调度上也处于初级协调状态，为了促进北京市文旅产业融合，可以从加强三地区域合作入手，创新协同机制，多方面共同发展，提升京津冀区域整体实力。

第二，京津冀复合系统各子系统对北京市文旅产业都具有显著的正向影响，因此可以从创新、经济、绿色、开放、共享等方面加强联动，从而提升北京市文旅产业融合水平。

五 结论与政策建议

（一）结论

1. 北京文化旅游资源良好，各区资源分布不均

北京的文化积淀深厚，历史悠久，文化旅游资源丰富，但在各区分布不均。全国重点文物保护单位、历史遗迹以及现代展馆等文化旅游资源集中分布于朝阳、海淀、西城、东城四个区，乡村民俗资源与自然资源则集中于近郊。首都功能核心区及城市功能拓展区旅游资源等级高，共40家4A级及以上景区，约占全市4A级及以上景区数量的1/2，而城市发展新区与生态涵养发展区的3A级景区数量居于主导地位，旅游资源等级相对较低。

2. 北京文旅产业融合发展态势乐观

首先,北京文旅产业融合动力充足,既有较强的内在动力,也有来自经济、政治、社会、技术等方面的外在推动力;其次,北京市文化及旅游资源类型丰富,二者间可融合的要素与路径都呈现多样化的特点。在资源多样化、技术数字化以及产品创新化的背景下,北京文化产业与旅游产业融合产生了多种融合模式。

3. 北京文旅融合实现初级协调,京津冀文旅协同水平有待提高

通过耦合协调度测算文化产业和旅游产业的属性融合水平,结果发现近年来文化产业发展大多滞后于旅游产业,究其原因是文化产业具有事业性与产业性两种属性,长期以来事业性属性凸显,而产业性属性有待释放。另外,北京文旅产业融合水平不断提高,但目前仅实现初级协调,仍然有较大的发展空间。同时,结合复合系统协调度模型分析出京津冀协同总体呈上升趋势,但协同水平仍然较低。为促进北京文旅产业融合,可以立足京津冀协同子系统来加强合作,提高北京文化融合水平。

(二)政策建议

1. 推进新产品、新服务、新业态发展,全面推进高质量发展

统筹北京全国文化中心功能,整合奥林匹克公园中心区、新首钢、南苑以及"三山五园"地区的文化资源,通过更高的位置和更深刻的了解来规划文旅产业的综合发展。一是建立具有全球影响力和竞争力的文化旅游资源体系、服务设施体系和产品产业体系,建立以北京为中心、服务全国、面向国际的文化旅游资产交易平台。创建国家文化旅游公共服务一体化发展示范区,以古代首都文化、红色文化、北京风味文化和创新文化为主导,深入挖掘和培育旅游产品。二是建立文旅产业全域融合体系,积极发展文化旅游。推动文化产业与城乡建设、工业制造、科教康养、旅游发展等全领域跨界融合,建立多个具有鲜明特色和产业整合的文化创意园区、基地、街区、城镇和艺术小镇,做强旅游演艺产业,举办文化旅游特色消费活动,推广市场化运作模式,支持文化旅游市场主体发展壮大,营造健康的文化旅游市场环境。

2. 改革文化和旅游产业统计制度，发挥数据对文旅发展的引导作用

目前，文化产业统计主要集中在供应方，生产周期长，系统使用较多；旅游产业统计主要集中在需求方，生产周期短，社会关注度高。将来，文化统计也要关注需求方，旅游统计也要更加关注供应方。要加强文化和旅游统计的政策法规制定。建议北京市推广"文化旅游统计指标体系""文化旅游统计工作手册""文化旅游综合贡献计算手册"等"一体系，两手册"，建立共同认可的制度、专业话语系统，促进高素质专业统计队伍建设，北京市各级统计机构和全体党员干部要切实学懂、弄通、做实。要以人才培养为核心，加强激发干部内在潜质、激励干部成才等方面的研究，打造一支敢担当、有作为、业务精的统计干部队伍，同时促进文化和旅游统计的平台建设和技术革新。

3. 突破融合制约因素，推动文旅产业健康发展

文化和旅游管理部门应研究与旅游相关的政府管理部门之间的职能协调，而不仅仅是文化和旅游的整合，这一点至关重要。因此，有必要积极寻找文化、旅游与各个相关部门的对接点，充分发挥各自的政策优势和政府有关部门的制度优势，促进各种旅游业态的健康发展。此外，为了促进文化和旅游业的健康均衡发展，有必要从根本上摆脱"过分的经济考虑"，使评估"警棍"更加科学。因此，北京市有关部门应当建立科学、合理、客观、公正、现实、有效、易于操作的评估体系，认真设计评估内容，尽可能完善评估指标，不仅应评估经济利益，而且应考虑社会文化效益。对于文旅项目用地落地难的问题，可以借鉴其他地区，采用点状供地模式。土地用地点状供地并非圈地式发展，而是在规划指引下统一协调土地资源，简化用地审批流程，结合国家的相关政策或用地法规进行简化操作，使项目审批相对便捷。

4. 加强联动发展，促进京津冀区域协同

通过整合京津冀文化旅游资源，共同开发文化创意产品，不断加强三地文化交流。着力促进北京城市副中心与廊坊市北三县之间的博物馆、剧院、图书馆、实体书店等文化设施的建设和共享，协调大运河文化带、长城文化带和西山永定河文化带的建设，以此为纽带，不断加强与天津、河北的联动。充分发挥北京文化示范区的辐射作用。充分发挥古北水乡中国（怀柔）影视产业示范区、2019 年北京世博会、2020 年平谷休闲会议、北京环球主题公园等文化功能区的示范和主导作用，沿主要交通路线建设京张生态走廊、燕山南麓、太行山东麓、大运河等主要旅游通道，连接最佳的山地旅游胜地，引导山水联动，促进山水资源互补，并协调资源与环境保护、生态服务和扶贫等方面的工作，在促进文化旅游业发展的同时，促进区域经济与社会的整体协调发展。

参考文献

［1］赵磊、王佳：《中国旅游发展与经济增长——基于省际面板数据的协整分析》，《旅游科学》2015 年第 1 期。

［2］张海燕、王忠云：《旅游产业与文化产业融合发展研究》，《资源开发与市场》2010 年第 4 期。

［3］王琪延、徐玲：《基于产业关联视角的北京市旅游业与文化产业融合研究》，《经济与管理研究》2014 年第 11 期。

［4］胡鞍钢、沈若萌、刘珉：《建设生态共同体，京津冀协同发展》，《林业经济》2015 年第 8 期。

［5］Ritchie J. R. Brent, Zins Michel, "Culture as Determinant of the Attractiveness of a Tourism Region", *Annals of Tourism Research* 5（2），1978：252 – 267.

［6］Deborah L. Kerstetter, Kelly S. Bricker, Huan Li, "Vanua and the People of the Fijian Highlands: Understanding Sense of Place in the Context of Nature-Based Tourism Development", *Tourism Analysis* 15（1），2010：31 – 34.

［7］A. M. Ogaboh Agba, Moses U. Ikoh, Antigha O. Bassey, et al., "Tourism Industry Impact on Efik's Culture, Nigeria", *International Journal of Culture, Tourism and Hospitality Research* 4（4），2010：355 – 365.

B.7
北京"高精尖"产业发展状况分析

李孟刚 梅新艺*

摘 要： 自2014年北京市围绕"四个中心"的城市发展定位，确立了"高精尖"产业发展战略以来，"高精尖"产业加快发展和布局，产业集群正在逐步形成。本报告整理了2019年北京"高精尖"产业发展概况，并针对北京市统计局网站公布的数据，着重对北京市十大"高精尖"产业中中关村示范区的电子与信息产业、生物工程和新医药产业、环境保护产业、新能源与高效节能产业、新材料产业、先进制造业产业这六大产业的数据进行了整合分析，通过数据对比分析了2019年和2020年北京"高精尖"产业的发展变化。同时梳理了北京市为应对新冠肺炎疫情推出的支持"高精尖"企业发展的五类政策，有针对性地提出了六条可以加强北京"高精尖"产业应对风险的举措。

关键词： "高精尖"产业 产业升级 风险应对政策

当今世界产业格局日新月异，各国都在逐步加码"高精尖"产业领域，美国大力号召制造业回流、日本提倡工业价值链、德国提出"工业4.0"，"高精尖"产业已成为各国战略布局中的重要一环。同时，"高精尖"产业

---

* 李孟刚，北京交通大学经济管理学院教授、博士生导师，研究方向为国家经济安全、产业安全；梅新艺，北京交通大学经济管理学院博士后，研究方向为产业安全。

是新一轮技术革命与产业变革的必然产物，正逐步改变经济模式，加速经济发展进程。

20世纪60年代，我国就提出要以"高精尖"产业为北京工业的发展方向。自2014年北京市围绕"四个中心"的城市发展定位，确立了"高精尖"产业发展战略以来，"高精尖"产业加快发展和布局，产业集群正在逐步形成。2017年，北京市发布《中共北京市委、北京市人民政府关于印发加快科技创新构建高精尖经济结构系列文件的通知》，指出以新一代信息技术、集成电路、医药健康、智能装备、节能环保、新能源智能汽车、新材料、人工智能、软件和信息服务、科技服务这十个产业为重点，构建"高精尖"经济结构，积极推动产业转型，建设现代化经济体系，使北京成为产学研一体的中心。

北京以新技术、新模式、新业态、新服务为特征的新经济模式不断成长。通过深入落实"10+3""高精尖"产业发展系列政策，产业结构加快转变，"高精尖"产业快速发展。其中医药健康、智能装备、节能环保产业基本形成了千亿级别的产业集群，而新一代信息技术产业则更是可以形成万亿级别的产业集群。

2015~2019年，北京市累计新增35万家科技型企业。每日新设科技型企业数量从2015年的110家增长至2019年的250家，实现翻番。独角兽企业数量从2015年的40家增长至2019年的93家，数量居全球城市榜单首位，其中有3成以上企业处于人工智能、生物医药、大数据等前沿科技领域。全员劳动生产率从2015年的21.2万元/人提高到2019年的28.2万元/人，提高了7万元/人，居全国各省（区、市）首位。

2019年，北京市地区生产总值35371.28亿元，人均地区生产总值达到164220元，居全国各省（区、市）首位，达到高收入国家水平。新模式、新业态发展迅猛，其中5G、工业互联网、跨境电商、区块链等新业态蓬勃发展，新经济实现增加值12765.8亿元，同比增长7.5%，占北京市地区生产总值的比重为36.1%。高技术产业实现增加值8630.6亿元，同时战略性新兴产业增加值达到8418.4亿元，两者占北京市地区生产总值的比重分别

北京产业蓝皮书

达到24.4%和23.8%。在科技和新业态方面,每万人发明专利拥有量为132件,这个数值是全国平均水平的近10倍。

一 2020年北京"高精尖"产业发展状况

(一)北京"高精尖"产业总体发展概况

2020年1~2月,在国家面临抗击疫情最艰巨任务的时候,北京经济表现出较强的韧性。在四大支柱产业中,3月由于集成电路需求强劲,电子产业增速比1月、2月高出0.9个百分点。同时,与1月和2月相比,3月电力行业、制药行业和汽车行业的降幅分别为0.4、9.1和4.8个百分点。液晶显示模块产量增长67.4%,集成电路产量增长34.5%。受电子、医药、信息和技术服务等项目带动,高新技术制造业和服务业投资分别增长46.1%和12.9%。得益于政策管控,人们对"家庭经济"、"云办公"和在线教育的强劲需求,互联网技术发展良好。2020年1~2月,互联网及相关服务规模以上企业收入增长9.6%,带动信息服务业增长。互联网广告企业收入增长9.9%,电子商务平台规模以上教育企业收入增长58.2%。网上消费增长强劲。一季度,批发零售、住宿、餐饮等行业网上零售额增长15.9%,占社会消费品零售总额的29.7%。

在疫情基本得到控制后,疫情防控步入常态,北京经济指标开始全面提高。2020年1~8月,高新技术制造业投资133.8亿元,同比增长133.4%。8月,北京累计投资增速转为正值,成为经济社会发展的稳定器。制造业投资逆势上升,"北京智能制造"的竞争力、影响力和辐射力持续提升。

2020年1~3月,北京可比价格工业产值同比下降0.1%,较前半年下降3.6个百分点,而第三季度的增长率为6.7%,突显出北京经济的韧性。重点行业计算机、通信等电子设备制造业增长16.9%,比上半年增长1.7个百分点。汽车制造业由上半年的下降3.2%转为增长2.5%。

医药制造业下降2.3%，比上半年下降2.1个百分点。高端产业继续增长，高新技术制造业增加值增长5.3%，比上半年提高2.1个百分点。战略性新兴产业增加值增长4.7%，比上半年下降1.1个百分点。2020年上半年，按可比价格计算，第三产业增加值由同比下降3.0%上升到同比增长0.1%。其中，信息传递、软件和信息技术服务业增加值3970.1亿元，比前半年增长12.9%，提高4.6个百分点。产业占国内生产总值的35.8%，发挥着重要的支撑作用。科学研究和技术服务业由下降转为上升，增加值21459亿元，增长0.1%。固定资产投资（不含农户）同比增长1.8%，第一产业投资下降17.1%；第二产业投资增长46.0%，其中高新技术制造业投资增长1.3倍；第三产业投资下降0.1%，其中高新技术服务业投资上升22.3%。

总体来看，虽然一季度北京经济下滑严重，但随着疫情防控与复工复产后经济发展的协同推进，到三季度主要指标呈现复苏趋势。新一代信息技术产业、高科技产业，如集成电路短期内发展承压后迅速恢复，一些高科技产业有较大增长，例如基因工程药物和疫苗制造业、机械处理和医院护理设备制造业，以及相关的防疫产业增长20%。先进领域表现出较强的抗疫能力和充沛的经济活力，为后期经济复苏和发展积累了新的动力。

（二）六大"高精尖"产业的发展

根据北京市统计局公布的数据，对中关村国家自主创新示范区内已经注册认定的规模（限额）以上企业的数据进行整理，并对北京市十大"高精尖"产业中的六大产业的发展情况进行了分析。

1. 电子与信息产业

2020年1~9月中关村示范区电子与信息产业研究开发人员保有量由年初的37.9万人增长到48.7万人，同比增长14.4%，连续8个月保持同比正增长，而且仅在2月、3月新冠肺炎疫情最严重时期同比增长率低于7%。研究开发费用由1~2月的271.5亿元增长至1~9月的1491亿元，每个月的同比增长率均在10%以上,其中1~8月同比增长率达到31.4%的高值(见表1)。

表1 2020年前9个月中关村示范区电子与信息产业研发活动情况

时间	研究开发人员合计(万人)	同比增长(%)	研究开发费用合计(亿元)	同比增长(%)
1~2月	37.9	6.4	271.5	19.9
1~3月	40.4	6.8	431.5	19.5
1~4月	41.7	8.0	576.1	18.6
1~5月	43.2	9.7	726.0	20.0
1~6月	44.2	10.1	915.0	21.6
1~7月	45.9	11.3	1108.7	21.9
1~8月	47.3	12.4	1317.1	31.4
1~9月	48.7	14.4	1491.0	29.7

资料来源:北京市统计局。

2020年1~2月中关村示范区电子与信息产业总收入3626.2亿元,同比增长12.5%,其中技术收入978亿元,同比增长17.7%,产品销售收入507.6亿元,同比下降6.2%。虽然产品销售收入受到一定的影响,但行业总收入整体未受影响,逆势保持两位数增长。6月产品销售收入同比增长0.2%,进入增长环节。截止到2020年9月,电子与信息产业总收入22517.4亿元,同比增长20.0%,其中技术收入6584.8亿元,同比增长34.9%,产品销售收入3613.7亿元,同比增长9.1%(见表2)。

表2 2020年前9个月中关村示范区电子与信息产业收入情况

时间	总收入(亿元)	同比增长(%)	技术收入(亿元)	同比增长(%)	产品销售收入(亿元)	同比增长(%)
1~2月	3626.2	12.5	978.0	17.7	507.6	-6.2
1~3月	5955.3	7.5	1699.5	18.3	871.0	-11.9
1~4月	8150.9	11.2	2306.8	20.0	1216.8	-6.4
1~5月	10496.3	12.9	2945.8	21.6	1591.2	-2.5

续表

时间	总收入（亿元）	同比增长（%）	技术收入（亿元）	同比增长（%）	产品销售收入（亿元）	同比增长（%）
1~6月	14014.5	15.5	3944.3	26.1	2137.2	0.2
1~7月	16619.3	17.5	4717.6	28.2	2591.1	4.5
1~8月	19289.6	18.6	5505.3	30.8	3035.5	7.1
1~9月	22517.4	20.0	6584.8	34.9	3613.7	9.1

资料来源：北京市统计局。

电子与信息产业发展面临的主要困难包括：资金流紧张，产业生态脆弱，数量庞大的中小民营电子信息制造企业规模小、体质弱。为防控新冠肺炎疫情而采取的停工停产、封闭交通等措施，影响了整个产业链的正常运转。疫情初期复工复产困难与供需恢复困难，延迟了新一代信息技术产业在产品销售端的恢复进程，故而整个电子与信息产业收入连续5个月增速为负。随着北京疫情防控的成功，复工复产后各个企业逐步走出资金危机、供应链危机，整个电子与信息产业得以恢复。

2. 生物工程和新医药产业

2020年1~9月中关村示范区生物工程和新医药产业研究开发人员保有量由2.66万人增长到3.14万人，同比增长11.5%，连续8个月保持两位数的同比正增长。研究开发费用也连续8个月保持同比正增长，由1~2月的17.3亿元增长至1~9月的97.6亿元，其中6月同比增长，达到14.5%（见表3）。

表3　2020年前9个月中关村示范区生物工程和新医药产业研发活动情况

时间	研究开发人员合计（万人）	同比增长(%)	研究开发费用合计（亿元）	同比增长(%)
1~2月	2.66	12.2	17.3	2.0
1~3月	2.80	13.5	28.1	14.0
1~4月	2.85	12.7	40.0	8.4
1~5月	2.87	10.9	49.5	12.4

续表

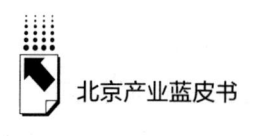

时间	研究开发人员合计（万人）	同比增长（%）	研究开发费用合计（亿元）	同比增长（%）
1~6月	2.93	11.8	61.3	14.5
1~7月	3.02	10.4	72.3	9.4
1~8月	3.11	12.1	83.1	8.7
1~9月	3.14	11.5	97.6	10.8

资料来源：北京市统计局。

2020年1~2月中关村示范区生物工程和新医药产业总收入337.4亿元，同比增长1.3%，其中技术收入15.6亿元，同比增长16.1%，产品销售收入207.1亿元，同比增长4.2%。截止到2020年9月，生物工程和新医药产业总收入1842.7亿元，同比增长8.0%，其中技术收入121.7亿元，同比增长20.8%，产品销售收入1001亿元，同比增长1.4%。数据显示产品销售收入下降很大，在3~8月6个月中，同比增长率均为负值。受产品销售收入影响，整个行业总收入也在3~5月出现了同比增长率为负的情况，不过很快在6月恢复了增长，并在9月达到了2020年前9个月同比增长率峰值。技术收入在8月迎来最高的同比增长率，为30.1%（见表4）。

表4　2020年前9个月中关村示范区生物工程和新医药产业收入情况

时间	总收入（亿元）	同比增长（%）	技术收入（亿元）	同比增长（%）	产品销售收入（亿元）	同比增长（%）
1~2月	337.4	1.3	15.6	16.1	207.1	4.2
1~3月	489.3	-6.6	26.6	1.0	277.2	-10.3
1~4月	670.0	-4.8	38.9	12.8	379.6	-7.8
1~5月	884.4	-0.8	49.8	15.6	488.8	-6.8
1~6月	1157.8	3.8	69.9	20.0	626.1	-4.5
1~7月	1377.1	6.7	86.5	27.5	739.0	-2.4
1~8月	1581.7	7.0	100.2	30.1	856.3	-1.0
1~9月	1842.7	8.0	121.7	20.8	1001.0	1.4

资料来源：北京市统计局。

我国对医疗互联网始终有着巨大需求,而新冠肺炎疫情无疑加快了医疗互联网化的进程。在疫情冲击下,我国医药健康体系不断优化,融合信息技术、材料科学等跨界知识,医疗模式得到了新的改革。疫情发生以来,生物工程和新医药领域涌现出的防疫相关技术交易,涵盖抗病毒药物研发、病毒检测试剂研发、智能测温、疫情舆情监测、医院疫情急救信息管理、疫情联防联控管理、全球疫情信息交互等方面,助力科技"战疫"。创新成果不仅在北京市落地转化,同时也向外省(区、市)及国外输出,充分发挥北京科创中心的辐射引领作用,助推科技抗疫走出去,为精准管控、科学防控提供强有力的支撑。

3. 环境保护产业

2020年前9个月中关村示范区环境保护产业研究开发人员保有量由2月的1.48万人增长到1.86万人,同比增长3.7%,前8个月的同比增长率均为负。研究开发费用由1~2月的5.7亿元增长至1~9月的38.3亿元,其中4月同比下降幅度最大,达到-28.9%(见表5)。

表5　2020年前9个月中关村示范区环境保护产业研发活动情况

时间	研究开发人员合计（万人）	同比增长（%）	研究开发费用合计（亿元）	同比增长（%）
1~2月	1.48	-20.8	5.7	-21.4
1~3月	1.60	-16.3	9.5	-22.2
1~4月	1.64	-15.6	12.5	-28.9
1~5月	1.63	-7.8	18.0	-12.9
1~6月	1.69	-5.2	23.5	-8.1
1~7月	1.72	-3.0	27.1	-13.0
1~8月	1.76	-2.0	31.9	-12.4
1~9月	1.86	3.7	38.3	-7.8

资料来源:北京市统计局。

2020年1~2月环境保护产业总收入116.7亿元,同比下降12.6%,其中技术收入22.8亿元,同比下降4.6%,产品销售收入37.6亿元,同比下降36.1%。2020年前9个月，环境保护产业总收入达916.5亿元，同比增长4.0%，其中技术收入145.5亿元，同比下降9.4%，产品销售收入339.4亿元，同比下降7.5%。数据显示前9个月环境保护产业技术收入和产品销售收入同比增长率均为负，受二者影响，整个环境保护产业总收入的同比增长率7月才艰难转正（见表6）。

表6 2020年前9个月中关村示范区环境保护产业收入情况

时间	总收入（亿元）	同比增长（%）	技术收入（亿元）	同比增长（%）	产品销售收入（亿元）	同比增长（%）
1~2月	116.7	-12.6	22.8	-4.6	37.6	-36.1
1~3月	217.3	-13.5	36.6	-12.9	75.2	-32.5
1~4月	304.5	-8.7	51.0	-15.2	110.4	-23.5
1~5月	398.4	-6.0	62.7	-17.6	147.9	-18.4
1~6月	556.4	-2.9	90.4	-10.9	204.0	-14.7
1~7月	676.2	3.0	112.2	-2.6	246.4	-10.6
1~8月	779.2	2.9	127.3	-5.5	285.5	-9.4
1~9月	916.5	4.0	145.5	-9.4	339.4	-7.5

资料来源：北京市统计局。

环境保护产业以中小微企业为主，面对疫情其抗风险能力较低。在开工复工难、员工到岗难、下游需求受抑制、上游货源困难等问题冲击下，生产经营难度大大增加。中国环境保护产业协会的数据显示，2020年一季度，环境保护产业全行业营业收入大概为2665亿元，同比下降15%，可以说环境保护产业整体下滑较为显著。

4. 新能源与高效节能产业

2020年1~9月中关村示范区新能源与高效节能产业研究开发人员保有量由年初的3.14万人增长到3.87万人，同比增长4.7%，连续8个月保持同比正增长。研究开发费用由1~2月的16亿元累计增长至1~9月的103.2亿元，其中仅前3个月的同比增长率为负（见表7）。

表7　2020年前9个月中关村示范区新能源与高效节能产业研发活动情况

月份	研究开发人员合计（万人）	同比增长（%）	研究开发费用合计（亿元）	同比增长（%）
1~2月	3.14	9.8	16.0	14.3
1~3月	3.31	6.4	23.6	-4.4
1~4月	3.42	9.0	34.8	3.3
1~5月	3.52	7.9	46.4	1.6
1~6月	3.56	3.6	60.0	0.1
1~7月	3.68	4.7	75.3	9.2
1~8月	3.83	6.9	87.7	8.8
1~9月	3.87	4.7	103.2	7.4

资料来源：北京市统计局。

中关村示范区新能源与高效节能产业2020年1~2月总收入757.8亿元，同比下降13.9%，其中技术收入50.7亿元，同比下降14.6%，产品销售收入352.5亿元，同比下降7.1%。2020年1~9月，新能源与高效节能产业总收入3826.9亿元，同比下降6.7%，其中技术收入378.0亿元，同比下降0.4%，产品销售收入1515.9亿元，同比下降2.0%。数据显示新能源与高效节能产业技术收入和产品销售收入下降幅度很大，技术收入同比增长率仅在6月短暂回正，其余时期二者的同比增长率均为负值。由此，整个行业总收入的同比增长率连续8个月都为负，但整体负增长态势正在收窄（见表8）。

疫情爆发初期，新能源企业复工复产困难，同时市场需求被抑制，新能源补贴退坡，给生产与销售带来巨大困难。节能环保行业受出口业务冲击及开工推迟等因素影响也发展困难。不过随着疫情被有效控制，企业逐步复工复产，新能源与高效节能产业正在努力恢复成长性。

表8　2020年前9个月中关村示范区新能源与高效节能产业收入情况

时间	总收入（亿元）	同比增长（%）	技术收入（亿元）	同比增长（%）	产品销售收入（亿元）	同比增长（%）
1~2月	757.8	-13.9	50.7	-14.6	352.5	-7.1
1~3月	1142.1	-16.4	91.2	-13.5	506.4	-10.3
1~4月	1516.7	-13.2	133.1	-5.3	645.8	-9.1

续表

时间	总收入（亿元）	同比增长（%）	技术收入（亿元）	同比增长（%）	产品销售收入（亿元）	同比增长（%）
1~5月	1914.7	-11.0	170.7	-3.1	796.2	-6.6
1~6月	2416.6	-10.3	236.2	4.6	978.6	-5.1
1~7月	2858.1	-10.0	277.1	-5.6	1138.1	-6.3
1~8月	3321.3	-8.4	323.4	-2.9	1330.1	-3.3
1~9月	3826.9	-6.7	378.0	-0.4	1515.9	-2.0

资料来源：北京市统计局。

5. 新材料产业

2020年前9个月中关村示范区新材料产业研究开发人员保有量由年初的1.89万人增长到2.13万人，同比增长5.6%，连续8个月保持同比正增长，虽然同比增长幅度不是很大但很稳健。研究开发费用由1~2月的8.3亿元增长至1~9月的47.9亿元，其中仅3月、4月累计同比增长率为很小的负值，分别为-0.8%及-0.6%（见表9）。

表9　2020年前9个月中关村示范区新材料产业研发活动情况

月份	研究开发人员合计（万人）	同比增长(%)	研究开发费用合计（亿元）	同比增长(%)
1~2月	1.89	4.3	8.3	17.9
1~3月	1.97	4.5	12.1	-0.8
1~4月	1.99	4.5	16.6	-0.6
1~5月	2.04	4.6	21.9	2.3
1~6月	2.04	3.4	28.8	6.8
1~7月	2.09	4.9	35.0	9.7
1~8月	2.11	5.2	40.7	9.7
1~9月	2.13	5.6	47.9	12.0

资料来源：北京市统计局。

2020年1~2月新材料产业总收入521.0亿元，同比下降9.3%，其中技术收入7.5亿元，同比下降16.9%，产品销售收入83.2亿元，同比下降25.5%。截止到9月，新材料产业总收入2978.9亿元，同比增长7.2%，其中技术收入52.9亿元，同比增长11.2%，产品销售收入722.2亿元，同比增长2.0%。数据显示技术收入和产品销售收入7月双双恢复同比正增长，而整个行业的总收入4月便恢复了同比正增长，并逐月改善（见表10）。

表10　2020年前9个月中关村示范区新材料产业收入情况

时间	总收入（亿元）	同比增长（%）	技术收入（亿元）	同比增长（%）	产品销售收入（亿元）	同比增长（%）
1~2月	521.0	-9.3	7.5	-16.9	83.2	-25.5
1~3月	860.5	-2.7	11.9	-18.5	164.1	-21.0
1~4月	1160.0	1.6	17.8	-10.4	241.6	-13.5
1~5月	1463.4	1.8	22.9	-7.3	327.5	-8.5
1~6月	1868.7	6.4	31.9	-1.6	444.6	-0.6
1~7月	2216.5	6.1	38.6	6.3	537.7	2.1
1~8月	2582.3	7.0	44.6	6.9	621.6	2.3
1~9月	2978.9	7.2	52.9	11.2	722.2	2.0

资料来源：北京市统计局。

受疫情管控影响，交通流动率大大降低，员工复工难、返程难，导致企业无法正常复工。除人员受到交通管制的影响，重要物流企业复工复产也有较长的恢复期，这较大影响了原材料的物流供应。此外，疫情管控也阻碍了行业海内外交流。机场对于出入境进行严格管控，这对新材料产业的学术交流与技术分享产生了巨大影响，国内部分关键材料技术，如高性能碳纤维复合材料技术、航空发动机高温材料技术等或将面临较大的研发困难。

同时海外的不稳定因素也严重影响了新材料产业出口贸易。新材料企业主要分布在精细陶瓷、复合材料、金属材料、化工材料、通信光纤等领域，产品有很大一部分要走外销渠道，新材料企业出口遭受了不小的冲击。

不过新材料产业正加快与其他"高精尖"技术的融合，加快产业互联网的进程，随着制造与材料产业加速数据化、信息化、人工智能化，以及无

人车间等技术的逐步运用,新材料产业有望迎来革新。

6. 先进制造业产业

2020年前9个月中关村示范区先进制造业产业研究开发人员保有量由年初的5.04万人增长到5.65万人,同比增长6.7%,连续8个月保持同比正增长。研究开发费用则受到了一定影响,由1~2月的24亿元增长至1~9月的150.5亿元,截至8月,研究开发费用的同比增长率才转为正值(见表11)。

表11 2020年前9个月中关村示范区先进制造业产业研发活动情况

月份	研究开发人员合计(万人)	同比增长(%)	研究开发费用合计(亿元)	同比增长(%)
1~2月	5.04	8.9	24.0	-6.0
1~3月	5.12	5.8	39.1	-6.1
1~4月	5.21	6.2	51.4	-7.6
1~5月	5.28	6.4	66.7	-6.6
1~6月	5.39	4.9	85.8	-3.6
1~7月	5.46	4.9	104.2	-0.5
1~8月	5.61	6.8	127.3	3.5
1~9月	5.65	6.7	150.5	5.8

资料来源:北京市统计局。

中关村示范区先进制造业产业2020年1~2月总收入806.8亿元,同比下降21.3%,其中技术收入34.9亿元,同比下降10.7%,产品销售收入494亿元,同比下降21.4%。截止到9月,先进制造业产业总收入6564.7亿元,同比增长8.4%,其中技术收入280.1亿元,同比增长27.6%,产品销售收入3928.3亿元,同比增长6.3%,达到2020年前9个月同比增长率峰值。数据显示产品销售收入受疫情影响很大,在2~6月5个月中,同比增长率均为负值。受到产品销售收入增长乏力的影响,整个行业总收入的同比增长率在6月前皆为负值。虽然技术收入在总收入中的占比较小,但是成长迅速,6月以后开始两位数的快速正增长,并在9月达到了2020年前9个月同比增长率峰值(见表12)。

表12　2020年前9个月中关村示范区先进制造业产业收入情况

时间	总收入（亿元）	同比增长（%）	技术收入（亿元）	同比增长（%）	产品销售收入（亿元）	同比增长（%）
1~2月	806.8	-21.3	34.9	-10.7	494.0	-21.4
1~3月	1492.0	-18.7	48.5	-16.5	915.2	-17.7
1~4月	2212.3	-15.0	76.3	-2.3	1357.7	-16.6
1~5月	3014.5	-7.1	109.7	9.0	1845.3	-8.8
1~6月	4046.9	1.7	169.4	21.1	2439.9	-0.4
1~7月	4820.4	4.7	197.1	17.2	2911.7	2.8
1~8月	5636.5	7.0	230.7	20.0	3376.8	4.6
1~9月	6564.7	8.4	280.1	27.6	3928.3	6.3

资料来源：北京市统计局。

（三）中关村示范区"高精尖"产业的发展

中关村国家自主创新示范区位于中国高新技术产业发展的中心，拥有联想和百度等高新技术企业近2万家，形成了以下一代互联网、移动互联网和新一代移动通信、卫星应用、生物与健康、节能、环保和铁路运输等六大优势产业集群，以及集成电路、新材料、高端设备和通用航空、新能源和新能源汽车等四大潜力产业集群为代表的高科技现代服务业和高端产业集群，打造了"一区多园"各具特色的发展格局，成为首都跨行政区划的高端产业功能区。中关村示范区高新技术企业数据可以进一步反映北京"高精尖"产业的发展情况。

1. 2020年1~3月，中关村示范区"高精尖"产业的发展

北京市统计局数据显示，2020年1~3月，中关村示范区规模（指标）以上高新技术企业（以下简称"中关村企业"）实现收入12466.2亿元，同比下降3.4%。其中，电子和信息技术收入5955.3亿元，同比增长7.5%。中关村实现技术收入2377.6亿元，同比增长9.5%。其中，电子信息技术领域比上年同期增长了18.3%。科技投入持续增长。中关村研发人员总数

为60.0万人,同比增长6.4%。研发支出578.6亿元,同比增长13.8%。

2. 2020年1~6月,中关村示范区"高精尖"产业的发展

2020年1~6月,中关村企业总收入29349.2亿元,同比增长5.9%。六大关键技术领域实现"四升二减"。电子和信息技术、生物工程和新医药技术、新材料技术、先进制造业技术收入分别达到14000亿元、1157.8亿元、1868.7亿元、4046.9亿元,同比增长率分别为15.5%、3.8%、6.4%、1.7%。1~6月,技术收入达到5655.9亿元,同比增长18.4%。技术投资依然活跃。研发人员64.9万人,同比增长8.7%。研发支出1268.9亿元,同比增长16.8%。

3. 2020年1~9月,中关村示范区"高精尖"产业的发展

2020年1~9月,中关村企业总收入达47378.8亿元,同比增长10.9%。六大关键技术领域实现"五升一降"。其中,电子和信息技术、生物工程和新医药技术、新材料技术、先进制造业技术和环境保护技术收入分别为22517.4亿元、1842.7亿元、2978.9亿元、6564.7亿元和916.5亿元,同比增长率分别为20.0%、8.0%、7.2%、8.4%和4.0%。技术收入9426.9亿元,同比增长25.5%。技术投资依然活跃。研发人员70.7万人,同比增长12.3%。研发支出总额为2107亿元,同比增长24.5%。

综上,高新产业短期内发展承压,但及时的复工复产已重振部分"高精尖"产业,同时医药与互联网行业迎来重大利好。

二 加强北京"高精尖"产业应对风险的举措

(一)北京市应对疫情支持企业政策

北京市委市政府充分贯彻落实党中央、国务院关于新型冠状病毒感染的肺炎疫情防控工作部署,着力降低疫情对中小微企业生产经营的影响,帮助企业渡过难关,稳定发展,保障就业和民生。梳理中央和北京的政策,大致

可以分为以下五类。

1. 大力推动减税降费

减税降费政策，包括免征中小微企业养老、失业和工伤保险单位缴费，免征公共交通运输、餐饮住宿、旅游娱乐、文化体育等服务增值税，减免小规模纳税人增值税，执行期限延长到2020年底。个体工商户、小微企业所得税缴纳一律延缓到2021年。

2. 进一步降低企业生产经营成本

减免国有房地产租金，鼓励各类业主减免或延期租金，并提供政策支持。为保证企业的生存和现金流，定期降低社保缴纳标准，降低和递延租金，退还和降低相关税费。

3. 加大对中小微企业的扶持

对普惠型小微企业贷款周期予以延长，对中小微企业贷款实行延期还本付息政策，对困难企业贷款协商延长。鼓励银行大幅增加对小微企业的信贷贷款、首次发放贷款和不还本贷款。大幅扩大政府融资担保覆盖面，降低担保成本。大型商业银行小微企业普惠贷款增长40%。支持企业扩大债券融资。

4. 支持企业参与防疫科技创新和服务保障

重点支持药品和医疗设备相关领域企业的产品研发和技术创新，引导高新技术企业利用大数据、物联网、5G通信、虚拟现实、人工智能等新兴技术，在人员流动监控、抗疫物资生产、物流管理等方面提供技术支持和服务保障。与此同时，在保障企业正常运营的前提下，鼓励企业充分利用互联网技术开展网络云办公、网上招聘等线上办公，减少疫情时期人员流动，提高疫情期间的企业工作效率。

5. 力推技能培训，稳定和扩大就业

推进社会化、市场化就业；加强高校和地方就业服务；保障退役军人就业；加强对重点行业和重点人群的就业支持；落实农民工就业地平等就业政策；帮助残疾人等弱势群体就业；加强就业保障和各类职业技能培训，让劳动者掌握更多技能、实现就业。同时为北京市尖端产业的发展提

供智力保障。

新冠肺炎疫情爆发以来,北京市委市政府在以习近平同志为核心的党中央坚强领导下,围绕构建"高精尖"经济结构,推动高质量发展,积极统筹疫情防控和经济发展工作,发布了一系列强有力的政策,极大地帮助了科技企业降低成本、开拓市场。以下对北京市应对疫情支持企业政策进行了梳理(见表13)。

表13 北京市应对疫情支持企业政策梳理

序号	政策	发文机构	发布日期
1	关于做好疫情防控期间维护劳动关系稳定有关问题的通知	北京市人力资源和社会保障局	2020年1月23日
2	关于进一步做好疫情防控期间本市人力资源和社会保障相关工作的通知	北京市人力资源和社会保障局	2020年1月31日
3	关于新型冠状病毒疫情防控期间延长我市社会保险缴费工作的通告	北京市社会保险基金管理中心	2020年2月2日
4	关于加强新型冠状病毒肺炎科技攻关促进医药健康创新发展的若干措施	北京市科学技术委员会、北京市发展和改革委员会、北京市经济和信息化局、北京市财政局、北京市卫生健康委员会、北京市医疗保障局、北京市药品监督管理局、中关村科技园区管理委员会	2020年2月2日
5	关于应对新型冠状病毒感染的肺炎疫情影响促进中小微企业持续健康发展的若干措施	北京市人民政府办公厅	2020年2月5日
6	关于贯彻落实《北京市人民政府办公厅关于应对新型冠状病毒感染的肺炎疫情影响促进中小微企业持续健康发展的若干措施》的通告	北京市司法局	2020年2月6日
7	关于应对新型冠状病毒感染肺炎疫情影响停征部分行政事业性收费的通知	北京市市场监督管理局	2020年2月7日

北京"高精尖"产业发展状况分析

续表

序号	政策	发文机构	发布日期
8	关于支持科技"战疫"促进企业持续健康发展有关工作的通知	中关村科技园区管理委员会	2020年2月7日
9	关于应对疫情影响支持中小微企业稳定就业岗位有关问题的通知	北京市人力资源和社会保障局	2020年2月7日
10	关于应对新型冠状病毒感染的肺炎疫情支持网络视听企业保经营稳发展的若干措施	北京市广播电视局	2020年2月7日
11	关于印发《北京经济技术开发区管理委员会关于支持中小企业抗疫情云办公稳发展的若干措施》的通知	北京经济技术开发区管理委员会	2020年2月7日
12	关于应对新型冠状病毒感染的肺炎疫情影响促进展会项目的政策解读	北京市商务局	2020年2月7日
13	市科委落实应对新型冠状病毒感染的肺炎疫情影响促进中小微企业发展"16条"措施政策解读	北京市科学技术委员会	2020年2月8日
14	关于贯彻落实《北京市人民政府办公厅关于应对新型冠状病毒感染的肺炎疫情影响促进中小微企业持续健康发展的若干措施》的具体措施	北京市经济和信息化局	2020年2月8日
15	关于新型冠状病毒感染肺炎疫情防控期间加大政府采购支持中小微企业力度的通知	北京市财政局	2020年2月8日
16	关于落实京政办发〔2020〕7号文减免中小微企业房租的通知	北京市人民政府国有资产监督管理委员会	2020年2月8日
17	关于支持企业应对新型冠状病毒感染的肺炎疫情稳定发展的若干措施	北京市朝阳区人民政府办公室	2020年2月10日
18	转发北京市财政局关于新型冠状病毒感染肺炎疫情防控期间加大政府采购支持中小微企业力度文件的通知	北京市西城区财政局	2020年2月10日
19	关于发布应对疫情影响支持中小微企业稳定就业岗位具体办法的通告	平谷区人力资源和社会保障局	2020年2月10日

147

（二）北京市引导"高精尖"产业安全发展政策措施

在国际层面，我国正面临着新一轮全球科技变革和产业革命。从第三次工业革命到"工业4.0"等新工业理论的引入，欧美等发达国家都已经在积极布局"高精尖"产业以占领新的发展制高点。

我国劳动力、土地等资源要素成本不断提升，人口老龄化和环境污染日益严重，同时面临资源紧约束条件等多重困扰。今后10~15年正是关键的时间窗口，"高精尖"产业不仅是我国国际核心竞争力的体现，更是一场谁都输不起的产业革命，发展"高精尖"产业是我国面临多重危机的必然选择。

"高精尖"产业本身具有五个特点：开拓性、高浓度、高价值、集约化、低碳化。"高精尖"产业体系主要分为三个层次：（1）以高新技术产业和先进制造业为代表的基础层，如电子信息、生物制药、高端装备制造、航空航天、新能源、新材料、现代互联网技术等。（2）以先进服务业为代表的价值服务层，如研究和开发设计、高端商业、金融服务、科技服务、服务外包、现代物流、总部经济等现代服务行业。（3）以新产业形式集成和创新为代表的应用层，如文化和技术集成产业、现代农业技术、数字娱乐、创意产业和其他创新应用行业。

针对"高精尖"产业的特点和不同层次的属性，北京市应充分借鉴欧美发达国家的经验，进一步推动"高精尖"产业的发展。将"高精尖"产业作为驱动力，促进技术进步、创新和知识产权投资，从"有形的中国制造"到"无形的中国创造"，进一步提升北京市产业的相关附加值，增加企业的利润、社会的财富，积极应对潜在危机。

1. 培养"高精尖"人才

发展"高精尖"产业，人才是关键，也是发展的主体。人才对于企业、产业和地区的发展，乃至国家的崛起都是根本。从政府到教育和商业等机构，都应该努力提高全体人口的教育水平，同时营造吸引和留住人才的环境。

北京"高精尖"产业发展状况分析

2. 建立完善的金融体系

发展"高精尖"产业离不开金融的支持,健全的金融体系是"高精尖"产业快速发展的推进器。充分发挥政府信贷作用,通过担保贷款、优惠采购等多种政策支持"高精尖"中小企业发展。鼓励更多风险投资支持创新。

3. 建立健全知识产权保护体系

发展"高精尖"产业必须建立和健全知识产权保护体系。"高精尖"产业是创新型和知识密集型企业,知识产权的保护格外重要。重视知识产权保护,从根本上符合中国的最佳和长远利益。

4. 搭建全民创新的社会环境与协同机制

推动大众创业、万众创新。深化新一轮全面创新改革试点,发展风险投资,加大创业担保贷款力度,鼓励发展平台经济、共享经济,释放更大的社会创造力。营造创新创造、容忍失败的文化环境,鼓励更多具有平台功能特性的"社会企业"和"社会组织"参与到全民创新中,努力建立产学研对接机制,构建全新的"高精尖"创新生态。

同时优化民营经济发展环境,加大对民营企业的政策扶持。建立亲清政商关系,促进非公有制经济健康发展。破除体制机制障碍,进一步深化监管和服务改革,激发内生发展动力。在疫情防控工作正常进行的同时,充分调整措施,尽量简化程序推动全面复工复产、全面复城复业,推进市场化改革。

5. 践行扩大内需战略,加快推动经济转变

进一步深化供给侧改革,以改善民生为重点任务,推动扩大内需、扩大消费、扩大投资有效融合,相互促进。推动经济加快转变,稳定就业、保障民生、增加收入,多措并举,满足人民群众多样化需求,提高人民群众消费能力和意愿。

6. 培育科技创新产业集群

北京"高精尖"产业已初步形成产业规模,但在创新链、产业链、功能链等方面的整合还不够充分,科技创新资源对区域核心技术转移和产业发展支撑的能力不足,辐射能力也有限。虽然一些"高精尖"产业已经嵌入

国际产业供应链，但尚未形成以本地企业为核心，具有自主创新能力的完整的区域产业链和创新链，尚未形成具有国际竞争力的大规模创新产业集群。

培育现代科技创新产业集群。抓住全球产业链调整机遇，实施制造业数字化、智能化绿色发展规划。优先发展集成电路产业，构建以通用芯片、特色芯片设计、装备、制造为核心的集成电路产业链创新生态系统。全面实施5G产业发展行动计划，稳步推进5G通信网络建设。以工业互联网、车联网为重点，推进垂直行业场景应用，建设基于5G的远程自动驾驶测试示范线。构建开源开放的人工智能创新平台，引入"人工智能+医疗""人工智能+政府"等应用场景。

同时，进一步增强科技创新的支撑能力。全力支持基础研究和应用基础研究，鼓励企业加大研发投入。加快国家级实验室建设，调整国家重点实验室体系，推动社会研发机构发展，进一步深化国际科技合作。

参考文献

［1］郭朝先：《疫情对我国电子信息制造业发展的影响及应对》，《统一战线学研究》2020年第3期。

［2］代茂兵：《北京市"高精尖"产业结构的驱动机制分析》，《中国商论》2019年第15期。

［3］韩永奇：《论新冠肺炎疫情对国内新材料产业影响及对策》，《新材料产业》2020年第2期。

［4］宋龙艳：《北京经济 高精尖唱主角》，《投资北京》2019年第7期。

［5］宋健坤：《大力推进北京高精尖产业发展》，《北京观察》2020年第9期。

［6］李惠钰：《高精尖产业的北京模式》，《中国科学报》2019年10月17日，第6版。

［7］吴爱芝：《北京"高精尖"产业发展的现状与对策研究》，《北京教育》（高教版）2019年第5期。

［8］乌兰哈斯：《在疫情防控大考中看"中国之治"新境界》，《大理大学学报》2020年第11期。

B.8
北京文化和旅游产业发展分析

李孟刚 梅新艺[*]

摘 要： 本报告分别整理分析了2019年和2020年北京文化产业和旅游产业的发展情况。分析发现，就文化产业而言，2020年文化传播渠道、文化娱乐休闲服务、文化相关领域、文化辅助生产和中介服务、文化装备生产、文化消费终端生产六大领域的发展均受到一定影响，虽然同比增长正在收窄，但短期内可能还无法消化；就旅游产业而言，2020年北京旅游产业发展各指标相比2019年均有所下滑，但受益于国内疫情管控及时，北京旅游产业呈现出强力复苏的态势。为推动北京文化和旅游产业的长远发展，本报告建议加强政策支持，减负降费；加大金融支持力度，帮助企业渡过难关和稳定发展；建立文旅应急响应机制等。

关键词： 文化产业 旅游产业 北京市

一 北京文化产业发展概况

（一）2019年北京文化产业发展概况

根据北京市统计局最新数据，2019 年北京规模以上文化产业收入合计

---

[*] 李孟刚，北京交通大学经济管理学院教授，博士生导师，研究方向为国家经济安全、产业安全；梅新艺，北京交通大学经济管理学院博士后，研究方向为产业安全。

12849.7亿元，同比增长8.2%，从业人员平均人数59.4万人，同比下降3.1%。其中，文化核心领域收入11448.2亿元，同比增长9.9%，从业人员平均人数48.8万人，同比下降3.7%；新闻信息服务收入3692.7亿元，同比增长25.8%，从业人员平均人数14.5万人，同比下降2.6%；内容创作生产收入1899.4亿元，同比增长2.5%，从业人员平均人数14.1万人，同比增长1.0%；创意设计服务收入2852.8亿元，几乎无增长，从业人员平均人数10.0万人，同比下降6.1%；文化传播渠道收入2876.8亿元，同比增长8.3%，从业人员平均人数7.5万人，同比下降10.9%；文化投资运营收入19.8亿元，同比下降4.8%，从业人员平均人数0.2万人，同比增长28.1%；文化娱乐休闲服务收入106.7亿元，同比增长2.7%，从业人员平均人数2.5万人，同比下降3.5%；文化相关领域收入1401.5亿元，同比下降3.7%，从业人员平均人数10.6万人，同比下降0.7%；文化辅助生产和中介服务收入737.9亿元，同比增长2.4%，从业人员平均人数8.8万人，同比增长1.9%；文化装备生产收入121.9亿元，同比下降26.9%，从业人员平均人数0.9万人，同比下降16.8%；文化消费终端生产收入541.8亿元，同比下降4.6%，从业人员平均人数1.0万人，同比下降5.7%（见表1）。

表1 2019年北京规模以上文化产业概况

项目	收入合计（亿元）	同比增长(%)	从业人员平均人数(万人)	同比增长(%)
合计	12849.7	8.2	59.4	-3.1
文化核心领域	11448.2	9.9	48.8	-3.7
新闻信息服务	3692.7	25.8	14.5	-2.6
内容创作生产	1899.4	2.5	14.1	1.0
创意设计服务	2852.8	0.0	10.0	-6.1
文化传播渠道	2876.8	8.3	7.5	-10.9
文化投资运营	19.8	-4.8	0.2	28.1
文化娱乐休闲服务	106.7	2.7	2.5	-3.5
文化相关领域	1401.5	-3.7	10.6	-0.7
文化辅助生产和中介服务	737.9	2.4	8.8	1.9
文化装备生产	121.9	-26.9	0.9	-16.8
文化消费终端生产	541.8	-4.6	1.0	-5.7

资料来源：北京市统计局。

（二）2020年北京文化产业发展概况

截至 2020 年 9 月，北京规模以上文化产业收入合计 9593.0 亿元，同比增长 0.7%，从业人员平均人数 59.3 万人，同比下降 3.1%。其中，文化核心领域收入 8792.8 亿元，同比增长 4.2%，从业人员平均人数 49.9 万人，同比下降 2.0%；新闻信息服务收入 2829.6 亿元，同比增长 10.0%，从业人员平均人数 14.1 万人，同比下降 1.1%；内容创作生产收入 1938.6 亿元，同比增长 39.4%，从业人员平均人数 15.4 万人，同比增长 2.5%；创意设计服务收入 2331.4 亿元，同比下降 1.1%，从业人员平均人数 10.5 万人，同比下降 5.2%；文化传播渠道收入 1617.7 亿元，同比下降 19.4%，从业人员平均人数 7.5 万人，同比下降 5.7%；文化投资运营收入 17.0 亿元，同比增长 1.4%，从业人员平均人数 0.2 万人，同比下降 0.1%；文化娱乐休闲服务收入 58.5 亿元，同比下降 36.4%，从业人员平均人数 2.2 万人，同比下降 9.2%；文化相关领域收入 800.2 亿元，同比下降 26.5%，从业人员平均人数 9.4 万人，同比下降 8.4%；文化辅助生产和中介服务收入 408.9 亿元，同比下降 29.3%，从业人员平均人数 7.8 万人，同比下降 7.4%；文化装备生产收入 62.4 亿元，同比下降 34.0%，从业人员平均人数 0.8 万人，同比下降 19.5%；文化消费终端生产收入 328.9 亿元，同比下降 20.9%，从业人员平均人数 0.8 万人，同比下降 4.7%（见表 2、表 3、表 4、表 5）。

从以上数据可以看出，新冠肺炎疫情期间，文化核心领域发展基本持平，新闻信息服务领域有一定发展，内容创作生产领域有较大发展，截至 9 月收入同比增长 39.4%，创意设计服务、文化投资运营领域发展平稳，截至 9 月已经基本恢复同期水平。而疫情期间文化传播渠道、文化娱乐休闲服务、文化相关领域、文化辅助生产和中介服务、文化装备生产、文化消费终端生产六大领域的发展有一定下滑，虽然同比增长正在收窄，但短期内可能还无法消化。文化行业从业人员出现一定的流失，其中文化装备生产领域的人员流失最为严重。

表2　2020年北京规模以上文化产业收入情况

单位：亿元

时间	合计	文化核心领域	新闻信息服务	内容创作生产	创意设计服务	文化传播渠道
1~2月	1438.2	1314.4	469.3	189.0	348.5	296.4
1~3月	2609.7	2384.0	761.0	461.5	690.3	446.5
1~4月	3531.7	3220.2	1039.8	625.6	915.2	606.2
1~5月	4502.3	4112.7	1338.0	796.3	1172.1	765.7
1~6月	5851.5	5353.5	1758.5	1100.2	1462.5	981.8
1~7月	6979.4	6389.8	2072.8	1365.5	1732.1	1161.0
1~8月	8214.4	7528.6	2434.2	1627.1	2002.9	1398.2
1~9月	9593.0	8792.8	2829.6	1938.6	2331.4	1617.7

时间	文化投资运营	文化娱乐休闲服务	文化相关领域	文化辅助生产和中介服务	文化装备生产	文化消费终端生产
1~2月	1.7	9.5	123.8	76.6	7.0	40.2
1~3月	4.9	19.8	225.7	124.4	14.4	86.9
1~4月	6.3	27.1	311.5	167.3	21	123.2
1~5月	7.6	33.0	389.6	206.8	28.4	154.4
1~6月	11.2	39.3	498.0	263.5	37.9	196.6
1~7月	13.2	45.2	589.6	306.7	44.3	238.6
1~8月	14.1	52.1	685.8	353.8	52.6	279.4
1~9月	17.0	58.5	800.2	408.9	62.4	328.9

表3　2020年北京规模以上文化产业收入同比增长情况

单位：%

时间	合计	文化核心领域	新闻信息服务	内容创作生产	创意设计服务	文化传播渠道
1~2月	-11.7	-10.0	1.8	-16.0	-6.0	-23.3
1~3月	-8.0	-4.2	5.6	16.5	-2.4	-29.1
1~4月	-7.3	-2.8	10.9	15.4	-3.6	-27.6
1~5月	-5.7	-1.4	12.5	17.9	-3.0	-26.1
1~6月	-5.0	-1.2	5.9	27.9	-3.1	-25.3
1~7月	-3.7	-0.2	3.3	33.5	-2.5	-23.3
1~8月	-1.5	2.1	6.2	38.0	-2.1	-20.5
1~9月	0.7	4.2	10.0	39.4	-1.1	-19.4

续表

时间	文化投资运营	文化娱乐休闲服务	文化相关领域	文化辅助生产和中介服务	文化装备生产	文化消费终端生产
1~2月	-16.1	-34.8	-26.7	-16.2	-55.0	-35.0
1~3月	-10.3	-32.7	-34.9	-29.8	-54.1	-37.1
1~4月	-10.9	-33.6	-37.5	-39.3	-47.4	-32.6
1~5月	-14.0	-35.8	-35.7	-38.4	-42.1	-30.2
1~6月	-7.4	-36.4	-32.6	-35.2	-40.7	-26.6
1~7月	-2.7	-37.1	-30.3	-33.3	-40.1	-23.4
1~8月	-8.3	-37.0	-28.8	-32.1	-37.1	-22.1
1~9月	1.4	-36.4	-26.5	-29.3	-34.0	-20.9

表4　2020年北京规模以上文化产业从业人员平均人数

单位：万人

时间	合计	文化核心领域	新闻信息服务	内容创作生产	创意设计服务	文化传播渠道
1~2月	56.4	46.7	14.2	13.6	9.4	7.1
1~3月	59.1	48.7	13.0	15.0	10.8	7.4
1~4月	58.8	48.5	12.9	15.0	10.7	7.4
1~5月	58.6	48.4	13.0	15.1	10.5	7.4
1~6月	59.7	49.7	14.0	15.2	10.6	7.5
1~7月	59.6	49.6	13.9	15.3	10.5	7.5
1~8月	59.7	49.7	14.0	15.4	10.5	7.4
1~9月	59.3	49.9	14.1	15.4	10.5	7.5

时间	文化投资运营	文化娱乐休闲服务	文化相关领域	文化辅助生产和中介服务	文化装备生产	文化消费终端生产
1~2月	0.2	2.2	9.7	8.2	0.7	0.8
1~3月	0.2	2.3	10.4	8.6	0.8	1.0
1~4月	0.2	2.3	10.3	8.5	0.8	1.0
1~5月	0.2	2.2	10.2	8.4	0.8	1.0
1~6月	0.2	2.2	10.0	8.4	0.8	0.8
1~7月	0.2	2.2	10.0	8.4	0.8	0.8
1~8月	0.2	2.2	10.0	8.4	0.8	0.8
1~9月	0.2	2.2	9.4	7.8	0.8	0.8

表5　2020年北京规模以上文化产业从业人员平均人数同比增长情况

单位：%

时间	合计	文化核心领域	新闻信息服务	内容创作生产	创意设计服务	文化传播渠道
1~2月	-2.5	-2.9	-2.7	0.1	-3.5	-8.3
1~3月	-2.2	-2.0	-1.9	2.2	-3.1	-7.1
1~4月	-2.7	-2.5	-2.5	2.1	-4.2	-7.1
1~5月	-2.5	-2.1	-1.4	2.8	-6.3	-4.9
1~6月	-3.0	-2.2	-1.8	2.4	-5.0	-5.7
1~7月	-2.8	-1.9	-1.8	2.5	-5.1	-4.1
1~8月	-3.0	-2.1	-1.4	2.7	-5.4	-6.1
1~9月	-3.1	-2.0	-1.1	2.5	-5.2	-5.7

时间	文化投资运营	文化娱乐休闲服务	文化相关领域	文化辅助生产和中介服务	文化装备生产	文化消费终端生产
1~2月	4.0	-1.5	-0.3	3.6	-19.7	-13.5
1~3月	-3.6	-7.0	-3.1	-0.5	-19.2	-8.5
1~4月	0.8	-6.9	-3.7	-1.2	-18.5	-10.2
1~5月	0.3	-7.6	-4.1	-2.1	-19	-7.5
1~6月	0.6	-8.1	-6.6	-5.4	-18.5	-5.9
1~7月	0.6	-8.4	-7	-5.7	-19.2	-5.6
1~8月	0.0	-8.6	-7.1	-5.8	-19.6	-5.9
1~9月	-0.1	-9.2	-8.4	-7.4	-19.5	-4.7

资料来源：北京市统计局。

二　北京旅游产业发展概况

（一）2019年北京旅游产业发展概况

我国旅游业是第三产业的支柱性产业之一，涵盖了景区、客运、餐饮、住宿、文旅表演、旅游工艺品销售等多个产业。根据国家统计局2020年2月28日发布的数据，2019年国内旅游人次达到60.1亿人次，同比增长8.4%；国内旅游收入达到57251亿元，同比增长11.7%；入境游客14531万人次，同比增长2.9%。根据北京市统计局数据，2019年国内旅游总人数外联

（组团）旅游者人数 5245658 人次，同比增长 16.2%；接待旅游者人数 3594701 人次，同比增长 31.5%；入境旅游总人数外联（组团）旅游者人数 1111636 人次，同比增长 19.8%；接待旅游者人数 962377 人次，同比下降 7.8%；中国香港同胞外联（组团）旅游者人数 29749 人次，同比下降 18.7%；接待旅游者人数 37756 人次，同比下降 24.9%；中国澳门同胞外联（组团）旅游者人数 1336 人次，同比下降 66.6%；接待旅游者人数 5518 人次，同比下降 2.5%；中国台湾同胞外联（组团）旅游者人数 50236 人次，同比增长 20.7%；接待旅游者人数 38405 人次，同比下降 1.5%；外国人外联（组团）旅游者人数 1030315 人次，同比增长 21.8%；接待旅游者人数 880698 人次，同比下降 7.2%（见表6）。

表6 2019年北京旅行社外联（组团）接待旅游情况

单位：人次，%

项目	外联（组团）旅游者人数	同比增长	接待旅游者人数	同比增长
国内旅游总人数	5245658	16.2	3594701	31.5
入境旅游总人数	1111636	19.8	962377	-7.8
中国香港同胞	29749	-18.7	37756	-24.9
中国澳门同胞	1336	-66.6	5518	-2.5
中国台湾同胞	50236	20.7	38405	-1.5
外国人	1030315	21.8	880698	-7.2

2019年北京旅行社组织出境旅游人数合计 4845160 人次，同比下降 5.2%。其中，前往中国香港 104854 人次，同比下降 13.0%；前往中国澳门 113703 人次，同比增长 6.9%；前往中国台湾 49120 人次，同比增长 7.8%；前往泰国 508482 人次，同比下降 31.2%；前往新加坡 130921 人次，同比增长 26.8%；前往马来西亚 118699 人次，同比增长 1.7%；前往韩国 207072 人次，同比增长 2.0%；前往日本 956233 人次，同比增长 16.3%；前往德国 154011 人次，同比增长 15.1%；前往法国 192890 人次，同比增长 15.1%；前往意大利 175692 人次，同比增长 10.5%；前往瑞士 157575 人次，同比增长 16.6%；

前往澳大利亚155554人次，同比增长74.2%；前往美国149383人次，同比下降5.5%。从以上数据可以看出日本、泰国、韩国是北京市民出境游的前三选择，澳大利亚正在成为新的出境游热选目的地（见表7）。

表7　2019年北京旅行社组织出境旅游情况

单位：人次，%

项目	出境旅游人数	同比增长
合　计	4845160	-5.2
中国香港	104854	-13.0
中国澳门	113703	6.9
中国台湾	49120	7.8
泰国	508482	-31.2
新加坡	130921	26.8
马来西亚	118699	1.7
韩国	207072	2.0
日本	956233	16.3
德国	154011	15.1
法国	192890	15.1
意大利	175692	10.5
瑞士	157575	16.6
澳大利亚	155554	74.2
美国	149383	-5.5

2019年北京限额以上住宿业接待住宿44223248人次，同比下降1.1%；其中接待入境住宿3034302人次，同比下降8.3%；星级饭店接待住宿18174315人次，同比下降4.5%；星级饭店接待住宿人天数33206888天，同比下降6.4%（见表8）。

表8　2019年北京限额以上住宿业接待住宿情况

项目	2019年1~12月	同比增长(%)
接待住宿人数(人次)	44223248	-1.1
接待入境住宿人数(人次)	3034302	-8.3
星级饭店接待住宿人数(人次)	18174315	-4.5
星级饭店接待住宿人天数(人天)	33206888	-6.4

2019年北京旅游区（点）活动收入合计882511.2万元，同比增长1.7%。其中门票收入523708.7万元，同比增长4.1%；商品销售收入30903.8万元，同比增长3.2%；其他收入327898.7万元，同比下降2.0%；接待人数31772.1万人次，同比增长2.1%，其中接待境外人数680.8万人次，同比下降9.6%（见表9）。

表9 2019年北京旅游区（点）活动情况

项目	数值	同比增长（%）
收入合计（万元）	882511.2	1.7
门票收入（万元）	523708.7	4.1
商品销售收入（万元）	30903.8	3.2
其他收入（万元）	327898.7	-2.0
接待人数（万人次）	31772.1	2.1
其中：境外人数（万人次）	680.8	-9.6

资料来源：北京市统计局。

（二）2020年北京旅游产业发展概况

根据北京市统计局数据，2020年北京外联（组团）旅游者人数统计，第一季度接待国内旅游总人数220386人次，同比下降71.6%，前两个季度累计378221人次，同比下降81.2%，前三个季度累计831498人次，同比下降77.0%；第一季度接待入境旅游总人数29551人次，同比下降83.0%，前两个季度累计33394人次，同比下降92.7%，前三个季度累计33188人次，同比下降95.5%；第一季度接待中国香港同胞1497人次，同比下降72.3%，前两个季度累计1522人次，同比下降91.8%，前三个季度累计1528人次，同比下降93.2%；第一季度接待中国澳门同胞19人次，同比下降84.7%，前两个季度累计19人次，同比下降96.7%，前三季度累计19人次，同比下降97.9%；第一季度接待中国台湾同胞2539人次，同比下降75.8%，前两个季度累计2647人次，同比下降88.4%，前三季度累计2675人次，同比下降92.6%；第一季度接待外国人25496人次，同比下降83.8%，前两个季度累计29206人次，同比下降93.0%，前三季度累计28966人次，同比下降95.7%（见表10）。

表10　2020年前三季度北京外联（组团）接待旅游情况

单位：人次，%

项目	第一季度	同比增长	前两个季度	同比增长	前三个季度	同比增长
国内旅游总人数	220386	-71.6	378221	-81.2	831498	-77.0
入境旅游总人数	29551	-83.0	33394	-92.7	33188	-95.5
中国香港同胞	1497	-72.3	1522	-91.8	1528	-93.2
中国澳门同胞	19	-84.7	19	-96.7	19	-97.9
中国台湾同胞	2539	-75.8	2647	-88.4	2675	-92.6
外国人	25496	-83.8	29206	-93.0	28966	-95.7

资料来源：北京市统计局。

2020年北京第一季度接待国内旅游总人数124817人次，同比下降72.2%，前两个季度累计178645人次，同比下降85.9%，前三季度累计401284人次，同比下降84.6%；第一季度接待入境旅游总人数27727人次，同比下降79.7%，前两个季度累计28080人次，同比下降93.4%，前三季度累计28148人次，同比下降96.0%；第一季度接待中国香港同胞983人次，同比下降88.0%，前两个季度累计998人次，同比下降95.9%，前三季度累计998人次，同比下降96.6%；第一季度接待中国澳门同胞115人次，同比下降90.3%，前两个季度累计155人次，同比下降94.3%，前三季度累计155人次，同比下降96.1%；第一季度接待中国台湾同胞1681人次，同比下降76.5%，前两个季度累计1709人次，同比下降89.7%，前三季度累计1737人次，同比下降93.6%；第一季度接待外国人24948人次，同比下降79.2%，前两个季度累计25218人次，同比下降93.4%，前三季度累计25258人次，同比下降96.1%（见表11）。

表11 2020年前三季度北京接待旅游情况

单位：人次，%

项目	第一季度	同比增长	前两个季度	同比增长	前三季度	同比增长
国内旅游总人数	124817	-72.2	178645	-85.9	401284	-84.6
入境旅游总人数	27727	-79.7	28080	-93.4	28148	-96.0
中国香港同胞	983	-88.0	998	-95.9	998	-96.6
中国澳门同胞	115	-90.3	155	-94.3	155	-96.1
中国台湾同胞	1681	-76.5	1709	-89.7	1737	-93.6
外国人	24948	-79.2	25218	-93.4	25258	-96.1

资料来源：北京市统计局。

由于1月国内外疫情还没有蔓延开，故第一季度数据较第二、第三季度的数据要稍好一些。随着国内疫情的成功管控，第三季度北京接待外联（组团）旅游者中国内旅游总人数有很大的提升，但入境旅游的人数还未有起色，这主要因为我国对入境人员依旧管控严格。

2020年一至三季度北京旅行社组织出境旅游人数第一季度为468255人次，同比下降53.4%，第二季度2152人次，同比下降99.8%，第三季度879人次，同比下降99.9%；第一季度中国香港4084人次，同比下降86.1%，第二季度10人次，同比下降100.0%，第三季度80人次，同比下降99.6%；第一季度中国澳门8437人次，同比下降75.6%，第二季度3人次，同比下降100.0%，第三季度0人次，同比下降100.0%；第一季度中国台湾2166人次，同比下降82.2%，第二季度43人次，同比下降99.7%，第三季度18人次，同比下降99.9%；第一季度泰国41729人次，同比下降66.0%，第二季度259人次，同比下降99.8%，第三季度5人次，同比下降100.0%；第一季度新加坡19642人次，同比下降27.7%，第二季度178人次，同比下降99.0%，第三季度18人次，同比下降100.0%；第一季度马来西亚13734人次，同比下降57.0%，第二季度174人次，同比下降99.1%，第三季度11人次，同比下降100.0%；第一季度韩国20228人次，同比下降62.7%，第二季度445人次，同比下降99.1%，第三季度19人次,同比下降100.0%；第一季度日本77148人次,同比下降58.5%,第二季度103人次,同比下降99.9%,第三季度92人次,同比下降100.0%；第一季度德国8074人次,同比下降63.3%,第二季度59人次,同比下降99.9%,第三季度21人次,同比下降100.0%；第一季度法国10856人次,同比下降66.6%,第二季度126人次,同比下降99.7%,第三季度56人次,同比下降99.9%；第一季度意大利10917人次,同比下降63.7%,第二季度131人次,同比下降99.7%,第三季度6人次,同比下降100.0%；第一季度瑞士8455人次,同比下降68.8%,第二季度31人次,同比下降99.9%,第三季度2人次,同比下降100.0%；第一季度澳大利亚47608人次,同比增长123.4%,第二季度138人次,同比下降99.5%,第三季度155人次,同比下降99.7%；第一季度美国9214人次,同比下降67.6%,第二季度261人次,同比下降99.3%,第三季度159人次,同比下降99.7%（见表12）。

2020年第一季度北京旅行社组织出境旅游人数主要是一月国内未实行严格管控前积累的数据,在国家宣布全面实施疫情控制后,旅行社组织出境旅游的数据直接跌至谷底,前往澳门的人数在第三季度甚至变为0。截至第三季度结束,北京依旧未放开出境旅游的管制。国内外复杂的疫情环境,对北京市旅游与服务业造成了巨大负面影响。

表12 2020年一至三季度北京旅行社组织出境旅游情况

单位：人次,%

项目	2020年第一季度	同比增长	2020年第二季度	同比增长	2020年第三季度	同比增长
出境旅游人数	468255	-53.4	2152	-99.8	879	-99.9
中国香港	4084	-86.1	10	-100.0	80	-99.6
中国澳门	8437	-75.6	3	-100.0	0	-100.0
中国台湾	2166	-82.2	43	-99.7	18	-99.9
泰国	41729	-66.0	259	-99.8	5	-100.0
新加坡	19642	-27.7	178	-99.0	18	-100.0
马来西亚	13734	-57.0	174	-99.1	11	-100.0

续表

项目	2020年第一季度	同比增长	2020年第二季度	同比增长	2020年第三季度	同比增长
韩国	20228	-62.7	445	-99.1	19	-100.0
日本	77148	-58.5	103	-99.9	92	-100.0
德国	8074	-63.3	59	-99.9	21	-100.0
法国	10856	-66.6	126	-99.7	56	-99.9
意大利	10917	-63.7	131	-99.7	6	-100.0
瑞士	8455	-68.8	31	-99.9	2	-100.0
澳大利亚	47608	123.4	138	-99.5	155	-99.7
美国	9214	-67.6	261	-99.3	159	-99.7

2020年北京限额以上住宿业3月接待住宿人数660280人次，同比下降82.5%，其中接待入境住宿人数12099人次，同比下降95.4%，星级饭店接待住宿人数185459人次，同比下降87.3%，其中接待入境住宿人天数445073人天，同比下降83.6%；9月接待住宿人数2954512人次，同比下降16.5%，其中接待入境住宿人数26226人次，同比下降90.5%，星级饭店接待住宿人数926747人次，同比下降34.4%，其中接待入境住宿1749908人天，同比下降34.5%；1~2月接待住宿人数2888843人次，同比下降48.0%，其中接待入境住宿人数141573人次，同比下降55.2%，星级饭店接待住宿人数969872人次，同比下降57.0%，其中接待入境住宿人天数1871522人天，同比下降54.1%；1~9月累计接待住宿人数13655740人次，同比下降58.4%，其中接待入境住宿人数245629人次，同比下降89.1%，星级饭店接待住宿人数3998816人次，同比下降70.4%，其中接待入境住宿人天数8295940人天，同比下降66.4%（见表13）。

截止到第三季度结束，北京限额以上住宿业接待入境住宿人数依旧没有明显增长，这与我国强力的入境管制相关。为避免海外疫情再次侵袭国内，入境管制极其严格。同时可以看到，北京限额以上住宿业接待住宿人数逐步回升，9月同比增长收窄到-16.5%，星级饭店接待住宿人数和接待入境住宿天数分别收窄至-34.4%和-34.5%。从这三组数据可以看出，随着国内疫情的逐渐稳定以及抗疫常态化，国内旅游业正在逐步复苏。

表13 2020年北京限额以上住宿业接待住宿情况

月份	接待住宿人数（人次）	同比增长（%）	接待入境住宿人数（人次）	同比增长（%）	星级饭店接待住宿人数（人次）	同比增长（%）	星级饭店接待住宿人天数（人天）	同比增长（%）
3	660280	-82.5	12099	-95.4	185459	-87.3	445073	-83.6
4	697321	-81.3	8526	-97.4	164203	-89.3	427536	-84.7
5	1485582	-62.2	17075	-94.3	388322	-76.1	880117	-70.3
6	1354525	-63.3	9831	-96.4	353010	-76.8	812400	-70.1
7	1281378	-70.0	9647	-96.2	321779	-82.2	779418	-76.9
8	2333299	-47.4	20652	-91.8	689424	-63.2	1329966	-62.0
9	2954512	-16.5	26226	-90.5	926747	-34.4	1749908	-34.5
1~2	2888843	-48.0	141573	-55.2	969872	-57.0	1871522	-54.1
1~9	13655740	-58.4	245629	-89.1	3998816	-70.4	8295940	-66.4

2020年北京旅游区（点）活动2月收入4659.3万元，同比下降91.7%，其中门票收入778.6万元，同比下降97.6%，商品销售收入92.7万元，同比下降93.5%，其他收入3788.0万元，同比下降82.7%，接待人数332.1万人次，同比下降85.5%，其中境外人数1.5万人次，同比下降96.6%；9月收入45731.6万元，同比下降31.9%，其中门票收入24260.1万元，同比下降34.4%，商品销售收入1633.1万元，同比下降19.3%，其他收入19838.4万元，同比下降29.5%，接待人数1830.4万人次，同比下降27.4%，其中境外人数2.9万人次，同比下降94.6%；1~2月收入合计37660.2万元，同比下降60.4%，其中门票收入13975.2万元，同比下降71.0%，商品销售收入1378.8万元，同比下降46.2%，其他收入22306.2万元，同比下降49.7%，接待人数1647.0万人次，同比下降55.7%，其中境外人数22.6万人次，同比下降69.3%；1~9月收入合计270755.3万元，同比下降60.2%，其中门票收入124215.1万元，同比下降69.3%，商品销售收入8449.0万元，同比下降56.1%，其他收入138091.2万元，同比下降46.4%，接待人数11294.4万人次，同比下降54.3%，其中境外人数37.9万人次，同比下降92.8%（见表14）。

北京文化和旅游产业发展分析

截止到9月，北京旅游区（点）活动总收入、门票收入、商品销售收入、其他收入、接待人数，所有数据都呈现逐月回升的状态。其中由于五一假期的拉动，5月的数据表现优于相邻的3月、4月、6月、7月。随着临近"十一"黄金周，各项数据的同比增长明显收窄，仅接待境外人数的数据依旧不佳。从这五组数据可以看出，随着国内疫情的逐步稳定和抗疫常态化，旅游业正在强力复苏。

表14　2020年北京旅游区（点）活动情况

月份	收入合计（万元）	同比增长（％）	门票收入（万元）	同比增长（％）	商品销售收入（万元）	同比增长（％）
2	4659.3	-91.7	778.6	-97.6	92.7	-93.5
3	10784.7	-84.0	1894.1	-92.9	181.5	-87.3
4	19640.8	-74.6	9824.8	-79.5	171.1	-90.4
5	35834.2	-56.2	17818.0	-66.8	729.3	-73.4
6	30199.5	-62.2	14367.4	-70.8	968.2	-60.2
7	31738.9	-65.8	14567.6	-76.2	1203.4	-57.7
8	59165.4	-50.5	27507.9	-65.7	2183.6	-36.0
9	45731.6	-31.9	24260.1	-34.4	1633.1	-19.3
1~2	37660.2	-60.4	13975.2	-71.0	1378.8	-46.2
1~9	270755.3	-60.2	124215.1	-69.3	8449.0	-56.1

月份	其他收入（万元）	同比增长（％）	接待人数（万人次）	同比增长（％）	其中境外人数（万人次）	同比增长（％）
2	3788.0	-82.7	332.1	-85.5	1.5	-96.6
3	8709.1	-77.7	831.6	-65.4	1.3	-97.3
4	9644.9	-65.0	1203.1	-60.9	1.7	-97.6
5	17286.9	-32.1	1532.6	-51.1	2.7	-95.9
6	14863.9	-47.6	1286.7	-52.1	2.6	-95.8
7	15967.9	-44.4	1311.4	-59.4	1.8	-97.6
8	29473.9	-18.0	1651.7	-58.2	2.4	-97.0
9	19838.4	-29.5	1830.4	-27.4	2.9	-94.6
1~2	22306.2	-49.7	1647.0	-55.7	22.6	-69.3
1~9	138091.2	-46.4	11294.4	-54.3	37.9	-92.8

资料来源：北京市统计局。

北京产业蓝皮书

三 加强北京文化和旅游产业应对风险的举措

(一)北京市应对疫情支持文化和旅游产业的政策梳理

从2020年2月20日至9月21日,北京市文化和旅游局先后出台了27条复工促产专题通知。针对北京市等级旅游景区、演出场所、互联网上网服务营业场所、娱乐场所、星级饭店、剧院等演出场所、文化和旅游部旅行社、美术馆、乡村旅游经营单位(户),先后出台防控指引,随着疫情的控制又陆续出台文化旅游业防控措施指南。

2020年1月26日,文化和旅游部办公厅发布《关于全力做好新型冠状病毒感染的肺炎疫情防控工作暂停旅游企业经营活动的紧急通知》,要求各地停止旅游企业的业务活动,尽力做好新冠肺炎疫情的预防和控制工作。紧急暂停旅游业务后,北京市文化和旅游局推出了一系列振兴文化旅游的措施,如减免税收、暂退旅游服务质量保证金等,以缓解旅游企业的资金周转和经营困难。

最具代表性的政策是北京市委宣传部牵头、北京市16个部门及各区有关单位研究制定的《关于应对新冠肺炎疫情影响促进文化企业健康发展的若干措施》。该措施共分为聚合力、促精品、育动能、强支持、优服务五个部分,有效推动文化企业健康发展。其中,有11项措施用于缓解企业经营压力,有3项措施确保优质产品的创造和生产,有4项措施培育产业发展新动力,有6项措施加大对金融服务的支持,有4项措施优化和提高政府服务。

以上措施的制定坚持正视困难、坚定信心,把握存量、做足增量,着眼当前、考虑长远三项原则,以解决文旅企业的燃眉之急,促进高质量文旅产业的发展,真正打好政策"组合拳"。

(二)北京市加强文化和旅游产业应对风险的政策建议

文化和旅游产业是淡旺季明显的行业,此次疫情期间二者发展出现严重下滑。疫情对文化和旅游产业的影响主要体现在三个方面：一是旅游人数下降；二是文化和旅游产业支出/收入下降；三是文化和旅游产业总支出下降引起经济下行。

春节本应属于旅游业旺季，但随着防疫防控政策的落实，北京各大景区、主题公园、博物馆等应相关要求关闭，很多文化展览活动也取消了，流动人员大大减少。与此同时，由于政策的限制，文旅产业出现断崖式下滑，行业整体收入惨淡。

但是，在党的坚强领导下，通过有效防控，疫情得到了有效遏制。虽然中国的疫情得到了有效控制，但疫情在世界各国蔓延仍具有相当的复杂性和不确定性。与此同时，人们刚从疫情的阴影中走出来，文化和旅游产业需要将危机转化为机遇，改善内部机制，创新和寻求变化，抓住文化旅游融合和信息化、智能化旅游的契机，提高旅游品质，扩大新的增长点。

基于当前疫情防控的常态化，为推动北京文化和旅游产业的长远发展，可采取以下对策。

1. 加强政策支持，减负降费

政策是政府决策的行动标准。北京市政府应及时制定应对疫情的文化旅游产业支持政策，以进一步完善政策支持体系，帮助文化和旅游产业明确复苏的方向，稳定生产经营，使各类企业走出困境，重新焕发生机。

2. 加大金融支持力度，帮助企业渡过难关和稳定发展

加大信贷力度，特别是对文化旅游小微企业的支持力度，落实更加细化的贷款支持措施。为暂时困难但有前途的公司提供高效率和差异化的金融服务，做到不抽贷、不断贷、不压贷。中小企业由于支付困难，可以扩展或更新贷款。此外，可以通过降低利率和贴现率降低企业融资成本，对于受到疫情严重影响的行业以及对疫情防控具有关键作用的行业，应提供财政贴息支持，从而稳定市场预期，帮助企业渡过困难。

3. 修炼内功，协同创新

文化和旅游企业可以本着"互助自助、政府支持"的理念，依靠旅游、大数据等信息化数字服务，谋求生存和发展。实现与游客全天候隔屏互动，

积极了解潜在的游客需求和消费市场。实时关注疫情期间的旅游动态和用户行为,科学预测行业复苏发展态势,洞察旅游复苏迹象和客户观点,为文旅市场反弹做好充分准备。

4. 赋能文旅,跨界融合

疫情暴露出文化和旅游业过于依靠旅游现场体验、科技赋能不足、跨界融合不深等发展短板。智慧旅游作为一种在旅游体验、服务管理、业态融合等方面应用物联网、通信网络、云计算、智能数据等技术,以游客为本的旅游信息化发展新模式,能够弥补文化和旅游发展短板,充分赋能传统文化和旅游,推进"文旅+跨界"深度融合,推动旅游业态向综合性和融合型转型升级。

5. 建立文旅应急响应机制

第一,可以建立北京文化和旅游舆情传播智库,积极发布疫情期间旅游景点的疫情情况,使旅游目的地疫情信息公开透明。第二,进一步完善旅游应急管理机制,重点完善传统旅行社和在线旅游等中间商的紧急服务机制。第三,可以按照有关部门颁发的旅游景区恢复开放疫情防控指南进行防疫控疫。在确保文化旅游景区有序开放的同时,要密切重视景区人员和入境游客的疫情防控。第四,可以建立一个联合防疫和智能控制管理主管部门,联合旅游景点、文化和旅游企业、卫生部门、旅游协会和其他各方,并完善应急和治理方案。第五,完善公共旅游安全计划。将公共旅游安全规划纳入文化旅游体系,发布应急预案,提高旅游环境整体健康水平和文化旅游应急水平。

参考文献

[1] 黄雪莹、梁儒谦:《新冠肺炎疫情对旅游业的影响及应对策略》,《中国旅游报》2020年2月28日,第3版。

[2] 明庆忠、赵建平:《新冠肺炎疫情对旅游业的影响及应对策略》,《学术探索》2020年第3期。

［3］张海峰：《新冠肺炎疫情对文化旅游业的影响及应对之策》，《阿坝师范学院学报》2020年第2期。
［4］严伟、严思平：《新冠疫情对旅游业发展的影响与应对策略》，《商业经济研究》2020年第11期。
［5］陈玛琳、龚晶：《疫情对北京乡村旅游业的影响及建议》，《农产品市场》2020年第19期。
［6］冀文彦：《疫情期间北京文化产业的困境与机遇》，《北京城市学院学报》2020年第2期。
［7］闫祥青：《疫情之后旅游业发展趋势分析与重振举措》，《人文天下》2020年第7期。
［8］唐亮：《新冠肺炎疫情常态化防控背景下文旅企业的发展》，《吉林工商学院学报》2020年第5期。
［9］王思佳：《新冠疫情下"云旅游"的冷思考及热机遇》，《三峡大学学报》（人文社会科学版）2020年第5期。
［10］杨仕清：《新冠肺炎疫情对文旅产业的冲击与对策》，《当代旅游》2020年第28期。

B.9
京津冀区域性金融风险研究

贾晓俊 吴昊天 刘 伟*

摘　要： 本报告选取北京市、天津市、河北省的区域性金融风险作为研究对象，采用熵权法对区域性金融风险指标进行了测算。分析发现：在其他因素不变的情况下，第一，随着地方政府负债率的增加，同时期区域金融杠杆率也在不断地增长，且放大效应明显；第二，区域金融杠杆率的上升会显著提升同期区域性金融风险；第三，区域金融杠杆率对于区域性金融风险不仅具有同期正向影响，同时也具有一定的跨期相关性；第四，政府负债率的提高会通过抬高区域金融杠杆率的途径间接增加同期以及未来的区域性金融风险，但是政府负债率或许不是推高区域金融杠杆率的唯一因素；第五，GDP增长速度放缓以及PPI增加均会显著增加区域性金融风险。建议建设京津冀区域性金融风险联合预警机制，统一京津冀区域金融监管的准则，加强对地方政府债务的管理。

关键词： 区域性金融风险　京津冀协同　地方政府债务

金融业作为现代经济体系的核心内容，在经济运行系统中扮演着重要的

---

* 贾晓俊，北京交通大学经济管理学院副教授，研究方向为财政与金融；吴昊天，康奈尔大学戴森应用经济和管理学院硕士研究生，研究方向为环境与能源经济学；刘伟，北京交通大学经济管理学院硕士研究生，研究方向为产业安全。

角色，其健康稳定发展是保障国泰民安的基础。我国政府严抓金融风险问题，对系统性、区域性金融风险高度重视。积极健全金融监管体系，加强金融服务实体经济的能力，使金融服务脱虚向实。《人民银行、银保监会、证监会关于加强非金融企业投资金融机构监管的指导意见》以及《人民银行、银保监会、证监会、外汇局关于规范金融机构资产管理业务的指导意见》也提道：要防范金融风险跨机构、跨行业、跨市场传递，守住不发生系统性、区域性风险的底线。基于上述背景，2019年中央经济工作会议强调要深化金融供给侧结构性改革，守住不发生系统性风险的底线。

区域性金融风险不同于系统性金融风险，属于偏中观层面的概念，其存在的类型丰富多样且传导性强。前期对于区域性金融风险不加强防范，极易造成区域性金融风险向全国范围、世界范围的系统性金融风险转换，引发金融危机。区域金融稳定、安全发展才能保障宏观经济的健康稳定。因此必须加强对区域性金融风险的防范与管控，维护我国整体经济的稳定发展。

基于这样的背景，本报告选取北京市、天津市、河北省的区域性金融风险作为研究对象，采用熵权法对区域性金融风险指标进行测算，通过F检验和Hausman检验选取固定效应模型来分析政府债务余额对区域金融杠杆率的影响，以及区域金融杠杆率对区域性金融风险的影响。

一 京津冀区域性金融风险传导机制分析

（一）京津冀区域性金融风险概述

1. 银行业金融风险概述

（1）当前京津冀地区银行业运行状况

截至2019年末，北京市银行业金融机构共有本外币存款余额171062.30亿元，相比2018年增长13970.10亿元，增长率为8.89%。同年，北京市银行业金融机构共有本外币贷款余额76875.60亿元，相比2018年增加6391.90亿元，增长率为9.07%。2018年末，北京市银行业不良贷款余额达262.10

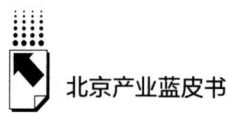

亿元，相比2017年减少了12亿元，不良贷款率由0.50%下降为0.40%。

截至2019年末，天津市银行业金融机构共有本外币存款余额31788.78亿元，相比2018年增长805.61亿元，增长率为2.60%。同年，天津市银行金融机构共有本外币贷款余额36141.27亿元，相比2018年增加2056.37亿元，增长率为6.03%。2019年末，天津市银行业不良贷款余额达882.30亿元，相比2018年增长124.10亿元，不良贷款率由3.10%下降为2.29%。

截至2019年末，河北省银行业金融机构共有本外币存款余额73216.32亿元，相比2018年增长6971.11亿元，增长率为10.52%。同年，河北省银行金融机构共有本外币贷款余额53788.52亿元，相比2018年增加5673.18亿元，增长率为11.79%。2018年末，河北省银行业不良贷款余额达787.90亿元，相比2017年增长168亿元，不良贷款率由2.00%上升为2.20%（见表1）。

表1　2015~2019年京津冀区域银行金融机构运行状况

单位：亿元，%

地区	年份	存款余额	贷款余额	不良贷款余额	不良贷款率
北京市	2015	128573.00	58559.40	366.30	0.84
	2016	138408.90	63739.40	260.20	0.55
	2017	144086.00	69556.20	274.10	0.50
	2018	157092.20	70483.70	262.10	0.40
	2019	171062.30	76875.60	—	—
天津市	2015	28149.37	25994.68	304.00	1.60
	2016	30067.03	28754.04	375.80	1.79
	2017	30940.81	31602.54	525.50	2.30
	2018	30983.17	34084.90	758.20	3.10
	2019	31788.78	36141.27	882.30	2.29
河北省	2015	48927.59	32608.47	272.30	1.18
	2016	55928.87	37745.85	502.20	1.87
	2017	60451.27	43315.28	619.90	2.00
	2018	66245.21	48115.34	787.90	2.20
	2019	73216.32	53788.52	—	—

资料来源：Wind数据库。

（2）京津冀地区银行业风险现状

①不良贷款余额较大，不良贷款率高

京津冀三地除北京市外，天津市与河北省2017年末的不良贷款率分别为2.30%、2.00%，均超出全国平均水平的1.90%，两地银行业不良贷款余额呈现较快增长趋势。不良贷款余额较大是京津冀区域银行业金融机构面临的风险之一。

②资产的配置风险高

近年来，随着互联网金融市场的不断完善，传统银行金融机构的盈利空间被挤占。出于盈利性的目标，许多银行开始向风险高、收益高的项目投资，使得银行金融机构的资产安全性下降，面临配置风险。

③表外业务风险大

银行除了传统的存贷款业务外，还有众多的表外业务，如：贷款承诺、担保、金融衍生工具、证券包销分销、黄金交易、贷款服务等。这些表外业务形式多样、结构复杂、规模巨大，使银行金融机构面临巨大的表外业务风险。

2. 保险业金融风险概述

（1）当前京津冀地区保险业运行状况

截至2019年末，共有45家保险公司总部和112家分支机构设在北京，保险公司分支机构数量较2018年增长3家。2019年末北京市实现原保险保费收入2076.50亿元，相比2018年保费收入增加283.20亿元，增长率为15.79%。同年北京市保险赔付支出为719.00亿元，相比2018年增加89.60亿元，增长率为14.24%。

截至2019年末，共有6家保险公司总部和69家分支机构设在天津，保险公司分支机构数量较2018年增长6家。2019年末天津市实现原保险保费收入617.89亿元，相比2018年保费收入增加57.91亿元，增长率为10.34%。同年天津市保险赔付支出为158.17亿元，相比2018年减少5.97亿元。

截至2019年末，共有1家保险公司总部和75家分支机构设在河北省，保险公司分支机构数量较2018年增长3家。2019年末河北省实现原保险保费收入1989.20亿元，相比2018年保费收入增加198.60亿元，增长率为11.09%。同年河北省保险赔付支出为549.80亿元，相比2018年增加8.60亿元，增长率为1.59%（见表2）。

表2 2015～2019年京津冀区域保险金融机构运行状况

单位：亿元，家

地区	年份	保费收入	保险赔付支出	保险公司总部数量	保险公司分支机构数量
北京市	2015	1403.90	506.60	55	97
	2016	1839.00	596.60	45	100
	2017	1973.20	577.70	68	109
	2018	1793.30	629.40	45	109
	2019	2076.50	719.00	45	112
天津市	2015	398.34	139.53	6	61
	2016	529.49	177.67	6	55
	2017	565.01	155.32	6	57
	2018	559.98	164.14	6	63
	2019	617.89	158.17	6	69
河北省	2015	1163.10	461.90	1	61
	2016	1495.30	548.20	1	65
	2017	1714.40	547.50	1	68
	2018	1790.60	541.20	1	72
	2019	1989.20	549.80	1	75

资料来源：Wind数据库。

（2）京津冀地区保险业风险现状

①治理机制不完善，防范风险能力弱

部分保险公司在治理与规范经营上缺乏有效性管理，内部管控上缺乏有效的约束机制，关联交易风险比较突出，防范、抵御风险的能力还比较弱。京津冀三地保险机构的赔付金额都呈现逐年上涨趋势，保险公司经营压力较大，同时由于风险存在隐蔽性、滞后性的特点，保险公司缺乏相应的有效风险转移措施，因而对京津冀区域保险公司的风险管理、投资、运营等提出了更高要求。

②流动性风险突出

在经营初期，保险公司的业务主要集中于中短存续期业务，对于资金流的要求较高，面临较大的流动性风险。近年来，由于监管部门不断加强对金融各机构的管理，部分保险公司在进行业务结构调整时，出现了保费流入下降，但退保金不断攀升，满期给付总量仍旧处于高位的现象，使保险公司面临巨大的现金流出压力。

③信用风险突出

保险公司一般将保费收入主要投资于债券和非标债权资产，还有一部分投资于城投债等领域，以获取收益。目前债券违约现象经常发生，而70%左右的保险资金都投资于债券领域，因此保险公司面临潜在的信用风险。

3. 证券业金融风险概述

（1）当前京津冀地区证券业运行状况

截至2019年末，北京市共有18家总部设在辖区内的证券公司，近五年来未发生变化，证券机构规模较大。2019年北京市共有334家公司挂牌上市，与2018年相比增加了18家，共实现股票（A股）融资3861.00亿元，与2018年相比增长42.89%，通过债券市场融资6974.70亿元，债券市场融资规模进一步扩大（见表3，下同）。

截至2019年末，天津市共有1家总部设在辖区内的证券公司。2019年天津市共有54家公司挂牌上市，与2018年相比增加了4家，共实现股票（A股）融资180.00亿元，债券市场融资2414.00亿元，与2018年相比，债券融资金额有所回落，但总体上呈波动上升趋势。

截至2019年末，河北省共有1家总部设在辖区内的证券公司。2019年河北省共有58家公司挂牌上市，上市公司数量总体呈递增态势，共实现股票（A股）融资148.40亿元，与2018年相比大幅增长，但总体上呈波动下降趋势，通过债券市场融资623.50亿元，与2018年相比增长11.26%。

表3 2015~2019年京津冀区域证券金融机构运行状况

单位：亿元，家

地区	年份	证券公司数量	上市公司数量	股票（A股）融资	债券市场融资
北京市	2015	18	264	1739.00	7180.00
	2016	18	281	1504.00	—
	2017	18	306	1421.00	-2748.00
	2018	18	316	2702.00	—
	2019	18	334	3861.00	6974.70

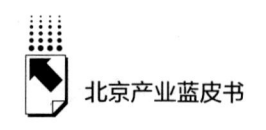

续表

地区	年份	证券公司数量	上市公司数量	股票（A股）融资	债券市场融资
天津市	2015	1	42	129.40	1596.70
	2016	1	45	71.70	1826.10
	2017	1	49	54.90	1629.20
	2018	1	50	9.10	2740.00
	2019	1	54	180.00	2414.00
河北省	2015	1	53	204.70	516.50
	2016	1	52	341.90	564.40
	2017	1	56	170.00	297.00
	2018	1	57	77.60	560.40
	2019	1	58	148.40	623.50

资料来源：Wind 数据库。

（2）京津冀地区证券业风险评估

①信用风险较大

随着金融监管的不断加强与去杠杆政策的实施，各公司经营面临较大的压力，违约事件时有发生。而作为证券机构的主要服务对象，企业的经营状况直接关乎证券公司的发展，频繁发生债券违约、破产倒闭等现象也使证券公司面临较大的信用风险。

②资产配置风险较高

证券公司的经营业务以传统型经营业务为主，如证券经纪业务、证券投资业务、融资与资产管理业务等，经营种类比较单一。一方面，单一的经营模式从长远来看会造成各证券公司之间的同质化竞争与无序竞争，不利于整个证券行业的发展壮大；另一方面，单一的经营模式也会降低证券公司抵御风险的能力，一旦风险事件来临，很容易在整个证券行业产生连锁反应，严重时甚至会发展为区域性金融危机。

（二）区域性金融风险传导机制分析

1. 地方政府债务规模影响金融杠杆水平的机制分析

地方政府债务对金融杠杆率的影响主要是通过银行贷款、债券以及融资担保等载体来实现的。

（1）银行贷款载体

地方政府主要通过银行来筹措资金，此外也会通过地方融资平台来筹措资金。两种方法为地方政府筹集了大部分资金，但二者都存在一定的局限性。筹集资金一般依靠土地或项目抵押，而抵押行为本身就抬高了银行和金融机构的杠杆率。

（2）债券载体

政府还通常借助发行一般债券和专项债券来筹措资金。但以下三个方面都无形中抬高了金融杠杆率：一是由于地方政府偿债能力较低，巨额的存量债务还需要借助发行债券来置换；二是政府在债券的还款期限内难以对未来的经济情况进行准确预判；三是二级流通市场欠发达，流通受阻。

（3）融资担保等影子银行载体

影子银行中占比最大的部分当属信托理财业务，主要包含政信合作类信托和房地产信托。政信合作类信托通过融资平台公司和信托公司合作的方式将筹措的资金用于基础设施建设和民生工程等。地方政府筹措资金的另一方式是影子银行的理财业务，产品标的包含城投债、央行票据等。地方政府对高昂特种设备的需求一般由融资租赁业务来填补，这些业务使金融杠杆率提升。

2. 金融杠杆水平对区域性金融风险的影响机制

金融杠杆率的不断攀升会引发以下各类风险，导致区域性金融风险爆发。

（1）流动性风险与偿付性风险

地方政府的融资主要是借助银行机构进行的间接融资，因而当地方政府出现偿债困难时，金融机构将面临地方政府无法按期偿还债务而引发的流动性风险。同时地方政府筹集的资金通常投向期限长、收益率低的城市基础设施建设，这也会导致资金期限严重错配。

（2）金融失衡风险

随着金融市场的发展，资本市场、货币市场和银行市场等各个子市场逐渐联系起来成为有机整体。在这种背景下，一个子市场出现风险极易传导至

其他市场中,影响整体宏观经济。得益于经济的发展和居民工资水平的提升,流向股市的资金日益增多,但同时风险集聚现象丛生。

(3) 实体经济倒闭风险

当经济发展形势积极乐观时,企业往往会加大贷款力度来扩大企业发展规模,从而使杠杆率攀升。而一旦经济发展形势出现消极状态,企业的资产净值下降,外部资金流入减少,高企的金融杠杆率会使企业因偿还性风险而面临破产和倒闭的危险。

(4) 社会不稳定风险

由上所述,金融杠杆率的不断攀升可能会使企业面临破产倒闭的风险。而某个企业的破产倒闭不仅涉及自身同时可能也会影响到整个行业。大量的企业倒闭和工人失业会对社会安定造成威胁,提升了社会关系恶化的可能性。

二 京津冀区域性金融风险评估

本报告主要分析京津冀地方政府负债率对京津冀区域金融杠杆率以及京津冀区域性金融风险的影响,验证地方政府负债率高企致使区域金融杠杆率上涨,在 GDP 增速放缓的背景下可能导致区域性金融风险增加的假设。

(一) 金融风险的安全评价指标建立

基于北京、天津和河北三地经济发展情况的差距以及各项政策、金融风险的差异,在考虑了各项模型变量和个体的差异情况后,本报告采用京津冀地区的面板数据来构建模型,剖析地方政府债务、金融杠杆水平及区域性金融风险之间的关系。本报告主要遵循地方政府债务对区域金融杠杆率产生影响进而对区域性金融风险产生影响的研究思路来展开实证研究,因此将从以下两个方面分别进行变量选取的说明。

1. 地方政府债务与金融杠杆水平的关联性分析

地方政府在筹集资金形成地方政府债务的过程中，不可避免地会提高金融信贷的规模，从而增加区域金融杠杆率。但同时考虑到其他因素也会对区域金融杠杆率的提升造成影响，因而本报告选取经济发展水平〔ln（GDP）〕、GDP增长率、经济发展的成本水平（PPI）、城市化率一阶差分、工业化率一阶差分、服务化率一阶差分等变量作为度量因素（见表4）。

表4　地方政府债务与金融杠杆水平的相关变量

类别	变量名称	变量符号	变量定义及计算方法
被解释变量	区域金融杠杆率	Y_1	用银行贷款余额与地方GDP比值来衡量金融杠杆率，二者数据均来源于Wind
解释变量	政府负债率	X_1	衡量地方政府相对其GDP的债务负担，用地方政府债务余额与当期GDP比值进行计算
	$\ln(GDP)$	X_2	衡量区域经济发展水平，GDP数据从Wind获取
	GDP增长率	X_3	衡量区域经济发展速度，数据从Wind获取
	PPI	X_4	衡量区域经济发展的成本水平，数据从Wind获取
	城市化率一阶差分	X_5	衡量区域的城镇化推行速度，城市化率数据从Wind获取
	工业化率一阶差分	X_6	衡量区域产业改革速度，工业化率数据从Wind获取
	服务化率一阶差分	X_7	衡量区域产业改革速度，以第三产业占比来衡量，数据从Wind获取

2. 金融杠杆水平与区域性金融风险的关联性分析

当整体经济环境处于良好发展态势时，金融机构往往会提高放贷力度，扩大信贷规模，从而使金融杠杆率得以提升；而当宏观经济发展速度下降、整体经济环境处于发展缓慢阶段时，金融机构新增加的收益可能无法弥补高企的杠杆成本，极易诱发区域性金融风险。在研究区域金融杠杆率对区域性金融风险的影响时选取如表5所示的变量，本报告借助熵权法，将不良贷款余额、不良贷款率、相对房价、房地产贷款余额和银行贷款余额指标综合考虑，加权计算得出京津冀三地金融风险值。

表5　金融杠杆水平与区域性金融风险的相关变量

类别	变量名称	变量符号	变量定义及计算方法
被解释变量	区域性金融风险	Y_2	将不良贷款余额、不良贷款率、相对房价、房地产贷款余额、银行贷款余额通过熵权法计算出区域性金融风险,数据来源于Wind
解释变量	区域金融杠杆率	Y_1	用银行贷款余额与地方GDP比值来衡量金融杠杆率,二者数据均来源于Wind
	ln(GDP)	X_2	衡量区域经济发展水平,GDP数据从Wind获取
	GDP增长率	X_3	衡量区域经济发展速度,数据从Wind获取
	PPI	X_4	衡量区域经济发展的成本水平,数据从Wind获取

（二）评价指标定义

除地方债务余额以外,本报告选取的原始数据为京津冀三地的面板数据,包含：PPI、GDP、GDP增长率、第二产业占比、第三产业占比、财政收入、财政支出、中央财政转移支付、单位面积平均房价、城镇居民人均可支配收入、银行贷款余额、不良贷款余额、不良贷款率、房地产贷款余额。京津冀三地地方政府债务余额由于2010年以前没有公开数据,故选取2010～2019年的面板数据,部分为推算值。

1. 政府负债率

政府负债率是衡量地方政府债务在GDP中所占比重的重要指标,用地方债务余额与区域当期GDP的比值来表示。一般而言,政府负债率越高,其在当地信用扩张中起到的作用越大,对于金融杠杆率提升的作用会更明显。政府债务余额可以通过各地财政厅（局）或审计部门的公开资料、媒体报道外加部分预估方法获得,而区域GDP通过Wind数据库获取。

2. GDP

GDP数据反映了当前经济的发展水平。通常来看,GDP越高,社会融资的渠道越多,融资意愿也更强,金融杠杆率也会随之升高。GDP数据来源于Wind数据库。

3. GDP 增长率

GDP 增长率是衡量区域经济发展速度的重要指标。GDP 增长率越高，短期内意味着区域经济处于繁荣发展期，企业更倾向于扩大投资规模来增加额外收益，消费者也会因为预期收入的快速增加而更倾向于贷款消费，因而区域金融杠杆率更高。GDP 增长率数据来源于 Wind 数据库。

4. 工业化率一阶差分

工业化率反映了某区域的工业发展水平，可通过第二产业产值与区域当期 GDP 的比值计算。工业化率一阶差分可反映区域产业结构的调整速度，较大的产业结构调整会引起更大的资金需求，从而可能推高区域金融杠杆率。工业化率数据来源于 Wind 数据库。

5. 服务化率一阶差分

服务化率反映了某区域的经济结构，可通过第三产业产值与区域当期 GDP 的比值计算。服务化率一阶差分可反映区域产业结构调整速度，较大的产业结构调整会引起更大的资金需求，从而可能推高区域金融杠杆率。服务化率数据来自 Wind 数据库。

6. 城市化率一阶差分

城市化率反映了一个国家或地区经济进步的水平，城市化的过程既表现为人口由农村向城市的流动，又表现为产业结构的转变、生产生活方式的变革，可通过区域内城镇人口与总人口的比值计算。在推行城市化的过程中，大规模的土地出让、房屋建设以及交易和新增居民的消费行为改变都有可能推高区域金融杠杆率。城市化率数据主要来源于 Wind 数据库。

7. PPI

PPI 反映某一时期工业品的价格走势。PPI 越高说明对应区域内涉及工业生产的工业品价格越高，同时也意味着其他企业利用工业品进行生产消费的成本越高，可能会产生更多的融资需求。PPI 数据从 Wind 数据库获取。

8. 不良贷款率

不良贷款率用金融机构的不良贷款占总贷款的比重来计算，反映了金融机构的安全性，本报告在计算京津冀区域性金融风险指标时将不良贷款率考

虑其中。不良贷款率数据从 Wind 数据库中获取。

9. 不良贷款余额

不良贷款余额指金融机构呆滞贷款、逾期贷款和呆账贷款的总额。通常将不良贷款余额看作银行可能会产生的损失，部分反映了区域金融可能发生的风险。不良贷款余额数据来源于 Wind 数据库。

10. 相对房价、房地产贷款余额

房地产行业涉及的开发贷款、住房贷款等通常具备规模大、期限长等特点，因而房地产行业在推动金融杠杆率提升、金融信贷规模扩大等方面具有重大影响。相对房价可通过区域单位面积房屋成交价格与当期居民人均可支配收入的比值计算。如果房地产贷款余额过大、房屋单位面积价格相对居民人均可支配收入过高，则可能导致居民偿债能力下降、购买力不足，进而引起金融风险。

（三）数据处理

1. 对数变换

对数变换公式为：$\ln(X) = \log_e X$，其中，X 表示需要对数变换的变量，$\ln(X)$ 表示对数变换后的变量值。本报告中对 GDP 数据进行对数变换。

2. 政府债务余额估算

政府负债率的计算结果为政府债务余额和区域当期 GDP 的比值，因此需要政府债务余额作为原始数据。然而该项数据来源较少，除近几年被京津冀三地财政厅（局）以公开文件呈现，其余均由三地审计或财政厅、局在新闻发布会上披露。上述两种途径提供的三地地方政府债务余额起始数据年份分别为：北京市 2010 年、天津市 2013 年、河北省 2012 年。鉴于数据可得性，京津冀三地政府负债率从 2010 年开始计算，由于政府债务余额数据截至 2010 年仍然不全，采取如下公式进行倒推。

$$\text{当期政府债务余额} \approx \frac{\text{下期政府债务余额} - \text{下期财政支出} + \text{下期财政收入} + \text{下期中央转移支付}}{1 + \text{下期国债利率}}$$

例如，已知某地区 t 年实际政府债务余额为 D_t，财政支出为 G_t，财政收入为 T_t，中央转移支付为 TR_t，当期一年期国债利率为 r_t，那么在 $t-1$ 年该地方政府债务估算余额为：

$$\widehat{D}_{t-1} = \frac{D_t - G_t + T_t + TR_t}{1 + r_t}$$

3. 金融风险指数创建

运用五个指标（不良贷款余额、不良贷款率、相对房价、房地产贷款余额、银行贷款余额）对三地数据采取熵权法分别计算金融风险指数。由于各个指标量纲的不同，首先按照地区分类将五个指标分别进行归一化处理，即：

$$\text{对于正向指标}: Z'_{ijt} = \frac{Z_{ijt} - \min(Z_{ijt})}{\max(Z_{ijt}) - \min(Z_{ijt})}$$

$$\text{对于逆向指标}: Z'_{ijt} = \frac{\max(Z_{ijt}) - Z_{ijt}}{\max(Z_{ijt}) - \min(Z_{ijt})}$$

其中，i 代表个体，j 代表指标，t 表示时间。

信息熵是事件 U（这里等同于某个指标）所包含的信息量的期望函数（试验中每次可能结果的概率乘以其结果的总和），根据期望的定义事件 U 信息熵的计算公式为：

$$H(U) = \frac{1}{\ln(N)} \times \left(\sum_i P_i \times f_i \right)$$

$$P_i = \frac{Z_i}{\sum_i Z_i}, \; f_i = \ln\left(\frac{1}{P_i}\right)$$

其中，N 为事件结果 Z_i 的数量，P_i 为结果 Z_i 的占比，f_i 为结果 Z_i 包含的信息量的计算采用函数。

（1）区域性金融风险指数赋权

根据上述方法，按照地区分类分别对五个指标进行熵值计算，进而根据每个地区的数据得出各个指标的熵权。若一个地区的某个指标熵值越小，则意味着该指标的离散程度越大，对此地区金融风险指数的影响（即权重）越大。例如，地区 i 的指标 j 的熵权计算值为

$$W_{ij} = \frac{1 - H(U_{ij})}{\sum_{j}[1 - H(U_{ij})]}$$

以不良贷款余额、不良贷款率、相对房价、房地产贷款余额、银行贷款余额五项指标为依据，用熵权法分别计算京津冀区域性金融风险指数权重，如表6所示。

表6 京津冀区域性金融风险指数权重

地区	不良贷款余额	不良贷款率	相对房价	房地产贷款余额	银行贷款余额
北京	0.2406753	0.3557333	0.1256761	0.1227475	0.15516
天津	0.35471352	0.24681136	0.09708811	0.13631490	0.16507
河北	0.2567952	0.3563347	0.1088877	0.1113769	0.16660

（2）区域性金融风险指数计算

接下来根据熵权法计算各地区金融风险指数，例如地区 i 在 t 年金融风险指数计算值为 $I_{it} = \sum_{j} W_{ij} \times Z'_{ijt}$，其中 W_{ij} 为地区 i 的指标 j 的熵权，Z'_{ijt} 为相对应的归一化指标在 t 年度的数值。根据熵权法计算出的京津冀三地2005~2019年区域性金融风险指数如图1和表7所示。

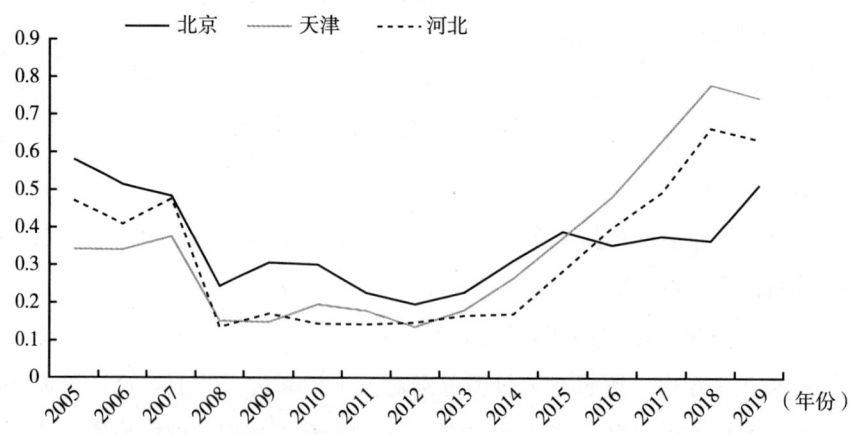

图1 2005~2019年京津冀区域性金融风险指数走势

表 7　2005~2019 年京津冀区域性金融风险指数

年份	北京	天津	河北
2005	0.581144	0.341585	0.471628
2006	0.514589	0.340095	0.409259
2007	0.483858	0.37552	0.476507
2008	0.243544	0.151406	0.134893
2009	0.305542	0.148668	0.170452
2010	0.30053	0.195742	0.143986
2011	0.226083	0.178524	0.142536
2012	0.19597	0.13629	0.147892
2013	0.227452	0.180801	0.166204
2014	0.312705	0.265493	0.170314
2015	0.389299	0.372115	0.284294
2016	0.353371	0.483044	0.400265
2017	0.37693	0.630796	0.494054
2018	0.364827	0.779068	0.663834
2019	0.51443	0.744953	0.633305

（四）评价指标的描述性统计分析

1. 2005~2019 年京津冀三地 PPI 变化轨迹

以上年 PPI 为 100，低于 100 说明 PPI 下降，反之则为上升。受次贷危机对总需求的负面影响，2008 年 PPI 开始下滑并于 2009 年探底。之后因国内"四万亿计划"而快速回弹。由于产能过剩，2011 年至 2015 年天津市和河北省 PPI 下跌趋势明显。2016 年后由于国家采取供给侧改革以解决过剩产能问题，工业品价格出现回弹，PPI 也呈现上涨态势（见图 2）。

2. 2005~2019 年京津冀三地 GDP 规模及增长率变化轨迹

受 GDP 核算标准更改的影响，天津市滨海新区 2016 年 GDP 由 10000 亿元调整为 6654 亿元，因此采用新口径统计的 2017 年 GDP 相较前一年有明显下跌。另外由于天津市自 2017 年起调整升级产业结构，一批产能落后产业被淘汰，经济增长明显放缓。北京市和河北省近几年 GDP 增长速度虽有所下降，但 GDP 规模仍旧处于增加阶段。河北省的 GDP 规模在

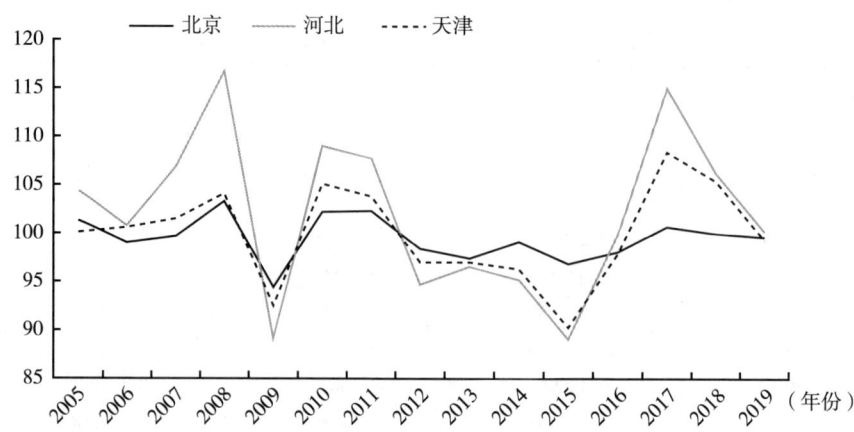

图2 2005~2019年京津冀三地PPI数据走势

2005年至2017年一直处于京津冀三地中首位,但由于2017年河北省GDP增长速度的大幅下降,北京市GDP规模在2018年反超河北省,一举成为京津冀三地中GDP规模最大的城市(见图3)。

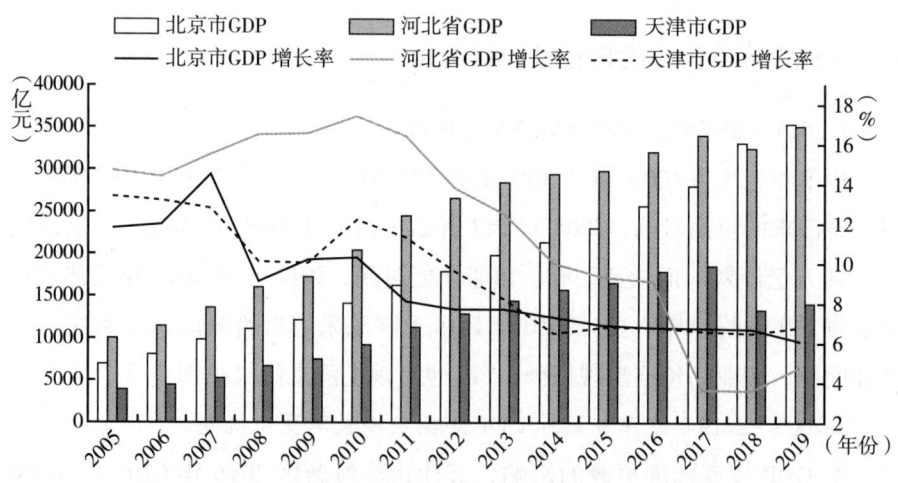

图3 2005~2019年京津冀三地GDP及GDP增长率走势

3. 2005~2019年京津冀三地财政支出与财政收入情况

自2014年起,随着经济增长速度逐步降低以及全国实行减税降费政策,各地财政收入增速开始下降。相较于其他省市，天津市的非税收收入在财政收入中所占比重较高，2016年天津市非税收入在财政收入中的占比达到40%，而同期全国非税收入在财政收入中占比的平均水平仅为24.1%。在推行减税降费政策后，天津市在2018年成为全国唯一财政收入负增长地区。

北京市2019年大规模进行减税降费，实施"六税两费"的减免政策，因此当年财政收入增加速度明显放缓。2019年北京市新增减税降费1800亿元，约占全国减税降费的10%。河北省财政收入2014～2018年处于缓慢增长阶段，受减税降费影响，2019年财政收入增速有所放缓，但总量仍有所增加。

4. 2005～2019年京津冀三地政府债务余额、政府负债率情况

北京市2011～2014年进行大规模的土地收储、市政建设（以轨道交通为主）以及民生保障支出，使北京市政府债务余额处于快速增长的态势；2015～2016年借助于加大偿债资金安排力度、加快土地入市节奏、引入PPP模式，北京市政府的存量债务规模大幅缩减，自2016年以后负债率较低，财政状况较为健康。天津市和河北省的政府负债率在2005～2014年呈现下降趋势，2014年后两地政府负债率不断升高。整体来看，天津市政府负债率高于河北省政府负债率。河北省不良贷款余额总量在京津冀区域中处于首位，2018年以来河北省不良贷款余额总量远超北京市、天津市不良贷款余额（见图4）。

5. 2005～2019年京津冀三地不良贷款率情况

从不良贷款率的角度来看，通过财务重组和加强金融监管等手段，商业银行的不良贷款率持续下降，由2002年末的20%一路下降到2008年第三季度的5.5%。同时受经济发展和银行业改革推动，2010年以前京津冀三地的不良贷款率快速下降。

2012年后，中国宏观经济面临着巨大的下行压力，GDP增长率跌破8%。在全球金融危机、国内经济增长减速及经济刺激政策的影响下，2013年中国银行业整体贷款质量已出现下滑现象。自我国经济发展进入新常态以来，受需求萎靡、投资缩减、产能过剩等多方面的影响，全国的经济增长面

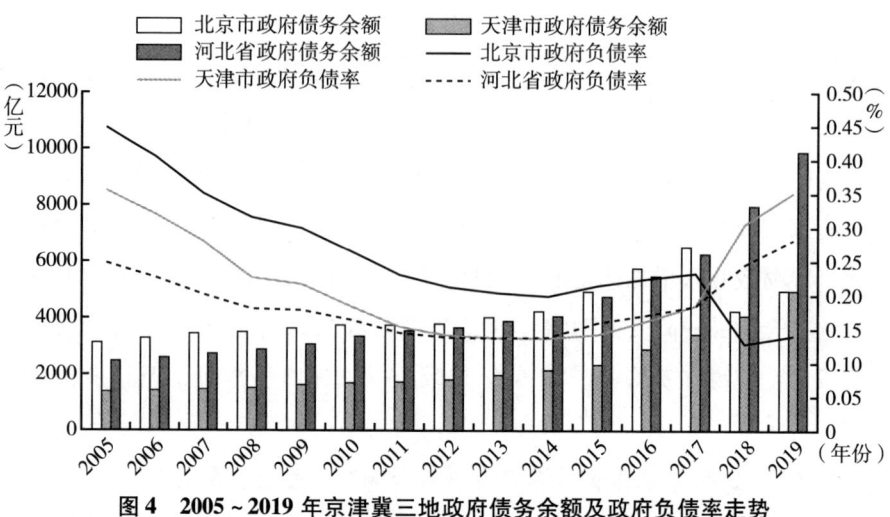

图4 2005~2019年京津冀三地政府债务余额及政府负债率走势

临着巨大压力,因此天津市、河北省自2013年起不良贷款率持续升高。受益于较强的经济基础、强大的金融资源以及出色的风控能力,北京市银行业不良贷款率自经济发展进入新常态以来常年维持在全国低位(见图5)。

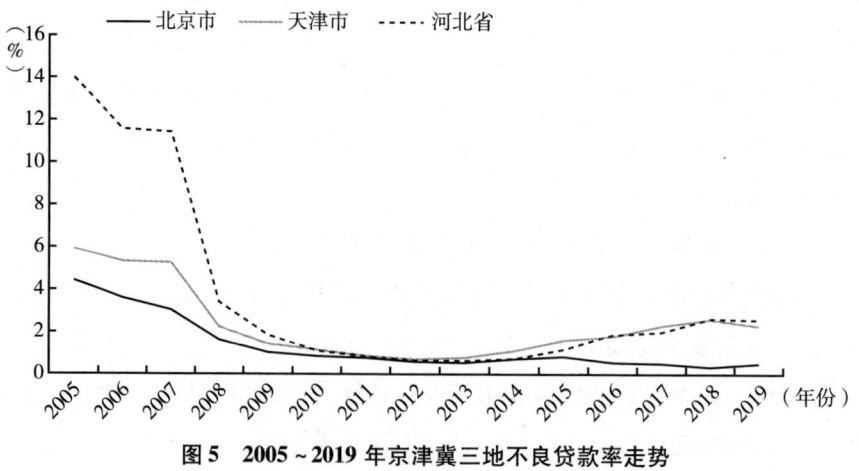

图5 2005~2019年京津冀三地不良贷款率走势

6. 2005~2019年京津冀三地城市化率程度

不同于北京、天津两大直辖市城市化率均居于全国前三的景象,河北省城市化发展进程较为缓慢。近30年来,河北省城市化发展速度明显加快，城镇人口不断增加，并于2015年全省城镇人口达3811万人，常住人口城镇化率达51.3%，首次实现城镇人口数量超越农村人口数量，进入城市阶段，与全国平均城镇化率的差距也缩小到3.5个百分点（见图6）。

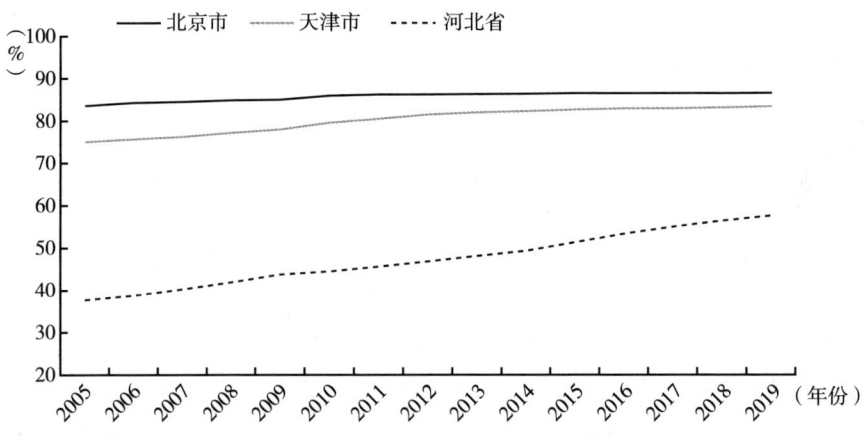

图6　2005～2019年京津冀三地城市化率走势

随着河北省城市化进程的快速推进，在拥有更高收入与更好的社会保障之下，居民对于住房和耐用消费品的需求增加，负债的动机增强，家庭部门杠杆率随之抬高，进而推高了区域金融杠杆率。相较而言，北京市和天津市城市化已然步入后期，此项影响较为有限。

7. 2005～2019年京津冀三地工业化率程度

我国工业化率在2008年达到峰值，进入工业化向后工业化过渡的时期。据《中国工业化进程报告（1995—2015）》，北京市、天津市在2015年进入后工业化阶段，同期河北省仍旧处于工业化后期（见图7）。

（五）地方政府债务影响金融杠杆水平的实证分析

此部分将对地方政府负债率对于区域金融杠杆率的影响进行实证分析。考虑到三地区经济水平、产业结构、发展阶段的不同，需要将ln（GDP）、GDP增长率、PPI、城市化率一阶差分、工业化率一阶差分、服务化率一阶

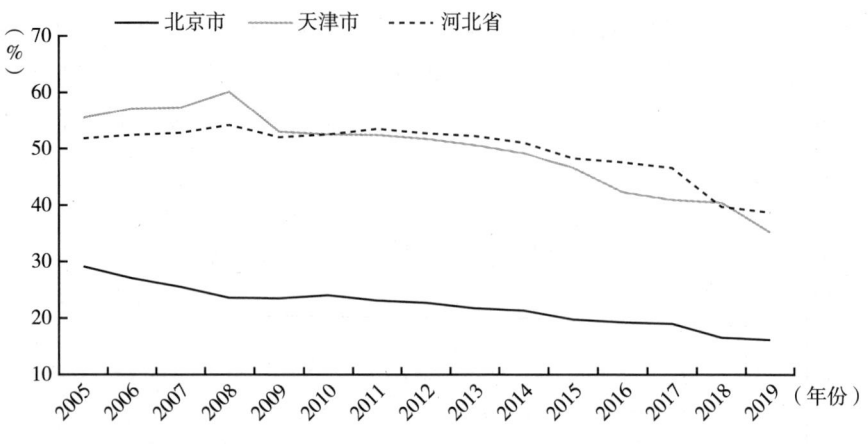

图7　2005～2019年京津冀三地工业化率走势

差分作为控制变量,以对政府负债率所造成的实际影响进行更加准确的分析。被解释变量为区域金融杠杆率;解释变量为政府负债率、ln（GDP）、GDP增长率、PPI、城市化率一阶差分、工业化率一阶差分、服务化率一阶差分。

1. 模型选择

（1）F检验

F检验可用于衡量个体固定效应模型与混合模型决定系数（R^2）差异是否显著。如果差异显著,则说明混合模型不具备一致性,因此选用个体固定效应模型;如果差异不显著,在两种模型计算出的参数估计都具有一致性的前提下,因为混合模型方差更小、有效性更好,应选用混合模型。假设检验为:

H_0：每个个体回归截距相同,真实模型为混合模型

H_a：个体截距均不相同,真实模型为个体固定效应模型

在原假设正确的情况下,则:

$$F = \frac{(RSS_1 - RSS_2)/(p2-p1)}{RSS_2/(NT-N-K)} \sim F_{p2-p1,\,NT-N-K}$$

$$p-value = Prob(F > F_{1-\alpha,\,p2-p1,\,NT-N-K})$$

其中，α 为显著性水平，在此设 $\alpha = 0.05$。如果 $p-value < 0.05$ 则拒绝原假设。

在此次检验中，后续计算得出 $F = 57.205$，$p-value < 0.01$。因此认为个体固定效应模型和混合模型得出结论差异显著，此处应该采取个体固定效应模型。

（2）内生性检验

用上年政府负债率和上年 $\ln(GDP)$ 作为当期政府负债率的工具变量进行两阶段回归分析，然后用 Hausman 检验将其结果与个体固定效应模型得出的回归结果进行对比。假设检验为：

H_0：两阶段个体固定效应回归结果与常规个体固定效应回归结果相同（不存在内生性问题）

H_a：上述两种方法测得的回归结果不同（存在内生性问题）

若原假设正确，则统计量 W 服从自由度为 k 的卡方分布：

$$W = (b_{2SLS_{FE}} - b_{FE})'[Var(b_{2SLS_{FE}}) - Var(b_{FE})]^{-1}(b_{2SLS_{FE}} - b_{FE}) \sim X_2(k)$$

其中 $b_{2SLS_{FE}}$ 为利用工具变量法推算出的内生变量数据所得的回归向量，b_{FE} 为利用原始的内生变量数据所得的回归向量，自由度 k 为解释变量数量。则：

$$p-value = Prob[W > X_{2,1-\alpha}(k)]$$

其中，α 为显著性水平，在此设 $\alpha = 0.05$。如果 $p-value < 0.05$ 则拒绝原假设。

经过计算，在本次假设检验中，卡方值 $W = 2.75$，$p-value = 0.907$，接受原假设。因此认为工具变量所推算出的个体固定效应模型与常规的个体固定效应模型得出结论一致，不存在内生性问题。

2. 实证结果及稳定性检验

根据预设的被解释变量和解释变量，个体固定效应回归结果如表8第一列所示。为检验模型的稳定性，表8的第二、三、四列分别去除了一部分控制变量，得出的回归结果及结论在政府负债率部分与原始模型的回归结果类似。鉴于政府负债率在四个回归结果里均为正数且统计上具有显著性,可以认为政府负债率对于区域金融杠杆率具有明显的正向影响。

表8 地方政府债务影响金融杠杆水平的实证结果

变量	回归1	回归2	回归3	回归4
政府负债率(X_1)	2.443 *** (0.771)	2.889 *** (0.520)	2.847 *** (0.777)	2.624 *** (0.737)
$\ln(GDP)(X_2)$	0.023 (0.271)		-0.019 (0.261)	0.012 (0.246)
GDP增长率(X_3)	-0.062 *** (0.018)	-0.048 *** (0.010)	-0.049 ** (0.018)	-0.059 *** (0.018)
PPI(X_4)	0.012 * (0.006)			0.008 (0.006)
城市化率一阶差分(X_5)	0.207 ** (0.098)			0.170 * (0.091)
工业化率一阶差分(X_6)	-0.127 (0.087)			
服务化率一阶差分(X_7)	-0.128 (0.102)			
R-squared	0.817	0.744	0.744	0.794
Adjusted R-squared	0.734	0.703	0.690	0.728
F Statistic	12.725 ***	36.243 ***	23.202 ***	16.926 ***

注:***、**、*分别表示1%、5%、10%的显著性水平。

由第一列回归可得出,区域金融杠杆率的拟合值计算式为:

$$Y_1 = 2.443X_1 + 0.023X_2 - 0.062X_3 + 0.012X_4 + 0.207X_5 - 0.127X_6 - 0.128X_7$$

第一,政府负债率对于区域金融杠杆率有显著正向影响且回归值大于1,具有明显拉动社会贷款的扩张效应。若采取第一组回归结果,并且其他因素不变,可得出政府债务余额相对GDP每增长10%,区域银行贷款余额相对GDP增长24.43%的结论。

第二,除政府负债率带来的影响外,推进城市化进程本身就会对区域金融杠杆率产生显著正向影响。城市化率增长进程每提高1%,区域金融杠杆率就随之提高 0.207。因此当其他因素不变时，快速推进城市化同样会带来区域金融杠杆率的显著提升。

（六）区域金融杠杆率对区域性金融风险影响的同期效应分析

此部分针对区域金融杠杆率对区域性金融风险的影响进行实证分析。考虑到京津冀三地经济水平、产业结构、发展阶段的不同，此处需要将 ln（GDP）、GDP 增长率、PPI 作为控制变量来对区域金融杠杆率造成的实际影响进行更加准确的分析。

1. 模型选择

与上一部分分析思路基本一致，首先采用负债率 F 检验来判别选择混合模型还是个体固定效应模型，之后将相对政府负债率、工业化率一阶差分、城市化率一阶差分、服务化率一阶差分作为区域金融杠杆率的工具变量进行两阶段分析，并借助 Hausman 检验来判断是否存在内生性问题。

在 F 检验中，若原假设正确，统计量 F 遵循 $F(2, 24)$ 分布。设定 5% 的显著性水平，若 $p < 0.05$，则拒绝原假设。后续计算得出 $F = 18.36$，$p < 0.05$。因此认为个体固定效应模型和混合模型得出结论差异显著，此处应该采取个体固定效应模型。

在 Hausman 检验中，若原假设正确，则检验统计量 W 服从自由度为 k 的卡方分布，若 $p < 0.05$，则拒绝原假设。经过计算，在本次假设检验中，卡方值 $W = 1.12$，$p = 0.77$，接受原假设。因此认为工具变量所推算出的个体固定效应模型与常规的个体固定效应模型得出结论一致，不存在内生性问题。

2. 回归结果及稳定性检验

根据预设的被解释变量和解释变量，个体固定效应回归结果如表 9 第一列所示。为检验模型的稳定性，表 9 的第二、三列分别添加或去除了一个可能的控制变量，得出的回归结果在区域金融杠杆率部分均为正数且统计上具有显著性，因此可以认为其对区域性金融风险具有明显的正向影响。

表9　区域金融杠杆水平与区域性金融风险同期效应的回归结果

变量	回归1	回归2	回归3
区域金融杠杆率(Y_1)	0.266***	0.439***	0.313***
	(0.073)	(0.055)	(0.076)
ln(GDP)(X_2)	—	0.415***	—
	—	(0.071)	—
GDP增长率(X_3)	-0.031***	-0.002	-0.027***
	(0.007)	(0.007)	(0.008)
PPI(X_4)	0.007**	0.008***	
	(0.003)	(0.002)	
R-squared	0.819	0.927	0.776
Adjusted R-squared	0.781	0.908	0.740
F Statistic	36.095***	73.477***	43.260***

注：***、**、*分别表示1%、5%、10%的显著性水平。

由第一列回归可得出，区域性金融风险的回归拟合值计算式为：

$$Y_2 = 0.266Y_1 - 0.031X_3 + 0.007X_4$$

第一，区域金融杠杆率对区域性金融风险产生显著正向影响；结合上一部分，可以得出当其他因素不变时，政府负债率对于区域性金融风险具有间接正向影响。

第二，GDP增长率对金融风险有显著负向影响，因此当其他因素不变时，GDP增长率提高有助于降低金融风险。与之相对应的是，当区域经济增长放缓时，区域性金融风险也会随之增大，带来更多不稳定性。

（七）区域金融杠杆率对区域性金融风险影响的滞后效应分析

考虑到银行等贷款机构在经济繁荣、自身面对风险较小的阶段更有动力扩大贷款、推高贷款余额进而增加区域金融杠杆率，区域金融杠杆率和区域性金融风险除去与自身可能的滞后相关性以外也可能存在相互之间的跨期相关性。本部分探究区域性金融风险指数和区域金融杠杆率跨期相关性以及相互作用原理。考虑到京津冀三地经济发展阶段和金融基础情况不同，因此采取面板向量自回归模型（PVAR模型），允许三地在内生变量上具有不同截距,以放宽对于数据稳定性的限制。因为年度数据跨度较大,时间序列模型内生变量均采取一阶滞后。

1. 无外生变量 PVAR 模型

表10 区域金融杠杆水平与区域性金融风险的回归结果(无外生变量)

	区域金融杠杆率	区域性金融风险指数
区域金融杠杆率一阶滞后	0.9556 (0.1173)	0.1575* (0.0625)
区域性金融风险指数一阶滞后	0.1295 (0.1961)	0.7772 (0.1044)

注:*表示10%的显著性水平。

从表10可以看出,在10%的显著性水平下,区域金融杠杆率一阶滞后会显著正向影响区域性金融风险。根据测算,当期区域金融杠杆率每增加0.1就会在一年以后增加大约0.016区域性金融风险,跨期效应成立。因此认为区域金融杠杆率对于区域性金融风险的显著正向效应不仅限于当期,而且具有一定时长(至少一年)的延续性。

2. 带有外生变量 PVAR 模型

考虑到上部分区域金融杠杆率与区域性金融风险同期效应的回归结果,在原有基础上,将同期政府负债率、GDP 增长率、PPI 三个变量作为外生变量加入 PVAR 回归模型。

表11 区域金融杠杆水平与区域性金融风险的回归结果(有外生变量)

	区域金融杠杆率	区域性金融风险指数
区域金融杠杆率一阶滞后	0.7765 (0.1708)	0.2732* (0.0872)
区域性金融风险指数一阶滞后	-0.1360 (0.2459)	0.8931 (0.1256)
政府负债率	1.2489 (0.4501)	0.3105 (0.2298)

续表

	区域金融杠杆率	区域性金融风险指数
GDP增长率	-0.0372*** (0.0051)	-0.0072*** (0.0054)
PPI	-0.0025*** (0.0051)	-0.0056*** (0.0026)

注：***、*分别表示1%、10%的显著性水平。

从表11可以看出，在控制当期政府负债率、GDP增长率以及PPI之后，在10%的显著性水平下，区域金融杠杆率一阶滞后会显著正向影响区域性金融风险。根据测算，当期区域金融杠杆率每增加0.1就会在一年以后增加大约0.027区域性金融风险，跨期效应仍然成立，且边际效果更加明显。因此认为区域金融杠杆率对于区域性金融风险的显著正向效应不仅限于当期，而且具有一定时长（至少一年）的延续性。

（八）研究结论

第一，从地方政府负债率对区域金融杠杆率的回归分析发现，在其他因素不变的情况下，随着地方政府负债率的增加，同时期区域金融杠杆率也在不断地增长，且放大效应明显。政府债务余额相对GDP每增长10%，区域银行贷款余额相对GDP增长24.43%。

第二，从区域金融杠杆率对区域性金融风险的回归分析发现，在其他因素不变的情况下，区域金融杠杆率的上升会显著提升同期区域性金融风险。

第三，区域金融杠杆率对于区域性金融风险不仅具有同期正向影响，也具有一定的跨期相关性。当期区域金融杆杆率的攀升也会对一年后区域性金融风险增加有预示作用。

第四，根据前三条因素，可以推断政府负债率的提高会通过抬高区域金融杠杆率间接增加同期以及未来的区域性金融风险。

第五，仅从政策角度讲，政府负债率的提升或许不是推高区域金融杠杆率的唯一因素。如前所述，推进城市化进程本身就会对区域金融杠杆率产生显著正向影响。城市化率增长进程每提高1%,区域金融杠杆率就随之提高0.207。当其他因素不变时,快速推进城市化同样会带来区域金融杠杆率的显著提升。

第六,在其他因素(包含区域金融杠杆率)不变的前提下,GDP增长速度放缓以及PPI增加均会显著增加区域性金融风险。

三 防范化解京津冀区域性金融风险的对策建议

(一)建设京津冀区域性金融风险联合预警机制

建设区域性金融风险联合预警机制,实现对京津冀区域性金融风险的早发现、早预警、早处置。京津冀区域的金融监管机构可以联合监管,共同制定符合京津冀区域的预警指标体系。同时利用当前快速发展的大数据、云计算等技术,建立京津冀联合预警指标体系,并搭建京津冀区域性金融风险监测数据库,对数据格式与统计口径等作出统一规范,定期采集交流相关数据,真正实现京津冀区域数据的实时共享与监测,防范京津冀区域性金融风险的发生。

(二)统一京津冀区域金融监管的准则

结合京津冀三地的金融发展情况,制定适合京津冀区域金融发展的监管准则,在京津冀区域范围内实现金融的统一监管。各监管机构要及时进行沟通协调,真正做到同一金融业务下各家监管机构监管准则的统一,增强监管的协调性,减少监管真空、监管重复现象,提高金融监管效率,从源头上减少金融机构监管套利行为,不断探索与完善京津冀金融监管准则。

(三)加强对地方政府债务的管理

1. 建立京津冀区域地方政府债务风险预警机制,完善京津冀区域地方政府债务评价指标体系

将债务存量、财政收入水平、税收水平与政府债务风险等纳入京津冀地方财政的重点考核范围内,有针对性地确定政府新增债务限额。对京津冀区

域范围内的各区县加强预警管理，一旦发现债务率等指标超出安全水平，立刻追踪警告，做好债务风险违约责任追究工作。制定京津冀区域地方政府债务危机应急处理预案，维护京津冀区域金融安全。

2. 规范政府举债行为，创新政府融资模式

在财政资金方面给予京津冀地方政府一定的支持，鼓励政府创新融资方式。同时加强对地方政府融资渠道的监督，保证举债程序符合规定。京津冀地区可借助社会资本与民间资本的力量来发展完善公共服务和基础设施建设，增加政府和社会资本合作的融资规模，盘活社会资本，健全项目管理和考核机制，在一定程度上降低京津冀地区尤其是天津市和河北省的负债压力。

参考文献

［1］荣梦杰、李刚：《区域金融风险的空间关联、传染效应与风险来源》，《统计与决策》2020年第24期。

［2］沈丽、刘媛、李文君：《中国地方金融风险空间关联网络及区域传染效应：2009—2016》，《管理评论》2019年第8期。

［3］丁述军、庄须娟、李文君：《区域金融风险部门间传染机理与实证分析》，《经济经纬》2019年第3期。

［4］李凯风、李星：《债务风险水平的识别及对区域金融风险的影响——基于熵权TOPSIS法和综合模糊评价法》，《上海金融》2019年第3期。

［5］王擎、刘军、金致雯：《区域性金融风险与区域经济增长的相关性分析》，《改革》2018年第5期。

［6］黄锐、唐松、常曦、汤子隆：《中国"去杠杆"与区域金融风险防范研究——基于杠杆率的区域结构差异视角》，《学习与实践》2018年第1期。

［7］曹源芳、蔡则祥：《基于VAR模型的区域金融风险传染效应与实证分析——以金融危机前后数据为例》，《经济问题》2013年第10期。

［8］宋凌峰、叶永刚：《中国区域金融风险部门间传递研究》，《管理世界》2011年第9期。

［9］谭中明：《区域金融风险预警系统的设计和综合度量》，《软科学》2010年第3期。

附 录
Appendices

B.10
2015年以来北京产业政策梳理

截至2020年9月，北京市自2015年起共发布81条产业相关政策（见表1），涵盖了产业腾退与产业转移、"高精尖"产业以及服务业等各个产业，为北京市产业快速发展提供了政策支持。

表1 北京产业政策梳理（2015~2020年）

序号	名称	发文机构	成文日期	实施日期
1	关于进一步优化企业兼并重组市场环境的实施意见	北京市人民政府办公厅	2015年3月31日	2015年3月31日
2	关于加快首都科技服务业发展的实施意见	北京市人民政府	2015年5月6日	2015年5月12日
3	关于加快发展体育产业促进体育消费的实施意见	北京市人民政府	2015年7月9日	2015年7月14日
4	关于加快发展现代保险服务业的实施意见	北京市人民政府	2015年8月19日	2015年9月10日
5	北京市服务业扩大开放综合试点实施方案	商务部	2015年9月13日	2015年9月16日
6	关于推进供给侧结构性改革进一步做好民间投资工作的措施	北京市人民政府办公厅	2016年7月23日	2016年7月24日

续表

序号	名称	发文机构	成文日期	实施日期
7	北京市预算审查监督条例	北京市人民代表大会常务委员会	2016年12月29日	2017年3月1日
8	关于优化人才服务促进科技创新推动高精尖产业发展的若干措施	北京市人民政府	2017年12月31日	2017年12月31日
9	关于加快科技创新构建高精尖经济结构用地政策的意见（试行）	北京市人民政府	2017年12月31日	2018年1月12日
10	关于进一步优化营商环境提高企业开办效率的通知	北京市工商行政管理局	2018年3月14日	2018年3月18日
11	首都科技创新券资金管理办法	北京市财政局	2018年3月6日	2018年4月8日
12	促进在京高校科技成果转化实施方案	教育部科学技术司、中关村科技园区管理委员会	2018年4月16日	2018年5月2日
13	北京市企业境外投资管理办法	北京市发展和改革委员会	2018年7月17日	2018年7月17日
14	关于开展第三批北京市创业孵化示范基地认定工作的通知	北京市人力资源和社会保障局	2018年7月6日	2018年7月31日
15	关于对本市部分环保行业实施用电支持政策的通知	北京市发展和改革委员会	2018年7月30日	2018年8月1日
16	进一步做好总部企业知识产权工作促进总部经济创新发展的若干措施	北京市商务委员会	2018年3月30日	2018年8月30日
17	北京市促进知识产权服务业发展行动计划（2018年—2020年）	北京市知识产权局	2018年9月26日	2018年10月12日
18	中关村国家自主创新示范区商标品牌工作示范试点单位动态调整办法	中关村科技园区管理委员会	2018年10月17日	2018年10月18日
19	北京市中药产业智能绿色发展示范工程实施方案	北京市经济和信息化委员会	2018年9月26日	2018年10月24日

续表

序号	名称	发文机构	成文日期	实施日期
20	关于进一步支持中关村国家自主创新示范区科技型企业融资发展的若干措施	中关村科技园区管理委员会	2018年11月15日	2018年11月16日
21	北京市进一步优化营商环境行动计划(2018年—2020年)	中共北京市委	2018年7月18日	2018年11月19日
22	财政部 税务总局关于实施小微企业普惠性税收减免政策的通知	北京市财政局	2019年1月30日	2019年1月30日
23	强化创新驱动科技支撑北京乡村振兴行动方案(2018~2020年)	北京市科学技术委员会	2019年1月31日	2019年2月1日
24	北京市中小微企业外观设计专利侵权纠纷快速处理办法(试行)	北京市知识产权局	2019年1月21日	2019年2月1日
25	《中关村国家自主创新示范区促进科技金融深度融合创新发展支持资金管理办法》实施细则(试行)	中关村科技园区管理委员会	2019年2月27日	2019年2月28日
26	中关村国家自主创新示范区促进科技金融深度融合创新发展支持资金管理办法	中关村科技园区管理委员会	2019年2月26日	2019年2月28日
27	关于精准支持中关村国家自主创新示范区重大前沿项目与创新平台建设的若干措施	中关村科技园区管理委员会	2019年3月1日	2019年3月5日
28	北京市整治养老行业"保健"市场乱象保护老年人合法权益工作方案	北京市民政局	2019年3月8日	2019年3月20日
29	深化金融供给侧改革持续优化金融信贷营商环境的意见	北京市地方金融监督管理局	2019年4月11日	2019年4月12日
30	中关村国家自主创新示范区优化创业服务促进人才发展支持资金管理办法	中关村科技园区管理委员会	2019年4月15日	2019年4月15日
31	中关村国家自主创新示范区一区多园协同发展支持资金管理办法	中关村科技园区管理委员会	2019年4月15日	2019年4月15日

续表

序号	名称	发文机构	成文日期	实施日期
32	北京市提高商业服务业服务质量提升"北京服务"品质三年行动计划	北京市商务局	2019年4月16日	2019年4月18日
33	中关村国家自主创新示范区提升创新能力优化创新环境支持资金管理办法	中关村科技园区管理委员会	2019年4月15日	2019年4月18日
34	中关村国家自主创新示范区知识产权行动方案（2019~2021）	中关村科技园区管理委员会	2019年4月18日	2019年4月18日
35	《中关村国家自主创新示范区优化创业服务促进人才发展支持资金管理办法》实施细则（试行）	中关村科技园区管理委员会	2019年4月15日	2019年4月18日
36	"一带一路"科技创新北京行动计划（2019~2021年）	北京市科学技术委员会	2019年4月16日	2019年4月19日
37	中关村创业孵化机构分类评价办法（试行）	中关村科技园区管理委员会	2019年4月12日	2019年5月11日
38	关于促进我市商业会展业高质量发展的若干措施（暂行）	北京市商务局	2019年5月7日	2019年6月5日
39	北京市中小企业公共服务示范平台评价管理办法	北京市经济和信息化局	2019年7月30日	2019年7月30日
40	北京市科学技术奖励办法	北京市人民政府	2019年7月18日	2019年8月18日
41	北京市固定资产投资项目节能审查承诺制试点实施方案（试行）	北京市发展和改革委员会	2019年8月13日	2019年9月16日
42	中关村国家自主创新示范区高精尖产业协同创新平台建设管理办法（试行）	中关村科技园区管理委员会	2019年9月18日	2019年9月18日
43	关于支持中关村科学城标准创新发展的措施（试行）	北京市海淀区人民政府	2019年9月25日	2019年9月29日
44	关于进一步促进中关村知识产权质押融资发展的若干措施	中关村科技园区管理委员会	2019年10月15日	2019年10月24日

2015年以来北京产业政策梳理

续表

序号	名称	发文机构	成文日期	实施日期
45	北京市技术先进型服务企业认定管理办法（2019年修订）	北京市科学技术委员会	2019年10月24日	2019年10月24日
46	进一步优化"纳税"营商环境的工作措施	北京市财政局	2019年10月28日	2019年11月6日
47	关于新时代深化科技体制改革　加快推进全国科技创新中心建设的若干政策措施	北京市人民政府	2019年10月16日	2019年11月15日
48	北京市新一轮深化"放管服"改革优化营商环境重点任务	北京市人民政府	2019年11月6日	2019年11月19日
49	北京市知识产权资助金管理办法（试行）	北京市知识产权局	2019年12月9日	2019年12月9日
50	北京市机器人产业创新发展行动方案（2019—2022年）	北京市经济和信息化局	2019年12月19日	2019年12月19日
51	北京市促进大中小企业融通发展 2019~2021年行动计划	北京市经济和信息化局	2019年12月30日	2019年12月30日
52	关于推进北京市中小企业"专精特新"发展的指导意见	北京市经济和信息化局	2019年12月30日	2019年12月30日
53	北京市促进科技成果转化条例	北京市人民代表大会常务委员会	2019年11月27日	2020年1月1日
54	关于加大金融支持科创企业健康发展的若干措施	北京市地方金融监督管理局	2020年1月10日	2020年1月10日
55	北京市关于促进北斗技术创新和产业发展的实施方案（2020年—2022年）	北京市经济和信息化局	2020年2月19日	2020年2月22日
56	关于加快优化金融信贷营商环境的意见	北京市地方金融监督管理局	2020年2月28日	2020年2月29日
57	北京市高精尖产业技能提升培训补贴实施办法	北京市科学技术委员会	2020年3月6日	2020年3月13日
58	北京市复工复产企业疫情防控综合保险管理办法、北京市复工复产企业疫情防控综合保险实施方案	北京市地方金融监督管理局	2020年3月17日	2020年3月17日
59	北京现代种业发展三年行动计划（2020~2022年）	北京市农业农村局	2020年3月13日	2020年4月8日

203

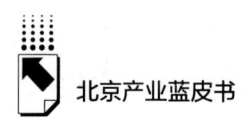

续表

序号	名称	发文机构	成文日期	实施日期
60	进一步支持中小微企业应对疫情影响保持平稳发展若干措施	北京市人民政府办公厅	2020年4月17日	2020年4月17日
61	北京市优化营商环境条例	北京市人民代表大会常务委员会	2020年3月27日	2020年4月28日
62	西城区关于在金融街落实金融业扩大开放的若干措施	北京市西城区人民政府	2020年5月9日	2020年5月9日
63	房山区落实《进一步支持中小微企业应对疫情影响保持平稳发展若干措施》实施细则	北京市房山区人民政府办公室	2020年5月29日	2020年6月2日
64	北京市知识产权运营试点示范单位认定与管理办法	北京市知识产权局	2020年6月17日	2020年6月17日
65	西城区关于全力以赴支持中小微企业发展的补充措施	北京市西城区人民政府办公室	2020年6月26日	2020年6月29日
66	北京市区块链创新发展行动计划（2020—2022年）	北京市人民政府办公厅	2020年6月18日	2020年6月30日
67	关于落实"放管服"要求进一步完善北京市科技计划项目经费监督管理的若干措施	北京市科学技术委员会	2020年6月12日	2020年7月1日
68	国家发展改革委关于延长阶段性降低企业用电成本政策的通知	北京市发展和改革委员会	2020年6月29日	2020年7月1日
69	关于延长阶段性减免企业社会保险费政策实施期限等问题的通知	北京市人力资源和社会保障局	2020年7月2日	2020年7月2日
70	关于北京市进一步加大创业担保贷款贴息力度全力支持重点群体创业就业的通知	北京市财政局	2020年6月12日	2020年7月7日
71	支持北京老字号疫情常态化下稳经营促发展的若干措施	北京市商务局	2020年7月6日	2020年7月13日
72	关于进一步利用首都科技创新券助力企业复工复产的通知	北京市科学技术委员会	2020年7月15日	2020年7月17日

续表

序号	名称	发文机构	成文日期	实施日期
73	关于印发《进一步支持中小微企业应对疫情影响保持平稳发展若干措施》的通知	北京市人民政府办公厅	2020年8月11日	2020年8月14日
74	北京市外经贸发展资金支持北京市对外投资合作实施方案	北京市商务局	2020年8月14日	2020年8月14日
75	北京市知识产权局行政违法行为分类目录(试行)	北京市知识产权局	2020年8月27日	2020年8月27日
76	北京市科技企业孵化器认定管理办法	北京市科学技术委员会	2020年7月28日	2020年9月10日
77	北京市关于打造数字贸易试验区实施方案	北京市商务局	2020年9月18日	2020年9月21日
78	北京市促进数字经济创新发展行动纲要(2020~2022年)	北京市经济和信息化局	2020年9月22日	2020年9月22日
79	北京市促进中小企业发展条例	北京市人民代表大会常务委员会	2020年9月25日	2020年12月1日
80	关于鼓励发展商业品牌首店的若干措施(2.0版)	北京市商务局	2020年9月24日	2020年9月24日
81	北京市外经贸发展资金支持北京市企业境外投资项目海外投资保险统保平台实施方案	北京市商务局	2020年8月14日	2021年1月1日

B.11
2015年以来北京产业腾退与产业转移政策梳理

京津冀一体化战略实施3年多来,北京市推动完成了一批有共识、看得准、能见效的疏解项目,累计关停退出一般制造业企业1992家,调整疏解各类区域性专业市场594家,部分学校和医院疏解稳步推进,产业转移对接协作成果丰硕。

截至2020年11月,北京市自2015年起共发布11条与产业腾退、产业转移相关的政策(见表1),涉及促进企业境外投资的政策有《北京市企业境外投资管理办法》、《北京市外经贸发展资金支持北京市对外投资合作实施方案》和《北京市外经贸发展资金支持北京市企业境外投资项目海外投资保险统保平台实施方案》;涉及优化市场环境促进企业发展的政策有《关于进一步优化企业兼并重组市场环境的实施意见》、《关于进一步优化营商环境提高企业开办效率的通知》和《北京市进一步优化营商环境行动计划(2018年—2020年)》;涉及各项优惠的政策有《关于推进供给侧结构性改革进一步做好民间投资工作的措施》、《关于延长阶段性减免企业社会保险费政策实施期限等问题的通知》和《关于北京市进一步加大创业担保贷款贴息力度全力支持重点群体创业就业的通知》。当前北京市正着力建立疏解配套政策体系,健全激励引导机制,出台实施产业疏解配套政策,制定腾退空间管理和使用意见,联合津冀印发产业承接重点平台建设意见。

表1 产业腾退与产业转移政策梳理(2015~2020年)

序号	名称	发文机构	成文日期	实施日期
1	关于进一步优化企业兼并重组市场环境的实施意见	北京市人民政府办公厅	2015年3月31日	2015年3月31日
2	关于推进供给侧结构性改革进一步做好民间投资工作的措施	北京市人民政府办公厅	2016年7月23日	2016年7月24日

续表

序号	名称	发文机构	成文日期	实施日期
3	关于进一步优化营商环境提高企业开办效率的通知	北京市工商行政管理局	2018年3月14日	2018年3月18日
4	北京市企业境外投资管理办法	北京市发展和改革委员会	2018年7月17日	2018年7月17日
5	北京市进一步优化营商环境行动计划(2018年—2020年)	中共北京市委	2018年7月18日	2018年11月19日
6	强化创新驱动科技支撑北京乡村振兴行动方案(2018~2020年)	北京市科学技术委员会	2019年1月31日	2019年2月1日
7	北京现代种业发展三年行动计划(2020~2022年)	北京市农业农村局	2020年3月13日	2020年4月8日
8	关于延长阶段性减免企业社会保险费政策实施期限等问题的通知	北京市人力资源和社会保障局	2020年7月2日	2020年7月2日
9	关于北京市进一步加大创业担保贷款贴息力度全力支持重点群体创业就业的通知	北京市财政局	2020年6月12日	2020年7月7日
10	北京市外经贸发展资金支持北京市对外投资合作实施方案	北京市商务局	2020年8月14日	2020年8月14日
11	北京市外经贸发展资金支持北京市企业境外投资项目海外投资保险统保平台实施方案	北京市商务局	2020年8月14日	2021年1月1日

B.12
北京"高精尖"产业政策梳理

在北京打造"高精尖"产业格局的大背景下，科创企业发展迅猛，科技创新能力进一步提升，发挥了高端产业的引领带动作用。这背后与北京市近年来一系列产业引导政策息息相关。北京市近年来共发布了34条与"高精尖"产业相关的政策，涉及促进科技成果转化的政策有《北京市促进科技成果转化条例》和《促进在京高校科技成果转化实施方案》；涉及知识产权保护的政策有《北京市知识产权运营试点示范单位认定与管理办法》、《中关村国家自主创新示范区知识产权行动方案（2019~2021）》、《进一步做好总部企业知识产权工作促进总部经济创新发展的若干措施》和《北京市专利保护和促进条例》；涉及科技创新的政策有《关于新时代深化科技体制改革 加快推进全国科技创新中心建设的若干政策措施》、《"一带一路"科技创新北京行动计划（2019~2021年）》、《中关村国家自主创新示范区优化创业服务促进人才发展支持资金管理办法》、《关于加快科技创新构建高精尖经济结构用地政策的意见（试行）》和《关于优化人才服务促进科技创新推动高精尖产业发展的若干措施》；涉及资金支持"高精尖"产业发展的政策有《中关村国家自主创新示范区提升创新能力优化创新环境支持资金管理办法》、《中关村国家自主创新示范区一区多园协同发展支持资金管理办法》、《中关村国家自主创新示范区促进科技金融深度融合创新发展支持资金管理办法》和《〈中关村国家自主创新示范区促进科技金融深度融合创新发展支持资金管理办法〉实施细则（试行）》（见表1）。

表1 北京"高精尖"产业政策梳理（2007~2020年）

序号	名称	发文机构	成文日期	实施日期
1	北京市信息化促进条例	北京市人民代表大会常务委员会	2007年9月14日	2007年12月1日

续表

序号	名称	发文机构	成文日期	实施日期
2	北京市科技专项管理办法	北京市科学技术委员会	2011年9月1日	2011年10月1日
3	北京市专利保护和促进条例	北京市人民代表大会常务委员会	2013年9月27日	2014年3月1日
4	关于优化人才服务促进科技创新推动高精尖产业发展的若干措施	北京市人民政府	2017年12月31日	2017年12月31日
5	关于加快科技创新构建高精尖经济结构用地政策的意见（试行）	北京市人民政府	2017年12月31日	2018年1月12日
6	促进在京高校科技成果转化实施方案	教育部科学技术司、中关村科技园区管理委员会	2018年4月16日	2018年5月2日
7	关于开展第三批北京市创业孵化示范基地认定工作的通知	北京市人力资源和社会保障局	2018年7月6日	2018年7月31日
8	进一步做好总部企业知识产权工作促进总部经济创新发展的若干措施	北京市商务委员会	2018年3月30日	2018年8月30日
9	北京市促进知识产权服务业发展行动计划（2018年—2020年）	北京市知识产权局	2018年9月26日	2018年10月12日
10	中关村国家自主创新示范区商标品牌工作示范试点单位动态调整办法	中关村科技园区管理委员会	2018年10月17日	2018年10月18日
11	关于进一步支持中关村国家自主创新示范区科技型企业融资发展的若干措施	中关村科技园区管理委员会	2018年11月15日	2018年11月16日
12	《中关村国家自主创新示范区促进科技金融深度融合创新发展支持资金管理办法》实施细则（试行）	中关村科技园区管理委员会	2019年2月27日	2019年2月28日
13	中关村国家自主创新示范区促进科技金融深度融合创新发展支持资金管理办法	中关村科技园区管理委员会	2019年2月26日	2019年2月28日

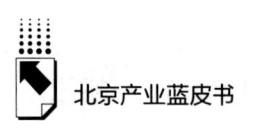

续表

序号	名称	发文机构	成文日期	实施日期
14	关于精准支持中关村国家自主创新示范区重大前沿项目与创新平台建设的若干措施	中关村科技园区管理委员会	2019年3月1日	2019年3月5日
15	中关村国家自主创新示范区优化创业服务促进人才发展支持资金管理办法	中关村科技园区管理委员会	2019年4月15日	2019年4月15日
16	中关村国家自主创新示范区一区多园协同发展支持资金管理办法	中关村科技园区管理委员会	2019年4月15日	2019年4月15日
17	中关村国家自主创新示范区提升创新能力优化创新环境支持资金管理办法	中关村科技园区管理委员会	2019年4月15日	2019年4月18日
18	中关村国家自主创新示范区知识产权行动方案（2019~2021）	中关村科技园区管理委员会	2019年4月18日	2019年4月18日
19	《中关村国家自主创新示范区优化创业服务促进人才发展支持资金管理办法》实施细则（试行）	中关村科技园区管理委员会	2019年4月15日	2019年4月18日
20	"一带一路"科技创新北京行动计划（2019~2021年）	北京市科学技术委员会	2019年4月16日	2019年4月19日
21	中关村创业孵化机构分类评价办法（试行）	中关村科技园区管理委员会	2019年4月12日	2019年5月11日
22	中关村国家自主创新示范区高精尖产业协同创新平台建设管理办法（试行）	中关村科技园区管理委员会	2019年9月18日	2019年9月18日
23	关于支持中关村科学城标准创新发展的措施（试行）	北京市海淀区人民政府	2019年9月25日	2019年9月29日
24	北京市技术先进型服务企业认定管理办法（2019年修订）	北京市科学技术委员会	2019年10月24日	2019年10月24日
25	关于新时代深化科技体制改革 加快推进全国科技创新中心建设的若干政策措施	北京市人民政府	2019年10月16日	2019年11月15日
26	北京市机器人产业创新发展行动方案（2019—2022年）	北京市经济和信息化局	2019年12月19日	2019年12月19日

续表

序号	名称	发文机构	成文日期	实施日期
27	北京市促进科技成果转化条例	北京市人民代表大会常务委员会	2019年11月27日	2020年1月1日
28	北京市关于促进北斗技术创新和产业发展的实施方案（2020年—2022年）	北京市经济和信息化局	2020年2月19日	2020年2月22日
29	北京市高精尖产业技能提升培训补贴实施办法	北京市科学技术委员会	2020年3月6日	2020年3月13日
30	北京市知识产权运营试点示范单位认定与管理办法	北京市知识产权局	2020年6月17日	2020年6月17日
31	北京市区块链创新发展行动计划（2020—2022年）	北京市人民政府办公厅	2020年6月18日	2020年6月30日
32	北京市科技企业孵化器认定管理办法	北京市科学技术委员会	2020年7月28日	2020年9月10日
33	北京市关于打造数字贸易试验区实施方案	北京市商务局	2020年9月18日	2020年9月21日
34	北京市促进数字经济创新发展行动纲要（2020~2022年）	北京市经济和信息化局	2020年9月22日	2020年9月22日

B.13
北京促进服务业扩大开放政策梳理

当前中国服务业保持较快发展，规模持续扩大，已成为经济发展的主动力。北京市出台了一系列产业政策，以促进服务业扩大开放、全面推进。北京市自2013年以来共发布32条服务业产业政策，其中涉及支持中小企业发展的政策有《北京市促进中小企业发展条例》、《关于推进北京市中小企业"专精特新"发展的指导意见》、《北京市促进大中小企业融通发展 2019~2021年行动计划》和《北京市中小企业公共服务示范平台评价管理办法》；涉及中小微企业发展的政策有《进一步支持中小微企业应对疫情影响保持平稳发展若干措施》、《北京市中小微企业外观设计专利侵权纠纷快速处理办法（试行)》和《财政部 税务总局关于实施小微企业普惠性税收减免政策的通知》；涉及优化服务业营商环境的政策有《北京市优化营商环境条例》、《关于加快优化金融信贷营商环境的意见》、《北京市新一轮深化"放管服"改革优化营商环境重点任务》和《进一步优化"纳税"营商环境的工作措施》；此外北京市也从用电成本、税收优惠、金融支持等政策方面来促进服务业发展，如发布《关于对本市部分环保行业实施用电支持政策的通知》、《关于进一步促进中关村知识产权质押融资发展的若干措施》和《首都科技创新券资金管理办法》，通过不断拓展服务业开放的广度和深度，为全国服务业进一步扩大开放提供了更多宝贵经验（见表1）。

表1 北京促进服务业扩大开放政策梳理（2013~2020年）

序号	名称	发文机构	成文日期	实施日期
1	北京市促进中小企业发展条例	北京市人民代表大会常务委员会	2013年12月27日	2014年3月1日
2	关于加快首都科技服务业发展的实施意见	北京市人民政府	2015年5月6日	2015年5月12日

北京促进服务业扩大开放政策梳理

续表

序号	名称	发文机构	成文日期	实施日期
3	关于加快发展体育产业促进体育消费的实施意见	北京市人民政府	2015年7月9日	2015年7月14日
4	关于加快发展现代保险服务业的实施意见	北京市人民政府	2015年8月19日	2015年9月10日
5	北京市服务业扩大开放综合试点实施方案	商务部	2015年9月13日	2015年9月16日
6	首都科技创新券资金管理办法	北京市财政局	2018年3月6日	2018年4月8日
7	关于对本市部分环保行业实施用电支持政策的通知	北京市发展和改革委员会	2018年7月30日	2018年8月1日
8	北京市中药产业智能绿色发展示范工程实施方案	北京市经济和信息化委员会	2018年9月26日	2018年10月24日
9	财政部 税务总局关于实施小微企业普惠性税收减免政策的通知	北京市财政局	2019年1月30日	2019年1月30日
10	北京市中小微企业外观设计专利侵权纠纷快速处理办法（试行）	北京市知识产权局	2019年1月21日	2019年2月1日
11	北京市提高商业服务业服务质量提升"北京服务"品质三年行动计划	北京市商务局	2019年4月16日	2019年4月18日
12	关于促进我市商业会展业高质量发展的若干措施（暂行）	北京市商务局	2019年5月7日	2019年6月5日
13	北京市中小企业公共服务示范平台评价管理办法	北京市经济和信息化局	2019年7月30日	2019年7月30日
14	关于进一步促进中关村知识产权质押融资发展的若干措施	中关村科技园区管理委员会	2019年10月15日	2019年10月24日
15	进一步优化"纳税"营商环境的工作措施	北京市财政局	2019年10月28日	2019年11月6日
16	北京市新一轮深化"放管服"改革优化营商环境重点任务	北京市人民政府	2019年11月6日	2019年11月19日
17	北京市促进大中小企业融通发展 2019~2021年行动计划	北京市经济和信息化局	2019年12月30日	2019年12月30日
18	关于推进北京市中小企业"专精特新"发展的指导意见	北京市经济和信息化局	2019年12月30日	2019年12月30日

213

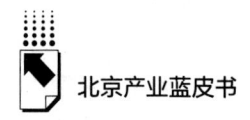

续表

序号	名称	发文机构	成文日期	实施日期
19	关于加大金融支持科创企业健康发展的若干措施	北京市地方金融监督管理局	2020年1月10日	2020年1月10日
20	关于加快优化金融信贷营商环境的意见	北京市地方金融监督管理局	2020年2月28日	2020年2月29日
21	北京市复工复产企业疫情防控综合保险管理办法、北京市复工复产企业疫情防控综合保险实施方案	北京市地方金融监督管理局	2020年3月17日	2020年3月17日
22	进一步支持中小微企业应对疫情影响保持平稳发展若干措施	北京市人民政府办公厅	2020年4月17日	2020年4月17日
23	北京市优化营商环境条例	北京市人民代表大会常务委员会	2020年3月27日	2020年4月28日
24	西城区关于在金融街落实金融业扩大开放的若干措施	北京市西城区人民政府	2020年5月9日	2020年5月9日
25	房山区落实《进一步支持中小微企业应对疫情影响保持平稳发展若干措施》实施细则	北京市房山区人民政府办公室	2020年5月29日	2020年6月2日
26	西城区关于全力以赴支持中小微企业发展的补充措施	北京市西城区人民政府办公室	2020年6月26日	2020年6月29日
27	国家发展改革委关于延长阶段性降低企业用电成本政策的通知	北京市发展和改革委员会	2020年6月29日	2020年7月1日
28	支持北京老字号疫情常态化下稳经营促发展的若干措施	北京市商务局	2020年7月6日	2020年7月13日
29	关于进一步利用首都科技创新券助力企业复工复产的通知	北京市科学技术委员会	2020年7月15日	2020年7月17日
30	关于印发《进一步支持中小微企业应对疫情影响保持平稳发展若干措施》的通知	北京市人民政府办公厅	2020年8月11日	2020年8月14日
31	北京市促进中小企业发展条例	北京市人民代表大会常务委员会	2020年9月25日	2020年12月1日
32	关于鼓励发展商业品牌首店的若干措施(2.0版)	北京市商务局	2020年9月18日	2020年9月24日

Abstract

2020 is the final year of the 13th Five-Year Plan for my country and Beijing. The main objectives and tasks of Beijing's 13th Five-Year Plan have been completed, leading the nationwide construction of a well-off society in an all-round way, and the overall level of Beijing's economy has further improved, the industrial structure is further optimized, the advantages of high-precision manufacturing and cultural tourism service industries are further brought into play, and regional finance develops steadily.

This report is based on sorting out the overall picture of Beijing's industrial development, following up on the dynamics of Beijing's industrial adjustment, and providing multi-faceted research support to give full play to the advantages of Beijing's existing industries and make up for the shortcomings of the industry. This report explores the process of Beijing's continued industrial structure adjustment through a panoramic review of the changes in Beijing's industrial structure in 2020, and uses an index analysis method to quantitatively analyze Beijing's manufacturing, high-precision, and cultural industries, and evaluate the development of Beijing's related industries from a quantitative perspective. The development stage, highlighting advantages and relative weaknesses. At the same time, this report also conducts case or empirical analysis of multiple industries in Beijing in the form of special topics, and provides targeted suggestions for the development of Beijing's cultural and creative industries, Beijing's cultural tourism industry, and Beijing's financial industry.

Beijing is a cultural center and an international exchange center. Based on these two centers, Beijing's cultural industry, cultural creative industry, and cultural tourism industry have irreplaceable, non-replicable, and non-subversive

advantages. Many reports and topics in this report have analyzed this, and also confirmed the pulling effect of Beijing's cultural service industry on Beijing's economic development; but at the same time, the income of Beijing's cultural service industry is largely dependent on financial investment. In terms of marketization and globalized revenues of other international cultural centers, they are insufficiently competitive. This report recommends accelerating the consumption upgrade in Beijing's cultural field, strengthening the transformation and application of scientific and technological achievements in Beijing's cultural field, and adopting scientific and technological means to promote and demonstrate Beijing's long history.

Beijing is a national science and technology innovation center, which means that Beijing's industrial development should focus on high-quality, high-tech, and high-innovation fields. This report conducts empirical research from the dimensions of Beijing's manufacturing value chain climbing and high-precision industrial innovation development. The results it shows that the value and efficiency of Beijing's manufacturing industry has increased significantly after 2013, fully demonstrating the positioning of Beijing's science and technology innovation center; this report also found that Beijing Haidian District and Changping District ranked first in the number of IPOs on the Science and Technology Innovation Board, indicating that the industrial structure has been adjusted in recent years. It has also been recognized by the capital market; in the future, we should continue to strengthen the development of high-tech industries, and drive the development of solid high-tech industries to overcome the "stuck neck" problem in related fields across the country.

Keywords: Industrial Development; Industrial Safety; Industrial Structure; Index Evaluation; Beijing

Contents

I General Report

B.1 The Analysis for Beijing Industrial Structure Adjustment and Development Trend of Beijing Industry in the Future

/ 001

Abstract: Since 2015, Beijing has been focusing on adjusting and optimizing the industrial structure. A series of policy have taken measures, such as vacation of cages for birds. This article first reviews the process of Beijing's industrial layout and structural adjustment in recent years, then studies the impact of industrial structure adjustment on Beijing's economy and the trajectory of changes in the industrial structure, and finally takes ten high-precision industries as the entry point. On the whole, the high-end industries in the value chain represented by the top ten high-precision industries have all ushered in rapid development after industrial adjustments, and the pressure on industrial safety has plummeted. It can be seen that Beijing's policy of vacating cages for birds has achieved good results, improving the safety of Beijing's industries and promoting the development of high-precision industries.

Keywords: Industrial Structure; Industrial Upgrading; High-Precision Industries; Beijing

Ⅱ Index Evaluation

B.2 Research on the Climbing Efficiency Index of Beijing
　　　Manufacturing Value Chain　　　　　　　　　　　／037

Abstract: On the basis of the connotation and mechanism of value chain climbing, this paper constructs a TCI (value chain climbing index) to measure the value chain climbing of 22 manufacturing industries in Beijing in 2005～2016. It is found that the capital-intensive and technology-intensive manufacturing industry represented by electrical, general equipment, special equipment, instrument manufacturing and other industries has increased rapidly, and after 2013, most manufacturing industries have obvious technological added value climbing. This finding proves that the value chain of manufacturing industry in Beijing has achieved remarkable results, and the relevant industrial policies have "landed soundly". For other provinces, the success of Beijing has reference significance: on the basis of the Beijing model, the industrial upgrading and adjustment work in line with the actual situation in various places is helpful to the upgrading of manufacturing industry and the rise of value chain throughout the country.

Keywords: Manufacturing; Value Chain; Industry Upgrading; Beijing

B.3 Research on the Innovation and Development Index of
　　　Beijing's "High-precision" Industries　　　　　　／050

Abstract: "High-precision" industry is an important carrier to get rid of rough production mode in China, and it is also of great significance to realize the transformation of economic development mode in Beijing. On the premise of clearly defining the connotation of "high-precision" industry in Beijing, this paper will take the innovation and development level of "high-precision" industry as the starting point, design the corresponding index index, and add the corresponding index score of the whole country to compare. In order to comprehensively and objectively reflect the current Beijing related industry development innovation level. Empirical results show that the innovation ability and development potential of Beijing's "high precision" industry continue to be higher than the national level in 2014 ~ 2018, the main reason is that Beijing's investment in science has been maintained at the national level. However, Beijing's scores on indicators such as "University Science and Technology Park" also lag behind the national level. In view of these problems, from the point of view of "further improving Beijing's" excellent "industrial innovation ability ", we put forward corresponding policy suggestions.

Keywords: High-precision Industry; Innovation and Development Index; Innovation Input; Beijing

B.4 Research on the Security Index of Beijing Cultural Industry
/ 061

Abstract: In order to carry out the contents of General Secretary Xi Jinping's "overall National Security concept" and enrich the research on industrial safety, this paper constructs the industrial safety index for the cultural industry. Based on the characteristics of cultural industry, this paper uses entropy weight method to calculate the safety index of cultural industry in Beijing from 2014 − 2018. The empirical results show that the safety index of cultural industry in Beijing keeps increasing, which shows that the integration, clustering and leading development of cultural and creative industries in Beijing are becoming more and more obvious. However, the security situation of cultural industry in Beijing still has great room for progress, which is reflected in the shortage of "scale" and the lack of large leading cultural enterprises.

Keywords: Cultural Industry Safety; Cultural Industry Policy; Beijing

Ⅲ Special Reports

B.5 Research on the Contribution of Cultural and Creative Industries to Economic Growth in Beijing　　/ 075

Abstract: In recent years, the country has attached great importance to the development of the cultural industry. Beijing has also strengthened its attention and support for the cultural and creative industry, and has issued a series of policies on the cultural and creative industry, which has greatly promoted the development of the cultural and creative industry in Beijing. Theories at home and abroad have found that the development of the cultural and creative industry has a significant role in promoting economic growth. This paper adopts an endogenous growth variable model and selects the time series data of the development indicators of the cultural and creative industries in Beijing from 1998 to 2017 and the domestic per capita GDP in Beijing. An empirical test of the cultural and creative industry's contribution to Beijing's economic growth shows that the per capita value-added of the cultural industry, per capita financial appropriation for cultural undertakings, and the number of cultural relic institutions are positively correlated with economic growth. The development of the industry has the greatest impact. Based on the investigation and analysis of the status quo of Beijing's cultural and creative industries by industries and district counties, as well as the results of domestic and foreign theoretical analysis and empirical tests, combined with the integration of Beijing-Tianjin-Hebei culture and the planning of Beijing's construction of a "cultural center", this paper proposes A series of targeted suggestions, such as, strengthening the coordinated development of cultural industries in Beijing-Tianjin-Hebei, speeding up the consumption upgrade in the cultural field, strengthening the transformation and application of scientific and technological achievements in the cultural field, and creating a good cultural and technological innovation atmosphere.

Keywords: Cultural and Creative Industries; Economic Growth; Cultural Center

B.6 Research on the Integration Development of Capital Culture and Tourism Industry from the Perspective of Regional Synergy / 107

Abstract: Beijing has rich and precious cultural and tourism resources. In order to transform resource advantages into development advantages, it must lead the integration of culture and tourism industries. From the perspective of Beijing-Tianjin-Hebei regional collaboration, the integration of cultural industry and tourism industry will have the effect of "1 + 1 > 2". This article regards the cultural industry system and the tourism industry system as two mutually coupled systems, and adopts The related time series coupling index quantitatively measured the coordination degree of the two systems, and found that the integration of the capital's cultural industry and the tourism industry is in a general development trend, and there are differences in the comprehensive development level and coupling coordination state between the two in different periods. This paper takes the degree of coupling and coordination of the capital's cultural tourism industry as the dependent variable, and takes the degree of coordination of the Beijing-Tianjin-Hebei composite system and the degree of order of each subsystem as independent variables. Industrial integration has a significant role in improving, and the Beijing-Tianjin-Hebei collaboration is currently at a relatively low level, and the capital's cultural and tourism industry coupling coordination is also in a primary state of coordination. In order to promote the capital's cultural and tourism industry integration, it is possible to strengthen regional cooperation between the three places Start with, innovate the coordination mechanism, develop together in many aspects, and enhance the overall strength of the Beijing-Tianjin-Hebei region.

Keywords: Cultural Tourism Industry; Coupling Coordination Degree; Regional Collaboration

B.7 The Development of Beijing's "High-precision" Industries

/ 130

Abstract: Since 2014, Beijing established the "high-precision" industry development strategy centering on the "four centers", the "high-precision" industry has accelerated its development and layout, and the industrial cluster is gradually taking shape. This chapter summarized the development situation of Beijing's "high-precision" industries in 2019. According to data published by the Beijing Bureau of Statistics web site, the data of six major "high-precision" industries in Beijing are analyzed and integrated, including electronics and information industry, biological engineering and new medicine industry, environmental protection industry, new energy, and high efficiency and energy-saving industry, new material industry, advanced manufacturing industry. The paper analyzes the development and changes of Beijing's "high-precision" industries in 2019 and 2020 through the data comparison. Simultaneously, five kinds of policies to support the development of "high-precision" enterprises in Beijing were summarized, and six measures to strengthen the risk response of "high-precision" industries in Beijing were put forward.

Keywords: "High-precision" Industry; Industry Upgrading; Risk Response Policy

B.8 The Development of Beijing's Culture and Tourism Industry

/ 151

Abstract: Based on the data published on the Beijing Bureau of Statistics website, this chapter sorted out and analyzed the development of Beijing's culture and tourism industry in 2019 and 2020. Through analyzing the various data of the core areas of Beijing culture, news and information services, content creation, production, creative design services, cultural transmission channels, investment operation, cultural entertainment and leisure services, cultural field, auxiliary production and intermediary services, equipment production and cultural consumption terminal in the production, this chapter compared the development changes of the Beijing culture industry in 2019 and 2020. At the same time, this chapter analyzed the development of Beijing's tourism industry in detail by collating and mining the multi-dimensional data of Beijing travel agency's external contact (group) reception, Beijing travel agency's outbound tourism, Beijing's accommodation industry above quota reception, Beijing's tourist area (spot) activity, etc. This chapter reviewed the relevant policies to support the cultural and tourism industries launched by Beijing in response to the epidemic and puts forward six targeted measures to strengthen Beijing's cultural and tourism industries to cope with the risks.

Keywords: Cultural Industry; Tourism Industry; Beijing

B.9 Research on the Systemic Financial Risk of Beijing-Tianjin-Hebei Region / 170

Abstract: The stable and safe development of regional finance is an important guarantee for the healthy and stable macro-economy. It is necessary to strengthen the prevention and control of regional financial risks and maintain the stable development of China's overall economy. This paper selects the individual fixed effect model to investigate the regional financial risk of Beijing Tianjin Hebei province, and calculates the regional financial risk index with the direct weight method. It studies the influence path that the high debt ratio of local government leads to the rise of regional financial leverage ratio, which will increase the regional financial risk under the background of the slowdown of GDP growth. According to the research results, this paper proposes to prevent and control the regional financial risk from the perspectives of the joint early warning mechanism of Beijing Tianjin Hebei province, the unified financial regulatory standards and the strengthening of local government debt management.

Keywords: Regional Financial Risk; Beijing-Tianjin-Hebei Integration; Local Government Debt

社会科学文献出版社

皮 书

智库报告的主要形式
同一主题智库报告的聚合

❖ 皮书定义 ❖

皮书是对中国与世界发展状况和热点问题进行年度监测,以专业的角度、专家的视野和实证研究方法,针对某一领域或区域现状与发展态势展开分析和预测,具备前沿性、原创性、实证性、连续性、时效性等特点的公开出版物,由一系列权威研究报告组成。

❖ 皮书作者 ❖

皮书系列报告作者以国内外一流研究机构、知名高校等重点智库的研究人员为主,多为相关领域一流专家学者,他们的观点代表了当下学界对中国与世界的现实和未来最高水平的解读与分析。截至2021年,皮书研创机构有近千家,报告作者累计超过7万人。

❖ 皮书荣誉 ❖

皮书系列已成为社会科学文献出版社的著名图书品牌和中国社会科学院的知名学术品牌。2016年皮书系列正式列入"十三五"国家重点出版规划项目;2013~2021年,重点皮书列入中国社会科学院承担的国家哲学社会科学创新工程项目。

权威报告·一手数据·特色资源

皮书数据库
ANNUAL REPORT(YEARBOOK) DATABASE

分析解读当下中国发展变迁的高端智库平台

所获荣誉

- 2019年,入围国家新闻出版署数字出版精品遴选推荐计划项目
- 2016年,入选"'十三五'国家重点电子出版物出版规划骨干工程"
- 2015年,荣获"搜索中国正能量 点赞2015""创新中国科技创新奖"
- 2013年,荣获"中国出版政府奖·网络出版物奖"提名奖
- 连续多年荣获中国数字出版博览会"数字出版·优秀品牌"奖

成为会员

通过网址www.pishu.com.cn访问皮书数据库网站或下载皮书数据库APP,进行手机号码验证或邮箱验证即可成为皮书数据库会员。

会员福利

- 已注册用户购书后可免费获赠100元皮书数据库充值卡。刮开充值卡涂层获取充值密码,登录并进入"会员中心"—"在线充值"—"充值卡充值",充值成功即可购买和查看数据库内容。
- 会员福利最终解释权归社会科学文献出版社所有。

数据库服务热线:400-008-6695
数据库服务QQ:2475522410
数据库服务邮箱:database@ssap.cn
图书销售热线:010-59367070/7028
图书服务QQ:1265056568
图书服务邮箱:duzhe@ssap.cn

卡号:333583997573
密码:

基本子库
SUB DATABASE

中国社会发展数据库（下设12个子库）

整合国内外中国社会发展研究成果，汇聚独家统计数据、深度分析报告，涉及社会、人口、政治、教育、法律等12个领域，为了解中国社会发展动态、跟踪社会核心热点、分析社会发展趋势提供一站式资源搜索和数据服务。

中国经济发展数据库（下设12个子库）

围绕国内外中国经济发展主题研究报告、学术资讯、基础数据等资料构建，内容涵盖宏观经济、农业经济、工业经济、产业经济等12个重点经济领域，为实时掌控经济运行态势、把握经济发展规律、洞察经济形势、进行经济决策提供参考和依据。

中国行业发展数据库（下设17个子库）

以中国国民经济行业分类为依据，覆盖金融业、旅游、医疗卫生、交通运输、能源矿产等100多个行业，跟踪分析国民经济相关行业市场运行状况和政策导向，汇集行业发展前沿资讯，为投资、从业及各种经济决策提供理论基础和实践指导。

中国区域发展数据库（下设6个子库）

对中国特定区域内的经济、社会、文化等领域现状与发展情况进行深度分析和预测，研究层级至县及县以下行政区，涉及省份、区域经济体、城市、农村等不同维度，为地方经济社会宏观态势研究、发展经验研究、案例分析提供数据服务。

中国文化传媒数据库（下设18个子库）

汇聚文化传媒领域专家观点、热点资讯，梳理国内外中国文化发展相关学术研究成果、一手统计数据，涵盖文化产业、新闻传播、电影娱乐、文学艺术、群众文化等18个重点研究领域。为文化传媒研究提供相关数据、研究报告和综合分析服务。

世界经济与国际关系数据库（下设6个子库）

立足"皮书系列"世界经济、国际关系相关学术资源，整合世界经济、国际政治、世界文化与科技、全球性问题、国际组织与国际法、区域研究6大领域研究成果，为世界经济与国际关系研究提供全方位数据分析，为决策和形势研判提供参考。

法律声明

"皮书系列"（含蓝皮书、绿皮书、黄皮书）之品牌由社会科学文献出版社最早使用并持续至今，现已被中国图书市场所熟知。"皮书系列"的相关商标已在中华人民共和国国家工商行政管理总局商标局注册，如LOGO（ ）、皮书、Pishu、经济蓝皮书、社会蓝皮书等。"皮书系列"图书的注册商标专用权及封面设计、版式设计的著作权均为社会科学文献出版社所有。未经社会科学文献出版社书面授权许可，任何使用与"皮书系列"图书注册商标、封面设计、版式设计相同或者近似的文字、图形或其组合的行为均系侵权行为。

经作者授权，本书的专有出版权及信息网络传播权等为社会科学文献出版社享有。未经社会科学文献出版社书面授权许可，任何就本书内容的复制、发行或以数字形式进行网络传播的行为均系侵权行为。

社会科学文献出版社将通过法律途径追究上述侵权行为的法律责任，维护自身合法权益。

欢迎社会各界人士对侵犯社会科学文献出版社上述权利的侵权行为进行举报。电话：010-59367121，电子邮箱：fawubu@ssap.cn。

社会科学文献出版社